U0801760

专为小微企业量身定制

小微酒店餐饮企业

会计、纳税、审计一本通

计东亚 编著

中国宇航出版社
·北京·

图书在版编目(CIP)数据

小微酒店餐饮企业会计、纳税、审计一本通 / 计东亚编著. -- 北京:中国宇航出版社, 2015.7

ISBN 978-7-5159-0966-0

Ⅰ. ①小…　Ⅱ. ①计…　Ⅲ. ①饭店-财务管理　Ⅳ. ①F719.2

中国版本图书馆 CIP 数据核字(2015)第 157001 号

策划编辑　董　琳　　　责任校对　杨煜坤
责任编辑　董　琳　　　封面设计　薄　荷

出版发行　中国宇航出版社

社　址　北京市阜成路 8 号　邮　编　100830
(010)60286808　(010)68768548

网　址　www.caphbook.com

经　销　新华书店

发行部　(010)60286888　(010)68371900
(010)60286887　(010)60286804(传真)

零售店　读者服务部
(010)68371105

承　印　北京中新伟业印刷有限公司

版　次　2015 年 7 月第 1 版
2015 年 7 月第 1 次印刷

规　格　787×1092

开　本　1/16

印　张　16.75

字　数　387 千字

书　号　ISBN 978-7-5159-0966-0

定　价　35.00 元

前言

近年来，小(微)企业已成为我国国民经济和社会发展的重要力量，并将成为政策扶持的重点。国家将对小(微)企业着重从优化发展环境，进一步研究出台普惠性的政策措施，完善服务等方面加大扶持力度。本书以小微酒店餐饮企业为例，根据最新的《小企业会计准则》和税收法律法规，从专业的角度针对其会计核算实务、税务与审计问题进行具体深入的分析。

小微酒店餐饮企业与其他工业企业、建筑施工企业以及房地产企业的会计核算相比，有着一条龙配套服务的经营特点，表现为以服务为中心，辅之以生产和商品流通，直接为消费者服务。其经营的特殊性使得小微酒店餐饮企业的会计核算更加繁杂，这就要求会计人员能够有效地将会计理论知识与小微酒店餐饮企业的实务结合起来。

本书主要为从事小微酒店餐饮企业会计工作的人员编写，也适用于针对酒店行业进行会计核算和税务处理的人员。在深入研究小微酒店餐饮企业发展现状的基础上，合理安排结构框架：首先分析小微酒店餐饮企业的基本特征；其次根据财务会计报告项目介绍小微酒店餐饮企业的各项会计核算，并进一步说明每个报表项目涉及的税务问题和审计问题，这也是本书的一大特点；最后，以经营业务内容为主线，全面剖析小微酒店餐饮企业各个环节所涉事项的账务处理。此外，本书还搭配图表，精选案例，并编附审计小贴士，力求做到条理清晰、简洁生动地向读者呈现小微酒店餐饮企业如何正确而合理地进行账务处理。

1. 会税审“强强联合”，做到真正的高枕无忧

本书在对小微酒店餐饮企业的会计实务进行深入分析的基础上，也充分考虑了税收这一影响企业收益的重要支出事项，针对会计报表每一会计项目单独进行剖析，并就会计对实务中易出错的事项，给予审计提示和说明，这一套完善的方法体系保证了会计核算的准确无误，也真正让会计从业人员轻松应对会计工作，做到高枕无忧。

2. 精讲案例，提高学习效率

本书依据小微酒店餐饮企业的会计从业经验，对大部分较难处理的业务事项，精心设计编写了相应的案例，并对此展开全面、准确、深入的解析，最大程度地贴近和还原了会计操作实务，以加深对相关知识的理解，相信一定会给读者的学习带来事半功倍的效果。

3. 贴合实务，打造全面工具型用书

作为提供给小微酒店餐饮企业会计人员的参考书，必须做到针对性强，所以本书一改传统会计用书的模式，不仅分章节讲解会计报表项目，而且充分考虑到小微酒店餐饮企业的经营模式和特点，分别就小微酒店餐饮企业的客房、餐饮、美容美发等多种服务业务的实务操作进行了列示，让读者能够快速地找到解决问题的办法。

当然，尽管对于本书的编写我们已经竭尽所能，但由于水平有限，加上时间紧迫，不周之处在所难免，欢迎大家批评指正。

最后，对一贯支持我们的广大读者朋友和对本书的出版做出努力的朋友一并表示感谢。

编　者

2015 年 7 月

目录

第一章
小微酒店餐饮企业会计基础知识

第一节　小微酒店餐饮企业会计的概述

一、小微酒店餐饮企业的经营特点

酒店餐饮企业有着几千年的历史，古代的驿站、馆驿、客栈等，其实就是今天的宾馆饭店。但是酒店餐饮企业的主要业务并没有发生变化，客房、餐饮、多种服务仍然是这个行业最主要的业务。在这里，我们对小微酒店餐饮企业的经营特点做一简单的介绍，以帮助我们更好地学习以上业务的会计处理方法。如图 1 – 1 所示。

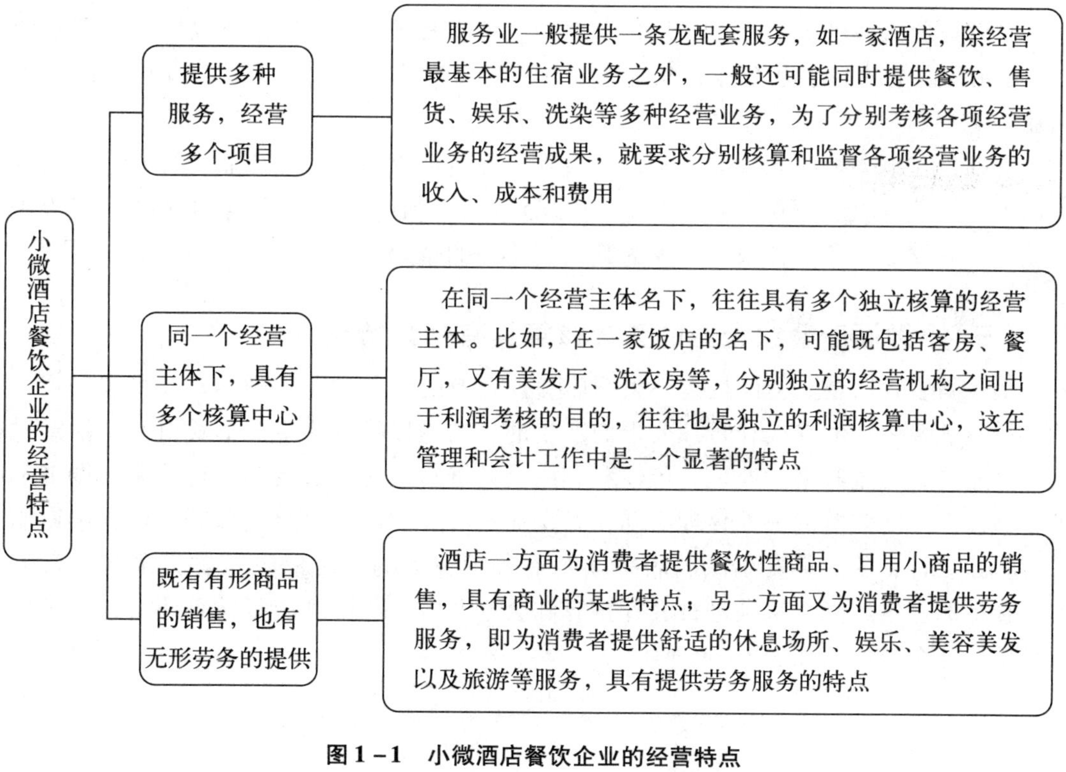

图 1 – 1　小微酒店餐饮企业的经营特点

二、小微酒店餐饮企业会计的概念

（一）什么是会计

在日常生活中，“会计”这个名词至少包含两重含义。第一，会计是指在各种经济组织中从事会计工作的人员，即会计工作人员。第二，会计是指对经济活动进行确认、计量、记录、核算的管理行为，即会计行为。在本书中，如没有特殊说明，会计则是指各类经济组织中的会计行为。

（二）哪些企业属于小微企业

现如今，小型微型企业已成为国民经济的重要支柱，是经济持续稳定增长的坚实基础。它在促进就业方面有着突出的贡献，是新增就业岗位的主要吸纳器。支持小型微型企业发展就意味着创造社会就业岗位，意味着使小型微型企业在解决民生问题、推进经济增长方面发挥更大的作用。

根据工信部等四部门联合发布的《中小企业划型标准规定》，我国按照行业类别对中小及微小型企业的划分标准做了明确规定，规定指出：“住宿餐饮业从业人员300人以下或营业收入10 000万元以下的为中小微型企业。其中，从业人员100人及以上，且营业收入2 000万元及以上的为中型企业；从业人员10人及以上，且营业收入100万元及以上的为小型企业；从业人员10人以下或营业收入100万元以下的为微型企业。”

所以，在本书中如无特殊说明，小微酒店餐饮企业均指的是从业人员10人以上100人以下，且营业收入100万元以上2 000万元以下，不公开发行股票和债券、以提供客房业务、餐饮业务和多种服务业务为其主要业务的企业。

（三）小微酒店餐饮企业的会计核算具有什么特点

小微酒店餐饮企业会计是指小微酒店餐饮企业的一种经营管理活动。简单来说，会计是适应社会生产的发展和管理要求而产生的，它是以货币为主要形式对经济活动进行反映和监督，通过收集、处理、传递和利用会计资料，对经济活动进行控制、调节和决策，是提高经济效益的一种管理活动，是企业经济管理的重要组成部分。作为小微酒店餐饮企业会计，就是负责小微酒店餐饮企业各项业务的日常经营核算记录和监督的活动。会计的基本职能，就是进行会计核算和会计监督。小微酒店餐饮企业会计的主要特点有以下几个方面，如表1－1所示。

表 1－1　小微酒店餐饮企业会计的主要特点

主要特点	内容
采用多种经营形式，收益分配形式灵活	由于小微酒店餐饮企业在客观上需要提供多种服务，这就使得小微酒店餐饮企业的经营形式也就非常灵活。比如，一般的酒店都有餐饮服务，这种餐饮服务既可以是饭店管理方直接经营，也可以采用招商的方式，以出租或承包的方式让其他的企业经营。另外，在合作经营的情况下，收益的分配形式也非常灵活，既可采用固定租金形式，也可以采用比例分成形式，或者两者结合。这就要求，酒店餐饮企业会计在会计核算中必须清楚经济业务的实质，予以正确的记录
小微酒店餐饮企业具有生产、销售和服务三种职能	小微酒店餐饮企业除了以服务为中心外，还有商品的加工和销售。这样，小微酒店餐饮企业就具有生产、销售和服务三种职能。因此，会计核算时，就需要根据企业经营业务的特点，采用不同的核算方法。如餐饮业务，根据消费者的需要，加工烹制菜肴和食品，这具有工业企业的性质；然后将菜肴和食品供应给消费者，这又具有商品流通企业的性质；同时，为消费者提供消费设施、场所和服务，这又具有服务的性质。但这种生产、销售和服务是在很短的时间内完成，并且菜肴和食品的花色品种多、数量零星，因此不可能像工业企业那样区分产品，分别计算其总成本和单位成本，而是只计算菜肴和食品的总成本。售货业务则采用商品流通企业的核算方法。而纯服务性质的经营业务，如客房、娱乐、美容美发等业务，只发生服务费用，不发生服务成本，因此采用服务企业的核算方法
结算方式多样，本币外币收入都有	酒店客房收入的结算以货币资金为主要的结算方式。在会计职能上，既有核算上的职能，又有加强货币资金各种结算方式的管理职能。现金结算是小微酒店餐饮企业最古老的一种结算方式，随着现代科技的不断更新与进步，银行卡、信用卡、餐卡等先进结算方式陆续出现，给小微酒店餐饮企业会计的现金结算带来了前所未有的生机和活力。因此，现金结算有多种多样的方式，有的也有潜在的风险。小微酒店餐饮企业的财务会计部门应采取相应的核算管理方法和制度。随着我国改革开放政策的实施，有相当多的酒店企业有外汇货币收入。在企业会计核算时，应按照国家外汇管理条例和外汇兑换的管理办法，办理外汇存入、转出和结算的业务，核算汇兑损益

三、小微酒店餐饮企业会计的职能

会计的职能是指会计在经济管理过程中所具有的内在功能，而会计的作用则是在会计运行过程中会计职能的外在表现。现代会计具有会计核算与会计监督两大职能。

（一）会计核算

会计核算职能，即会计反映职能，是指会计以货币为主要计量单位，通过确认、计量、记录、计算、报告等环节，对特定会计对象（或称特定会计主体）的经济活动进行记账、算账、报账，为各有关方面提供会计信息的功能。

核算职能不仅仅是对经济活动进行事后反映，还包括事前核算与事中核算。事前核算的主要形式是进行预算，参与决策；事中核算的主要形式是在计划或预算的执行过程中，随时反映计划或预算的执行情况，以便对经济活动进行控制，使其按计划或预期的目标进行。

（二）会计监督

会计监督职能，即会计控制职能，是指会计人员在进行会计核算的同时，通过预测、决策、控制、分析、考评等具体方法，对特定会计对象所发生经济业务的真实性、合法性与合理性进行审查。会计监督是会计的基本职能之一，同时又是经济监督的重要组成部分。在小微酒店餐饮企业中，经营分散、业务繁杂，会计监督的作用就显得尤为重要。

根据《中华人民共和国会计法》和其他有关会计法规的规定，会计人员进行会计监督的对象和内容是本单位的经济活动。会计监督的基本内容，如图1－2所示。

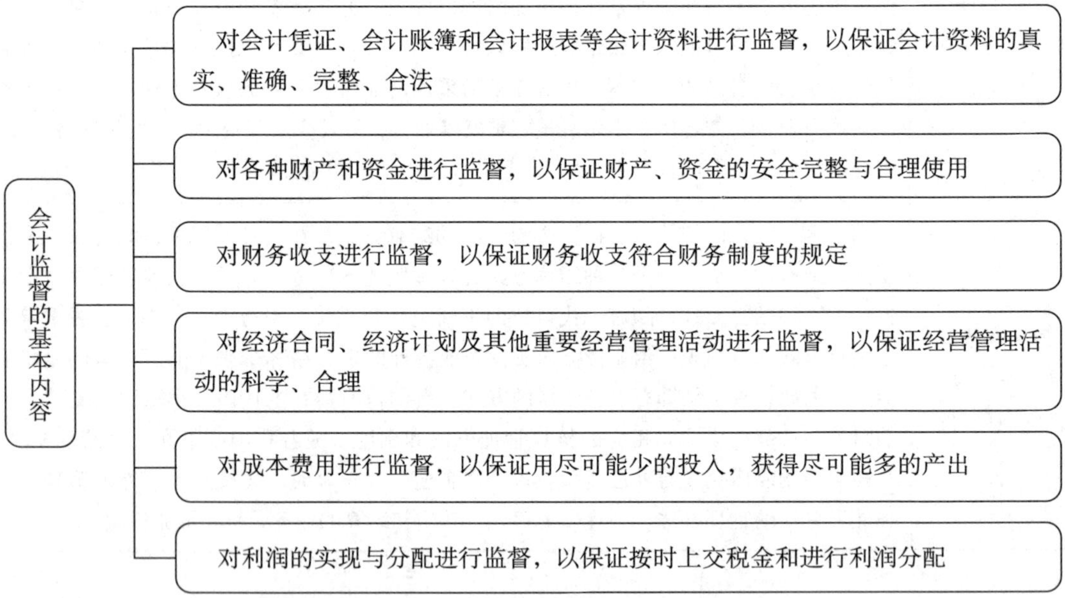

图1－2　会计监督的基本内容

会计的核算职能与监督职能是相辅相成的，只有在对经济业务活动进行正确核算的基础上，才可能提供可靠资料作为监督依据。同时，也只有搞好会计监督，保证经济业务按规定的要求进行，并且达到预期的目的，才能发挥会计核算的作用。

四、小微酒店餐饮企业会计的作用

会计的作用是会计职能的外在化，即会计的内在职能在一定条件下的外在转化。

（一）反映经济活动

会计信息系统所提供的信息具有连续、系统、全面、综合的特点，不仅能反映出一个会计主体的财务状况、财务状况的变化及其经营成果，而且能够以货币形式再现企业的生产经营活动，为企业经营管理提供了很大的方便。

（二）控制经济活动

会计对经济活动的控制，具体表现在以下三个方面，如图 1－3 所示。

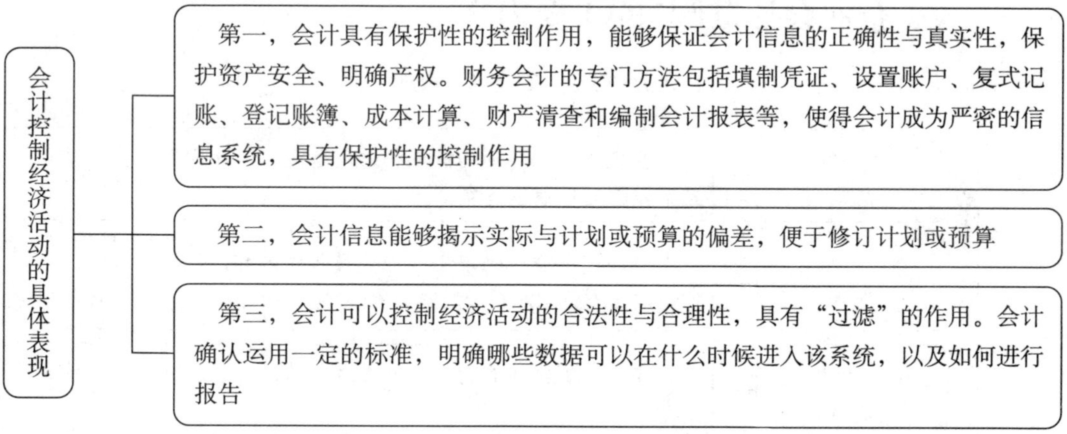

图 1－3　会计控制经济活动的具体表现

（三）评价企业经营业绩

具体说来，会计可以通过定期编制会计报表，揭示一个企业的财务及其变动情况和最终经营业绩；也可以通过对财务报告的分析，肯定成绩、找出差距、提出改进措施。

（四）参与经济决策

企业的会计信息系统可以通过收集数据、处理信息，向企业的管理层提供各种建议与方案，非常有利于管理层制定最优方案。据估计，企业在经营管理中所需要的信息 70% 以上来自会计信息系统。当然，在整个决策过程中，会计只能支持决策而无法代替决策，会计所起的是“参谋”作用，即“参与”的意思。

（五）预测经济前景

企业为了确定恰当的经营管理目标，必须收集大量历史和当前的信息。通过财务会计报告中具有预测价值的历史信息，能够预测企业的经营前景。特别应提到的是，在西方国家，还明确规定在会计报表以外的其他财务报告中应披露预测信息，在我国也进行了相应的规定。

第二节　《小企业会计准则》简介

本书作为一本入门级的会计实务学习图书，主要结合小微酒店餐饮企业的日常会计核算对会计基础知识、基本技能进行讲解，以下我们将针对《小企业会计准则》的主要内容、特点以及哪些企业适合执行《小企业会计准则》进行详细的介绍。

一、《小企业会计准则》的主要内容

《小企业会计准则》由以下十部分构成，如图 1－4 所示。

《小企业会计准则》的主要内容

第一部分：总则	主要规定了该准则的依据和适用范围、应该遵循的会计准则的基本原则和基本要求等
第二部分：资产	主要规定了资产的定义、分类及具体内容，包括流动资产、长期投资、固定资产和生产性生物资产、无形资产和长期待摊费用等
第三部分：负债	主要规定了负债的定义、分类及具体内容，包括流动负债和非流动负债
第四部分：所有者权益	主要规定了所有者权益的定义、分类及具体内容，包括实收资本或股本、资本公积、盈余公积、未分配利润
第五部分：收入	主要规定了收入的定义、分类及具体内容，包括销售商品收入和提供劳务收入
第六部分：费用	主要规定了费用的定义、分类及具体内容，包括营业成本、营业税金及附加、销售费用、管理费用、财务费用等
第七部分：利润及利润分配	主要规定了利润及利润分配的具体内容，包括利润的计算过程及所得税的计算
第八部分：外币业务	主要规定了外币业务的具体内容，包括外币交易及外币报表折算的相关介绍
第九部分：财务报告	主要规定了财务报告的定义及组成部分，包括资产负债表、利润表、现金流量表及附注的相关介绍
第十部分：附则	主要介绍本准则开始施行的时间及小型企业可参照实行的相关规定

图 1－4　《小企业会计准则》的主要内容

二、《小企业会计准则》的主要特征

《小企业会计准则》是在遵循一般会计核算原则的条件下，借鉴国际惯例，结合我国小企业的实际情况，以《企业会计准则》为基础，根据通俗易懂、简便易行、充分体现小企业自身及其会计信息使用者的需求和特点等要求加以制定的。《小企业会计准则》与《企业会计准则》相比，具有以下特点，如表 1－2 所示。

表 1－2　《小企业会计准则》的特点

项目	内容
存货	《小企业会计准则》规定，存货不涉及借款费用资本化的问题；不计提存货跌价准备；投资者将存货作为投资投入企业的，应当按照评估价值确定，即使该价值不公允；盘盈存货实现的收益计入营业外收入
金融资产投资	《小企业会计准则》规定，金融资产分为短期投资、长期债券投资和长期股权投资，且均采用历史成本计量；发生减值时直接冲减资产，不计提减值准备；持有期间投资收益等于应收股利、应收利息等，利息收入等于面值乘以票面利率
固定资产	《小企业会计准则》规定，投资者投入固定资产成本的初始计量应当按照评估价值确定，即使该价值不公允；发生减值时直接冲减资产，不计提减值准备；折旧年限有最低限额规定
生物资产	《小企业会计准则》规定，生物资产分为消耗性生物资产、生产性生物资产，且不计提减值准备，发生损失时直接冲减资产；折旧年限有最低限额规定
无形资产	《小企业会计准则》规定，无形资产发生损失时直接冲减资产，不计提减值准备；摊销方法全部采用直线法摊销，摊销年限有最低限额规定；计提摊销时直接贷记“无形资产”科目
借款利息	《小企业会计准则》规定，长期借款应当按照借款本金和借款合同利率按期计提利息费用
所得税费用	《小企业会计准则》规定，小企业采用应付税款法核算所得税，不需要确认递延所得税费用
财务报告体系	《小企业会计准则》规定，小企业至少应当提供资产负债表、利润表、现金流量表和附注，不强制要求编制所有者权益变动表

三、《小企业会计准则》的适用范围

我国对于小企业的界定围绕资产总额、营业总额和雇员人数三个方面，以会计需求的特殊性为基准，予以适当确定。我国《小企业会计准则》中对于小企业的界定是，《小企业会计准则》适用于在中华人民共和国境内依法设立的、符合《中小企业划型标准规定》所规定的小型企业标准的企业。同时规定下列三类小企业除外：①股票或债券在市场上公开交易的小企业；②金融机构和其他具有金融性质的小企业；③企业集团内的母公司和子公司。在掌握了《小企业会计准则》适用范围的基本规定之后，还应该注意以下几点，如图1－5所示。

《小企业会计准则》的适用范围应注意的问题

- 按规定需要建账的个体工商户参照执行《小企业会计准则》
- 执行《小企业会计准则》的小企业，公开发行股票或债券的，应当转为执行《企业会计准则》；因经营规模或企业性质变化导致连续三年不符合小企业标准而成为大中型企业或金融企业的，应当转为执行《企业会计准则》
- 发生的交易或者事项《小企业会计准则》未做规范的，应当根据《企业会计准则》相关规定进行处理，待财政部做出具体规定时，从其规定
- 执行本准则的小企业，转为执行《企业会计准则》时，应当按照《企业会计准则第38号——首次执行企业会计准则》等相关规定和本书中《小企业会计准则与企业会计准则会计科目转换对照表》进行会计处理

图1－5　《小企业会计准则》的适用范围应注意的问题

第三节　小微酒店餐饮企业会计核算的基本前提和一般原则

一、小微酒店餐饮企业会计核算的基本前提

会计核算的基本前提，即会计假设，是指组织会计核算工作应当具备的前提条件。会计核算的基本前提包括四个方面，即会计主体、持续经营、会计分期和货币计量。如表1－3所示。

表1－3　会计核算的基本前提

基本前提	内容
会计主体	会计主体亦称会计实体，是指会计工作为其服务的特定单位或组织。会计主体具有实体性、独立性、整体性的特点
持续经营	持续经营是指在正常情况下，企业按照既定的经营方针、目标、形式无限期地经营下去，即在可预见的未来，该会计主体不会停业或破产清算
会计分期	根据持续经营前提，企业的生产经营活动将持续不断地经营下去。为了及时地获得会计信息，充分发挥会计的反映和监督职能，应当合理地划分会计期间，即进行会计分期。通过会计分期，能够确认某个会计期间的经营成果及某个会计期末的财务状况

（续表）

基本前提	内容
货币计量	企业的经济活动千差万别，财产物资种类繁多，选择合理、实用又简化的计量单位，对于提高会计信息质量具有至关重要的作用。货币计量是指用币值稳定的货币作为会计的计量手段，将会计主体的经济活动和财务状况的数据转化为按统一货币单位反映的会计信息。《会计法》规定，酒店餐饮企业的会计核算以人民币为记账本位币。业务收支以人民币以外的货币为主的酒店餐饮企业，可以选定其中一种货币作为记账本位币，但编报的财务报告应当折算为人民币。酒店餐饮企业发生外币业务时，应当将有关外币金额折合为记账本位币金额记账。除法律法规另有规定外，所有与外币业务有关的账户，应当采用业务发生时的汇率或业务发生当期期初的汇率折合。期末，酒店餐饮企业的各种外币账户的外币余额应当按照期末汇率折合为记账本位币

上述四项基本前提，具有相互依存、相互补充的关系。会计主体确立了会计核算的空间范围，持续经营与会计分期确立了会计核算的时间长度，而货币计量则为会计核算提供了必要的、可能的计量手段。

二、小微酒店餐饮企业会计核算的一般原则

会计核算的一般原则又称一般准则或一般要求，是进行会计账务处理、编制会计报表所依据的一般规则和准绳，是进行会计核算的基本要求。小微酒店餐饮企业会计一般原则共 13 项，按两大类划分。

（一）会计信息质量要求的一般原则

会计信息质量要求的一般原则，如表 1－4 所示。

表 1－4　会计信息质量要求的一般原则

一般原则	内容
客观性原则	又称真实性原则、可靠性原则，是指企业的会计核算应当以实际发生的交易或事项以及证明经济业务发生的合法凭证为依据，如实反映其财务状况和经营成果，做到内容真实、数字准确、资料可靠
实质重于形式原则	是指企业应当按照交易或事项的经济实质进行会计核算，而不应当仅仅按照它们的法律形式作为会计核算的依据。在会计实务中，交易或事项的实质与其法律形式或人为形式的明显表象并不总是一致的。当两者出现不一致时，应当依据实质重于形式的原则进行判断，以确保会计信息质量。例如，企业以融资租赁的方式从出租方租入的固定资产，虽然不是承租方购入的资产，但由于租期长、租金超过或接近固定资产购买价，承租方承担了该项资产的主要风险，所以应将融资租赁资产作为承租方的资产，并按一定折旧方法提取折旧

（续表）

一般原则	内容
相关性原则	又称有用性原则，是指企业提供的会计信息应当能够反映企业的财务状况、经营成果和现金流量，以满足有关利益各方了解企业财务状况和经营成果的需要，满足企业加强内部经营管理的需要。相关性有预测价值和反馈价值两个基本质量标志。相关性原则属于历史范畴，它随着企业内外环境的变化而变化
一贯性原则	又称为一致性原则，是指企业对同一类会计事项所采用的会计核算方法和程序前后各期应当保持一致，不得随意变更。如有必要变更，应将变更的内容和理由、变更的累积影响数或累积影响数不能合理确定的理由等，在会计报表附注中予以说明。采用一致性原则，有利于提高会计信息的有用性，制约和防止企业通过会计政策的变更弄虚作假
可比性原则	是指企业的会计核算应当按照会计准则和会计制度规定，提供口径一致、相互可比的会计信息。可比性保证不同会计主体之间的会计指标口径一致、相互可比，以便于比较、分析，为国家进行宏观调控、投资者进行投资、债权人进行财务和风险分析等提供依据
及时性原则	是指会计事项的处理必须于经济业务发生时及时进行会计处理，不得提前或延后。具体而言，要求会计人员做到：及时收集会计信息；本期会计事项的应在本期内进行；会计报表应在规定时间及时编制送报
明晰性原则	又称清晰性、可辨认性、可理解性原则，是指企业的会计核算和编制的财务报告应当清晰明了，便于理解和利用。明晰性有两层意思：一是会计信息简单、扼要；二是会计信息明了、准确。坚持明晰性原则，有利于会计信息的使用者准确、完整地把握会计信息所要说明的内容，也有利于审计人员查账和验证工作的开展
重要性原则	是指企业的会计核算应当遵循重要性原则，在会计核算过程中对交易或事项应当区别其重要性程度，采用不同的核算方法，有简有详，繁简适当，区别对待。对资产、负债、损益等有重大影响，且会影响财务报告使用者做出合理判断的重大会计事项，必须按照国家有关规定在财务报告中予以充分、准确地披露；对不影响会计信息真实性和不至于误导财务报告使用者做出错误判断的会计事项，则可适当简化，不必详细报告

（二）会计确认、计量的一般原则

会计确认、计量的一般原则，如表 1－5 所示。

表 1－5　会计确认、计量的一般原则

一般原则	内容
权责发生制原则	是指企业的会计核算应当以权责发生制为基础，凡在当期已经实现的收入和已经发生或应当负担的费用，不论款项是否收付，都应作为当期的收入和费用；凡是不属于当期的收入和费用，即使款项已在当期收付，也不应作为当期的收入和费用。权责发生制是与收付实现制相对应的一种记账原则，它适用于企业会计，能够真实地反映企业某一特定会计期间的财务状况和经营成果
配比原则	是指企业在进行会计核算时，收入与其成本、费用应当相互配比，同一会计期间内的各项收入与其相关的成本、费用，应当在该会计期间内确认。配比原则与权责发生制原则既有联系，又有区别。两者都是为了正确计算收益和成本，但权责发生制是为了正确地确认收入和费用，而配比原则是为了正确地确认收益，它是在正确确认收入和费用的基础上，进一步确认收益，两者不能相互代替
历史成本原则	又称实际成本原则，是指企业的各项资产在取得或购建时实际发生的成本应当按照实际成本计量。其后，各项资产账面价值的调整，应按照《小企业会计准则》的规定执行，除法律、法规和国家统一会计制度另有规定外，企业不得自行调整其账面价值。历史成本计量数据真实可靠，具有客观性和可验证性
划分收益性支出与资本性支出原则	是指企业的会计核算应当合理划分收益性支出与资本性支出的界限。凡支出的效益仅于本年度（或一个营业周期）有关的，应当作为收益性支出；凡支出的效益于几个会计年度（或几个营业周期）有关的，应当作为资本性支出
谨慎性原则	又称稳健性、审慎性原则，是指在资产、负债的计价及损益确认时，如果有两种或两种以上的方法或金额可供选择时，应选择不高估资产或收益，少计负债或费用的方法。不预计任何可能的收益，但应合理预计可能发生的损失和费用

三、小微酒店餐饮企业会计核算的会计要素

小微酒店餐饮企业会计要素是建立会计系统理论和实务的重要基础，是企业会计报表的基本构成内容。我国《企业会计准则》将企业会计要素划分为资产、负债、所有者权益、收入、费用与利润六大要素。资产、负债和所有者权益是反映企业财务状况的会计要素，也称为静态会计要素，构成资产负债表的基本框架。收入、费用及利润是反映企业经营成果的会计要素，也称为动态会计要素，构成利润表的基本框架。

（一）资产

资产是指企业过去的交易、事项形成并由企业拥有或控制的资源，该资源预期会给企

业带来经济利益。资产具有三个基本特征，如图 1－6 所示。

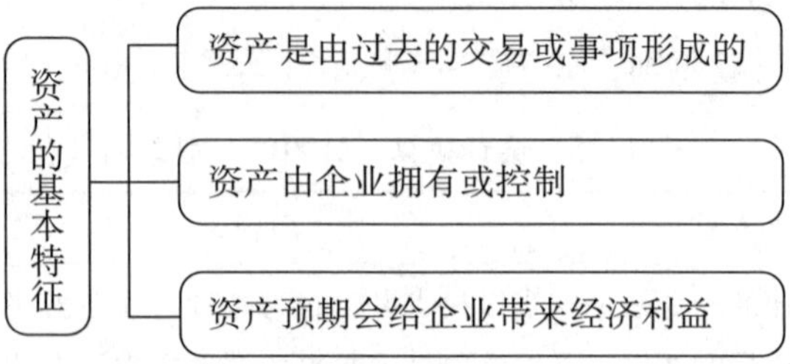

图 1－6　资产的基本特征

按照我国《小企业会计准则》的规定，资产应按流动性分为流动资产和非流动资产。非流动资产包括长期债券投资、长期股权投资、固定资产、生产性生物资产、无形资产、长期待摊费用等。如图 1－7 所示。

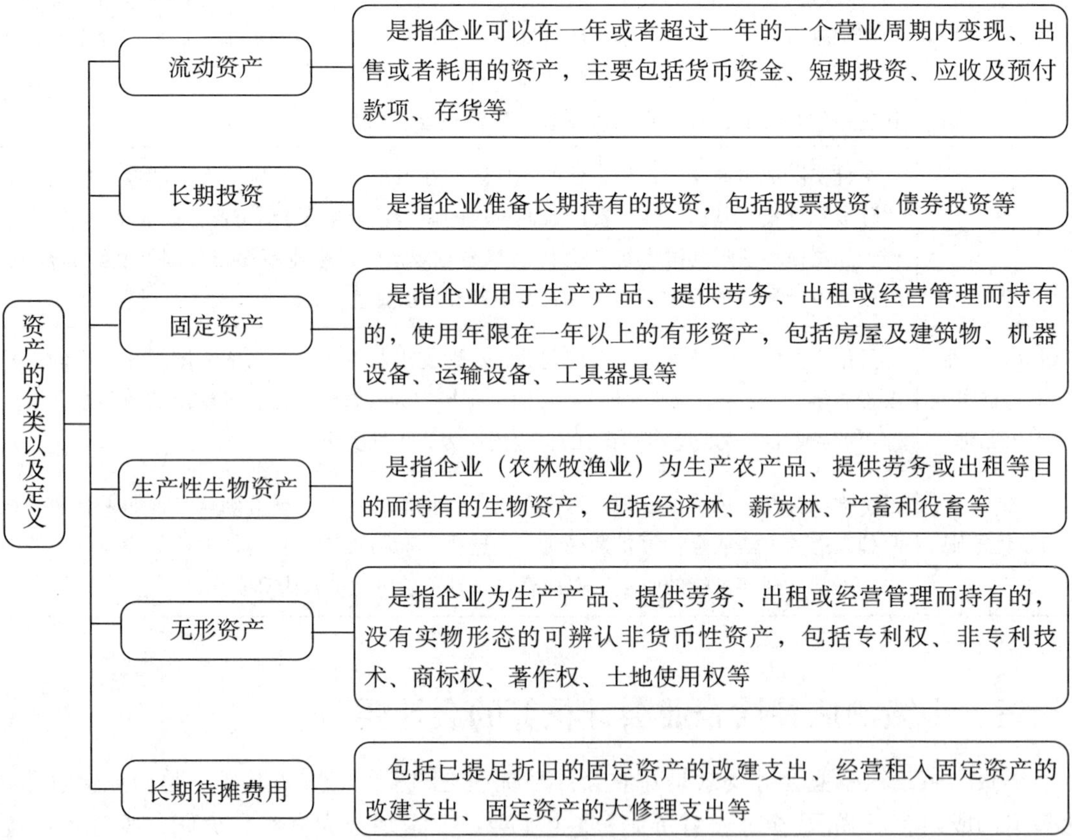

图 1－7　资产的分类以及定义

（二）负债

负债是指企业过去的交易、事项形成的现时义务，履行该义务预期会导致经济利益流出企业。负债具有四个基本特征，如图 1－8 所示。

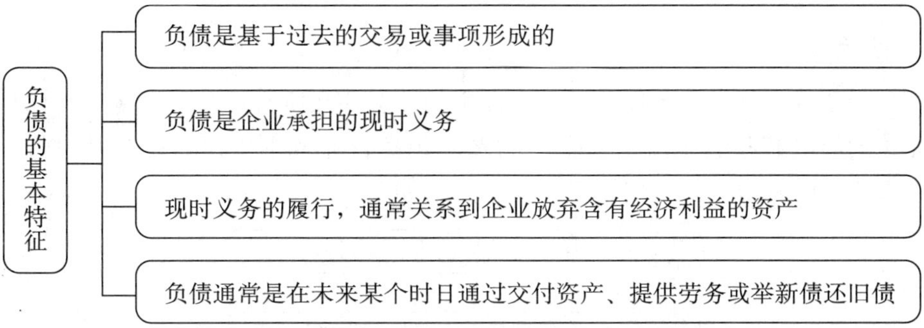

图 1－8　负债的基本特征

企业的负债按其流动性分为流动负债和长期负债，如图 1－9 所示。

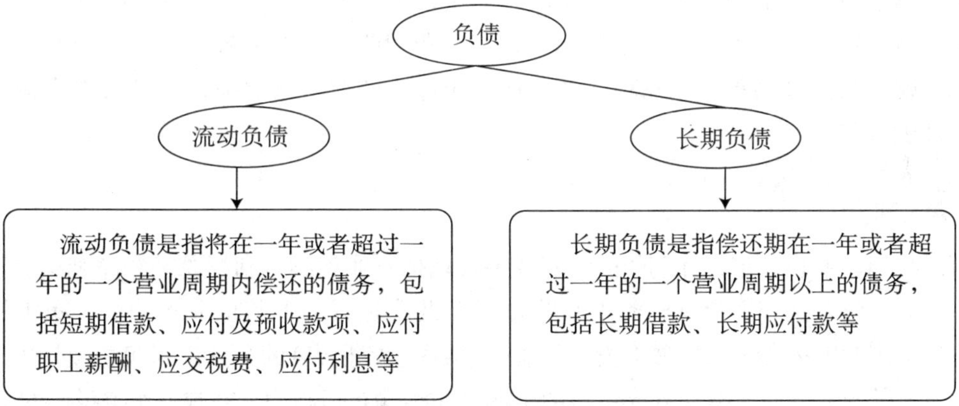

图 1－9　负债的分类及定义

（三）所有者权益

所有者权益是指所有者在企业资产中享有的经济利益，其金额为资产减去负债后的余额，即净资产。所有者权益包括企业所有者对企业的投入资本（即实收资本）、资本公积、盈余公积和未分配利润。

（四）收入

收入是指企业在日常经营活动中所形成的、会导致所有者权益增加、与所有者投入资本无关的经济利益的总流入，包括销售商品收入和提供劳务收入等，如图 1－10 所示。

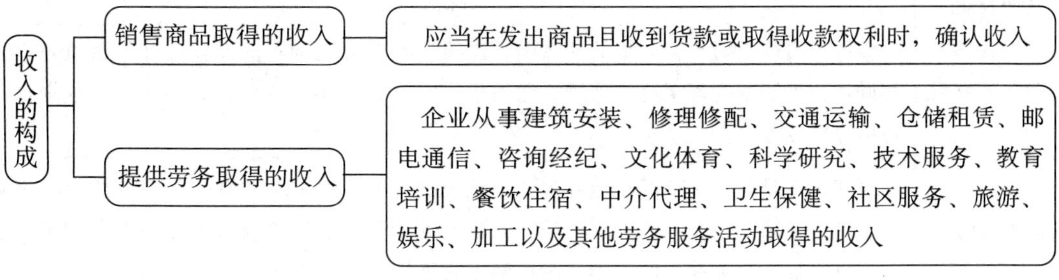

图 1－10　收入的构成

（五）费用

费用是指企业在日常生产经营活动中发生的、会导致所有者权益减少、与向所有者分配利润无关的经济利益的总流出。企业的费用包括营业成本、营业税金及附加、销售费用、管理费用、财务费用等。费用有两个特点，如图 1－11 所示。

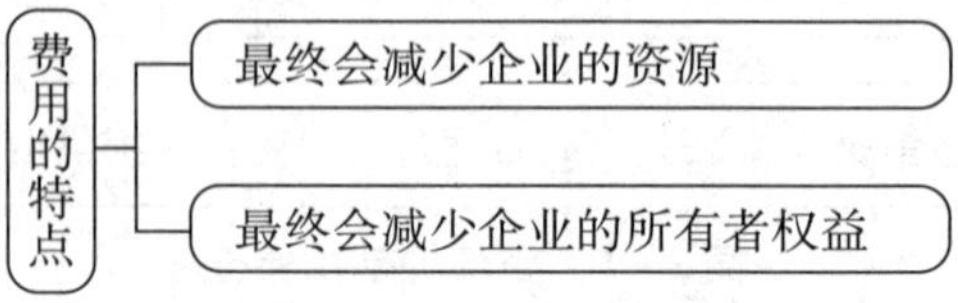

图 1－11　费用的特点

小微酒店餐饮企业一定时期的费用由产品生产成本和期间费用两部分构成。产品生产成本由直接材料、直接人工、燃料及动力、制造费用四个成本项目构成。期间费用包括管理费用、财务费用和销售费用三项。费用产生于过去的交易或事项，它可表现为资产的减少或负债的增加。

（六）利润

利润是指企业在一定会计期间的经营成果，包括营业利润、利润总额和净利润。营业利润是主营业务收入减去主营业务成本和营业税金及附加，加上其他业务利润，减去销售费用、管理费用和财务费用，再加上投资收益（或减去投资损失）的金额；利润总额是指营业利润加上营业外收入，减去营业外支出后的金额；净利润是指利润总额减去所得税后的金额。

四、小微酒店餐饮企业会计核算的方法

会计核算方法是对企业已发生的经济活动进行完整、连续、系统的核算和监督所应用的方法。

（一）会计核算的具体方法

会计核算的具体方法，如表 1－6 所示。

表 1－6　会计核算的具体方法

具体方法	说明
设置会计科目	会计科目就是对会计对象的具体内容进行分类核算的项目。设置会计科目就是事先在设计会计制度时规定这些项目，然后根据它在账簿中开立账户，分类、连续地记录各项经济业务
复式记账	复式记账是对每一项经济业务都要以相等的金额，在相互关联的两个或两个以上账户中进行记录的记账方法。这种记账方法能够全面、清晰地反映出经济业务的来龙去脉，可以检查有关业务的记录是否正确、完整

（续表）

具体方法	说明
填制和审核会计凭证	会计凭证是记录经济业务、明确经济责任的书面证明，是登记账簿的重要依据。所有凭证都要经过会计部门和有关部门的审核，只有经过审核无误的会计凭证才能作为记账的依据。填制和审核会计凭证可以为经营管理提供真实可信的数据资料，也是实行会计监督的一个重要方面
登记账簿	账簿是用来全面、连续、系统的记录各项经济业务的簿籍。登记账簿就是将发生的经济业务序时、分类地记入有关账簿。登记账簿必须以凭证为根据，并定期进行结账、对账，为编制会计报表提供完整而又系统的会计数据
成本计算	成本计算是指在生产经营过程中，按照一定对象归集和分配发生的各种费用支出，以确定该对象的总成本和单位成本的一种专门方法。通过成本计算，可以反映和监督各项费用的发生是否符合节约原则，了解成本水平，并为成本分析提供资料
财产清查	财产清查就是通过对实物、现金的实地盘点，对银行存款、债权债务的查对，来确定财产物资、货币资金和债权债务的实存数，并查明账面结存数与实存数是否相符的一种专门方法。若发现账实不符，查明原因，经过批准手续调整账目，使账实相符
编制会计报表	会计报表是根据账簿记录定期编制的、总括反映企业在一定时期财务状况和经营成果的书面文件。会计报表为人们了解和观察企业的生产经营情况，衡量和评价企业的财务状况和经营成果提供必要的依据

（二）会计核算方法之间的相互关系

上述七种方法密切结合，形成完整的会计核算方法体系。经济业务发生后，经办人员要填制或取得凭证，经会计人员审核整理后，按照设置的会计科目，运用复式记账法编制记账凭证，并据以登记账簿、计算成本、进行财产清查，在账实相符的基础上，编制会计报表。

第二章
小微酒店餐饮企业货币资金的会计核算

第一节　现金

会计范畴中的现金，又称为库存现金，是指存放在企业并由出纳员保管的现钞，包括库存的人民币和各种外币。狭义现金是指企业所拥有的硬币、纸币，即由企业出纳人员保管作为零星业务开支之用的库存现款，广义现金则应包括库存现款和视同现金的各种银行存款、流通证券等。我国所采用的是狭义的现金概念。

企业（如无特殊说明，下文中的企业均为“小微酒店餐饮企业”）的现金是指由财务或会计部门的出纳人员保管的货币。对于酒店餐饮企业而言，现金收支是最为常见的结算形式，此类企业更应严格遵守国家有关现金管理制度，正确进行现金收支的核算，监督现金使用的合法性与合理性，防止现金管理中各种违法乱纪行为的发生。

一、现金的管理制度

根据国务院发布的《现金管理暂行条例》的规定，现金管理制度主要包括以下内容。

（一）现金的使用范围

在企业中，下列款项支出可用现金来支付，如图 2－1 所示。

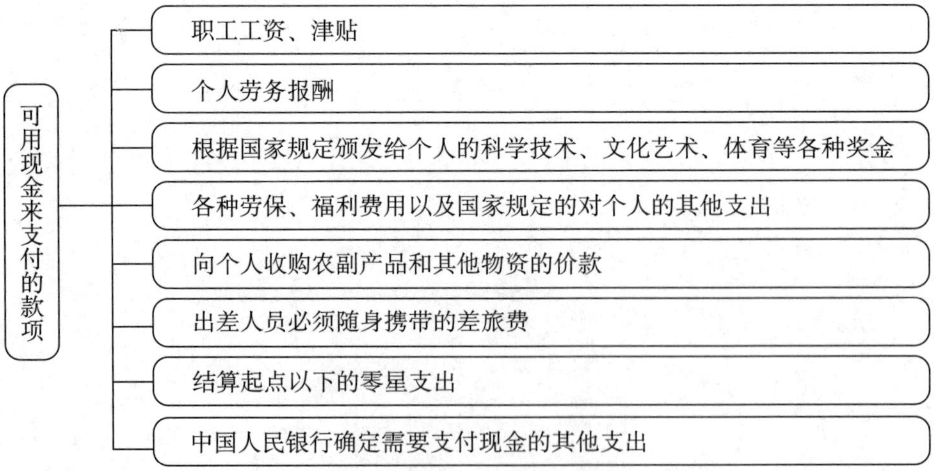

图 2－1　可用现金来支付的款项

（二）库存现金的限额

库存现金的限额是指为了保证日常零星开支的需要，允许企业留存现金的最高数额。各企业现金库存限额应根据企业规模、业务量、日常零星开支现金需要量以及企业距离开户银行远近等条件予以核定。开户银行根据企业的实际情况，一般按照3～5天日常零星开支的需要确定。边远地区和交通不便地区的企业的库存现金限额，可多于5天，但不得超过15天的日常零星开支。核定后的库存现金限额，企业必须严格遵守，超过部分应于当日终了前存入银行。需要增加或减少库存现金限额的企业，应向开户银行提出申请，由开户银行核定。

（三）现金收支的规定

企业收到现金，应于当日送存开户银行。当日送存确有困难的，由开户银行确定送存时间。企业支付现金，可以从本单位库存现金中支付或从开户银行提取，不得从本单位的现金收入中直接支付，即不得“坐支”。因特殊情况需要“坐支”现金的单位，应事先报经开户银行审查批准，由开户银行核定“坐支”范围和限额，“坐支”单位应定期向开户银行报送“坐支”金额及其使用情况。企业从开户银行提取现金时，应如实写明提取现金的用途，由本单位财会部门负责人签字盖章，并经开户银行审查批准后予以支付。此外，不准用不符合财务制度的凭证顶替库存现金，即不得“白条抵库”；不准谎报用途套取现金；不准用银行账户代其他单位和个人存入或支取现金；不准用单位收入的现金以个人名义存入储蓄；不准保留账外公款，即不得“公款私存”，不得设置“小金库”等。银行对于违反上述规定的单位，将按照违规金额的一定比例予以处罚。

二、现金的总分类核算

企业为了从总体上反映现金的收入、支出和结存情况，应设置“库存现金”总分类账户。收取现金时，借记“库存现金”科目，贷记有关科目；支付现金时，借记有关科目，贷记“库存现金”科目。借方余额表示期末库存现金的金额。企业内部各部门周转使用的备用金，可通过“其他应收款”科目核算，不在“库存现金”科目中核算。

三、现金的明细分类核算

为了系统、全面、连续、详细地反映有关现金的收支情况，企业应设置“现金日记账”。出纳人员根据审核无误的收款凭证、付款凭证，按照业务发生的先后顺序逐日逐笔登记现金日记账。每日终了，计算现金收入合计、现金支出合计及现金结余数，并同库存现金数核对，保证账款相符。

现金日记账必须是订本账，一般采用三栏式账页，借方栏根据库存现金收款凭证登记，贷方栏根据现金付款凭证登记，但对于从银行提取现金的业务因为只编制银行存款付款凭证，故此应根据银行存款付款凭证登记现金日记账的借方栏。每次办理完收付款业务应及时结出账面余额。每日终了，将账面余额与库存现金数核对，月末与现金总账核对，做到账款相符、账账相符。

四、现金的清查

现金清查是指对库存现金的盘点与核对，包括出纳人员每日终了前进行的库存现金账款核对和清查小组进行的定期或不定期的现金盘点、核对。现金清查一般采用实地盘点法。清查小组清查时，出纳人员必须在场，清查的内容主要是检查是否有挪用现金、白条抵库、超限额留存现金，以及账款是否相符等。

对于现金清查的结果，应编制现金盘点报告单，注明现金溢缺的金额，并由出纳人员和盘点人员签字盖章。如果有挪用现金、白条抵库情况，应及时予以纠正；对于超限额留存的现金要及时送存银行；如果账款不符，如为现金短缺，应先减少“库存现金”账面数，同时借记“待处理财产损溢——待处理流动资产损溢”科目；待查明原因后，属于应由责任人赔偿的部分，借记“其他应收款”科目，按实际短缺的金额扣除应由责任人赔偿的部分后的金额，借记“管理费用”科目，贷记“待处理财产损溢——待处理流动资产损溢”科目。如为现金溢余，应按实际溢余的金额，借记“库存现金”科目，贷记“待处理财产损溢——待处理流动资产损溢”科目；查明原因后，属于应支付给有关人员或单位的，贷记“其他应付款”科目，现金溢余金额超过应付给有关单位或人员的部分，贷记“营业外收入”科目。

例2-1：荣锦酒店在现金清查时，发现库存现金比账面余额多出300元，无法查明原因。做会计分录如下：

(1)发现库存现金比账面余额多出300元时：

借：库存现金	300	
贷：待处理财产损溢——待处理流动资产损溢		300

(2)无法查明原因，经批准后：

借：待处理财产损溢——待处理流动资产损溢	300	
贷：营业外收入——现金溢余		300

例2-2：荣锦酒店现金清查后，发现库存现金比账面余额短缺400元，经查明，应由该出纳员赔偿金额150元，另外250元属于无法查明的其他原因。做会计分录如下：

(1)发现库存现金比账面余额短缺400元时：

借：待处理财产损溢——待处理流动资产损溢	400	
贷：库存现金		400

(2)查明原因后：

借：管理费用——现金短缺	250	
其他应收款——×××	150	
贷：待处理财产损溢——待处理流动资产损溢		400

例2-3：接例2-2，该酒店收到上述出纳人员赔款150元。做会计分录如下：

借：库存现金	150	
贷：其他应收款——×××		150

第二节 银行存款

一、银行存款的结算制度

银行存款是指企业存放于银行或其他金融机构的货币资金。按国家规定，企业除了留存少量库存现金以供日常零星开支需要外，其余现金都应存入银行。目前，企业可使用的支付结算方式主要有票据、信用卡、汇兑、托收承付、委托收款等。其中，票据又主要有银行汇票、商业汇票、银行本票和支票等。

上述内容中，商业汇票的核算将分别在应收票据和应付票据的核算中介绍，银行汇票、银行本票和信用卡的核算则将在其他货币资金的核算中说明。下面先就支票、汇兑、托收承付以及委托收款等结算方式的核算予以重点介绍。

二、银行存款的总分类核算

为了总括反映银行存款的收付及其结存情况，应设置“银行存款”账户，向银行存入款项时借记本科目，贷记有关科目；从银行支出款项时借记有关科目，贷记“银行存款”科目。银行存款的结算方式，如表2-1所示。

表2-1 银行存款的支付结算方式

方式	内容
支票	支票是出票人签发的、委托办理支票存款业务的银行在见票时无条件支付确定的金额给收款人或持票人的票据。支票分为库存现金支票、转账支票、普通支票。企业开出支票时，根据支票存根，借记有关科目，贷记“银行存款”科目；收到支票并填制进账单到银行办理收款手续后，借记“银行存款”科目，贷记有关科目

（续表）

方式	内容
汇兑	汇兑是汇款人委托银行将其款项支付给收款人的结算方式。单位和个人各种款项的结算均可使用汇兑结算方式。汇兑分为信汇、电汇两种，汇款人可自行选择。付款单位根据银行签发的汇款回单，借记有关科目，贷记“银行存款”科目；收款单位根据银行转来的收款通知，借记“银行存款”科目，贷记有关科目
托收承付	托收承付是根据购销合同由收款人发货后委托银行向异地付款人收取款项，由付款人向银行承认付款的结算方式。采用托收承付结算时，收款单位对于托收款项，根据银行的收款通知和有关原始凭证据以编制收款凭证；付款单位对于承付的款项，应于承付时根据托收承付结算凭证的承付通知和有关发票账单等原始凭证据以编制付款凭证。付款企业承认付款后，根据有关凭证，借记“在途物资”“应交税费——应交增值税”科目，贷记“银行存款”科目。销货企业收到银行转来的收款通知和有关托收结算凭证，借记“银行存款”科目，贷记“应收账款”等科目
委托收款	委托收款是收款人委托银行向付款人收取款项的结算方式。单位和个人凭已承兑商业汇票、债券、存单等付款人债务证明办理款项的结算，均可以使用委托收款结算方式。委托收款在同城、异地均可使用。委托收款结算款项的划回方式有邮寄和电报两种。付款单位接到银行付款通知、审查债务凭证后付出款项时，借记“应付账款”等科目，贷记“银行存款”科目。收款单位收到银行收款通知后，根据有关凭证，借记“银行存款”科目，贷记“应收账款”等科目

三、银行存款的明细分类核算

为了全面、系统、连续、详细地反映有关银行存款收支的情况，企业应设置“银行存款日记账”。由出纳人员根据审核无误的银行存款收付款凭证，按照业务发生的先后顺序逐日逐笔登记。银行存款日记账必须是订本账，一般采用三栏式账页，借方栏根据银行存款收款凭证登记，贷方栏根据银行存款付款凭证登记。每日终了时应计算银行存款收入合计、银行存款支出合计及银行存款结余数，定期与银行转来的对账单核对相符。

有外币银行存款的企业，还应当分别按照人民币和外币进行明细核算。

例2－4：荣锦酒店用银行存款购入办公用品一批，价款60 000元，增值税10 200元，已通过银行付款，材料已验收入库。做会计分录如下：

借：周转材料——办公用品　　60 000

　　应交税费——应交增值税(进项税额)　　10 200

　　贷：银行存款　　70 200

例2－5：荣锦酒店用银行存款50 000元，购置一台新的清洁设备。做会计分录如下：

借：固定资产　　50 000

　　贷：银行存款　　50 000

例2－6：荣锦酒店收到A购货方归还以前所欠货款20 000元。做会计分录如下：

借：银行存款　　20 000

　　贷：应收账款　　20 000

例2－7：荣锦酒店向银行借款200 000元，已存入银行。做会计分录如下：

借：银行存款　　200 000

　　贷：短期借款　　200 000

例2－8：荣锦酒店收到A银行的收款通知，收到某位新加入股东投入的资金500 000元人民币。做会计分录如下：

借：银行存款　　500 000

　　贷：实收资本　　500 000

四、银行存款的清查

银行存款的清查是指企业银行存款日记账的账面余额与其开户银行转来的对账单的余额进行的核对。双方余额不一致的原因除记账错误外，还因为存在未达账项。所谓未达账项，是指由于企业与银行取得有关凭证的时间不同，而发生的一方已经取得凭证登记入账，另一方由于未取得凭证尚未入账的款项。具体有以下四种情况，如图2－2所示。

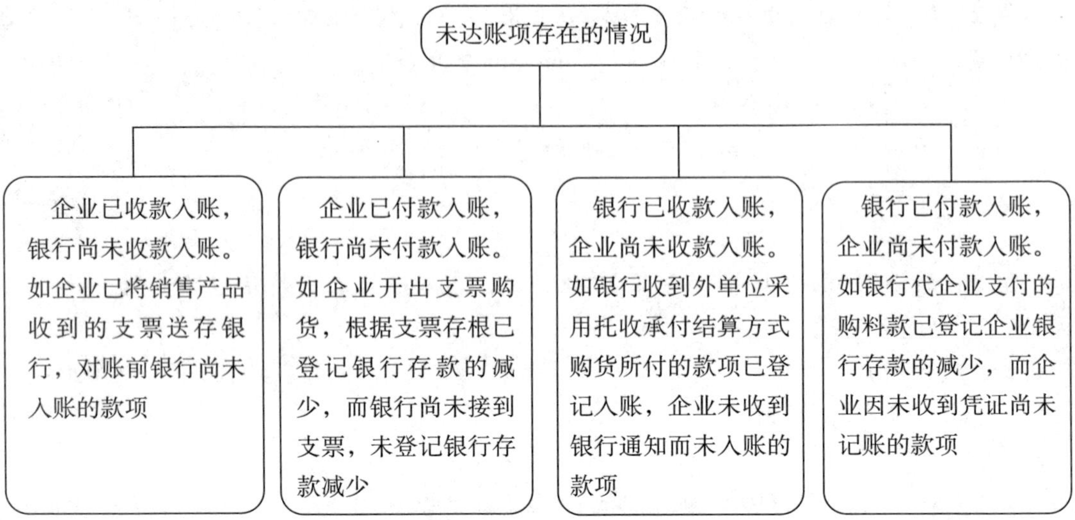

图 2－2　未达账项存在的情况

对上述未达账项应通过编制“银行存款余额调节表”进行检查核对，如没有记账错误，调节后的双方余额应相等。

例 2－9：荣锦酒店 2014 年 12 月 31 日银行存款日记账的余额为35 250 元，银行转来对账单的余额为 63 750 元。经逐笔核对，发现以下未达账项：

(1)酒店送存转账支票 30 000 元，并已登记银行存款增加，但银行尚未记账。

(2)酒店开出转账支票 22 500 元，但持票单位尚未到银行办理转账，银行尚未记账。

(3)酒店委托银行代收某公司购货款 37 500 元，银行已收妥并登记入账，但酒店尚未收到收款通知，尚未记账。

(4)银行代酒店支付电话费 1 500 元，银行已登记酒店银行存款减少，但酒店未收到银行付款通知，尚未记账。

根据上述资料编制“银行存款余额调节表”，如表 2－2 所示。

表 2－2　银行存款余额调节表

单位：元

项目	金额	项目	金额
酒店银行存款日记账余额	35 250	银行对账单余额	63 750
加：银行已收、酒店未收款	37 500	加：酒店已收、银行未收款	30 000
减：银行已付、酒店未付款	1 500	减：酒店已付、银行未付款	22 500
调节后的存款余额	71 250	调节后的存款余额	71 250

第三节　其他货币资金

其他货币资金是指企业除现金和银行存款以外的其他各种货币资金，主要包括外埠存款、银行本票存款、银行汇票存款、信用证保证金存款、信用卡存款和存出投资款等。为了反映和监督企业其他货币资金的结支和结存情况，应设置"其他货币资金"账户，企业增加其他货币资金，借记"其他货币资金"科目，贷记"银行存款"科目；减少其他货币资金，做相反会计分录。期末借方余额反映企业实际持有的其他货币资金。同时，"其他货币资金"科目应按照银行汇票或本票、信用卡发放银行，信用证的收款单位，外埠存款的开户银行分别进行"银行汇票""银行本票""信用卡""信用证保证金""外埠存款"等明细核算。

一、外埠存款

外埠存款是指企业为了到外地进行临时或零星采购，汇往采购地银行并开立的采购专户的款项。企业将款项委托当地银行汇往采购地开立专户时，借记"其他货币资金"科目，贷记"银行存款"科目。收到采购人员交来供应单位发票等报销凭证时，借记"在途物资""原材料""库存商品""应交税费——应交增值税（进项税额）"等科目，贷记"其他货币资金"科目。将多余的外埠存款转回当地银行时，根据银行的收账通知，借记"银行存款"科目，贷记"其他货币资金"科目。

例2－10：荣锦酒店采购员到外地某市采购，汇往该市某银行办事处资金78 000元，采购员赴该市采购各种物资共70 200元（含税价），支取差旅费5 000元，采购结束，银行将余款转回采购企业开户银行。做会计分录如下：（一般纳税企业增值税税率为17%）

（1）汇出采购资金时：

借：其他货币资金——外埠存款	78 000	
贷：银行存款		78 000

（2）收到采购员交来的发票账单：

借：在途物资	[70 200 ÷（1＋17%）]60 000	
应交税费——应交增值税（进项税额）	（70 200－60 000）10 200	
其他应收款——采购员	5 000	
贷：其他货币资金——外埠存款		75 200

（3）收到银行转账通知，余款已转回：

借：银行存款	（78 000－75 200）2 800	
贷：其他货币资金——外埠存款		2 800

(4)采购员回来，报销差旅费：

借：管理费用　5 000

　贷：其他应收款——采购员　5 000

二、银行汇票存款

银行汇票存款是指由企业为取得银行汇票按规定存入银行的款项。企业向银行申请办理银行汇票时，应填写“银行汇票委托书”，将款项交存出票银行。其账务处理如图 2－3 所示。

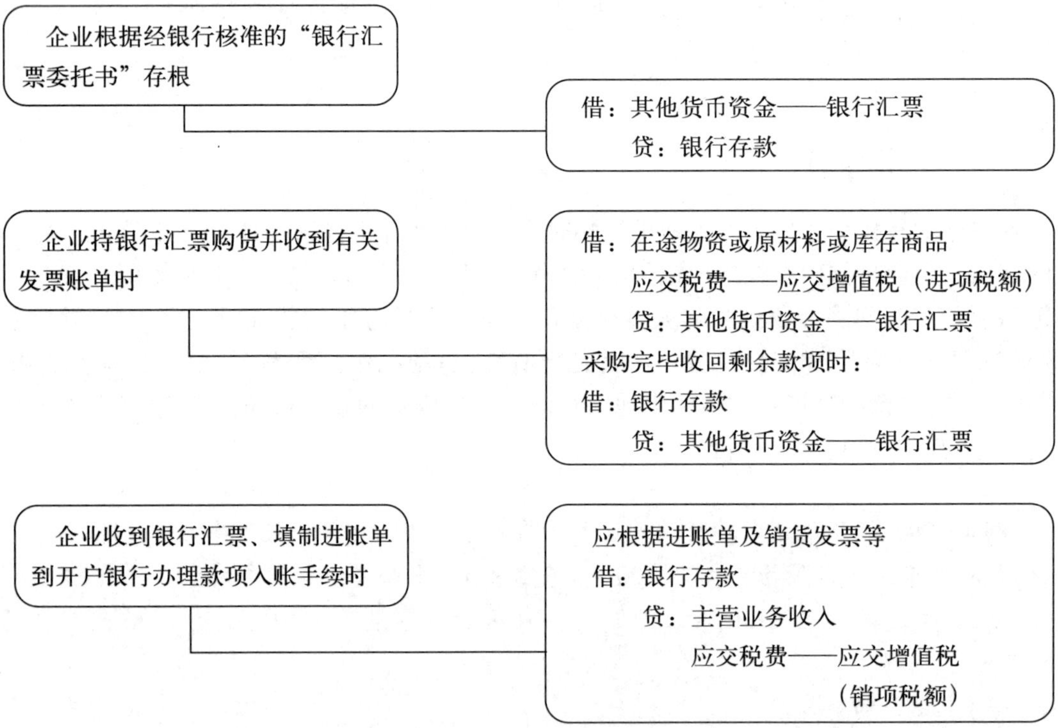

图 2－3　银行汇票存款的账务处理

三、银行本票存款

银行本票存款是指企业为取得银行本票按规定存入银行的款项。银行本票分为不定额本票和定额本票两种。采用银行本票进行结算时，企业应填写“银行本票委托书”，将款项交存银行。其账务处理如图 2－4 所示。

企业应根据经银行核准的“银行本票委托书”存根 ⇒	借：其他货币资金——银行本票 　贷：银行存款
企业持银行本票购货并收到有关发票账单时 ⇒	借：在途物资或原材料或库存商品 　应交税费——应交增值税（进项税额） 　贷：其他货币资金——银行本票
企业收到银行本票、填制进账单到开户银行办理款项入账手续时 ⇒	借：银行存款 　贷：主营业务收入 　　应交税费——应交增值税（销项税额）

图 2－4　银行本票存款的账务处理

四、信用证保证金存款

信用证保证金存款是指购货方或进出口人向银行申请开立信用证时，按银行规定交存的一笔押金。其账务处理如图 2－5 所示。

企业应根据银行盖章退回的“信用证委托书”回单 ⇒	借：其他货币资金——信用证保证金 　贷：银行存款
企业接到开证行付款通知后，应根据供货单位信用证结算凭证及所附发票账单 ⇒	借：在途物资或原材料或库存商品 　应交税费——应交增值税（进项税额） 　贷：其他货币资金——信用证保证金
企业将未用完的信用证存款余额转回开户银行时 ⇒	借：银行存款 　贷：其他货币资金——信用证保证金

图 2－5　信用证保证金存款的账务处理

五、信用卡存款

信用卡存款是指企业为取得信用卡而存入银行信用卡专户的款项。企业应填制“信用卡申请表”，连同支票和有关资料一并送存发卡银行，领取信用卡。其账务处理如图 2－6 所示。

企业根据银行盖章退回的交存备用金进账单 ⇒ 借：其他货币资金——信用卡存款
　贷：银行存款

企业收到开户银行转来的信用卡存款的付款凭证及所附发票账单时 ⇒ 借：管理费用等（相关费用科目）
　贷：其他货币资金——信用卡存款

企业的持卡人如不需要继续使用信用卡时，应持信用卡主动到发卡银行办理销户 ⇒ 销卡时，单位卡科目余额转入企业基本存款户，不得提取现金
借：银行存款
　贷：其他货币资金——信用卡存款

图 2－6　信用卡存款的账务处理

六、存出投资款

存出投资款是指企业已存入证券公司但尚未进行短期证券投资的资金。其账务处理如图 2－7 所示。

向证券公司划出资金时 — 借：其他货币资金——存出投资款
　贷：银行存款

实际购买股票或债券等各种证券时 — 借：短期投资等
　贷：其他货币资金——存出投资款

图 2－7　存出投资款的账务处理

第四节　货币资金涉及的主要税务问题

1. 库存现金长短款的问题

库存现金长短款是指在盘点和核对库存现金时，发现的除挪用现金、白条抵库、超限额留存现金等情况以外原因造成的库存现金日记账余额与库存现金数额不符。

例 2－11：某小微酒店的出纳员张某分别在两天中发现酒店的库存现金短缺 30 元和溢余 100 元，但是没有找出原因。为了保全自身的面子，同时又考虑到两次账实不符的金额非常小，于是决定采取下列的办法进行处理：短缺的库存现金自掏腰包；溢余的库存现金则自己暂时收起来。

分析：该酒店出纳员张某的处理方法是错误的，其直接的后果可能会掩盖酒店在库存现金管理与核算中存在的许多问题，现金的短缺和溢余可能表明该酒店存在重大的经济问题。

解决方法：酒店出现库存现金账实不符的现象时，应该按照相关的会计规定进行处理：如为库存现金短缺，按应由责任人赔偿的部分，借记"其他应收款——库存现金"科目，按实际短缺的金额扣除应由责任人赔偿部分后的金额，借记"管理费用"科目，按实际短缺的金额，贷记"库存现金"科目；如为现金溢余，按实际溢余的金额，借记"库存现金"科目，按应支付给有关人员或单位的部分，贷记"其他应付款"科目，按实际溢余的金额超过应支付给有关人员或单位部分后的金额，贷记"营业外收入"科目。

2. 虚开发票套取现金的问题

假发票的特点和规律是：第一种情况是发票日期与发票的连续号码不相符，开出的同一类发票，日期在前、号码在后或日期在后、号码在前。第二种情况是发票标明的经济事项与该单位的生产经营业务范围实际情况不相吻合。第三种情况是支出与金额违反常规。第四种情况是发票的日期、数量、单位、单价、品种及规格含糊不清或根本不填，金额一般为某个整数。第五种情况是相邻的数张发票为某个整数。

例2－12：陈某是某酒店采购部门的主管，平时主要负责酒店的物资采购工作。由于酒店平时对物资管理不是非常严格，从未认真进行过盘点，进货物资的数量和金额都是由陈某一人掌握。因此，陈某为谋取私利就利用职务之便，与酒店财会部门会计肖某合谋找一些物品发票，对所附明细清单进行修改，全部换成酒店办公用品，酒店经理也未进行核实，签字同意后报销下账。就这样，虽然实际并未发生任何支出，现金便瞒天过海轻易被套取出来。

分析：小微酒店餐饮企业由于规模小，财务制度不健全，财务人员对报销把关不严，个别人便利用这一机会，将平时非公务或私人积累的一些车票、住宿费等单据混在正常票据中一起报销，套取现金。当然也有部分企业故意报销一些非公务单据或是伪造单据，以达到增加费用、减少利润、偷逃税款的目的。这些做法都是错误的。

3. 分开套写发票少缴税款的问题

例2－13：某酒店经常在某食品公司采购食材，数量较大，涉及的金额也较多。食品公司由于经营利润较高，想隐瞒部分收入，而该酒店也想增加费用，抵减部分利润，双方一拍即合，私下决定由食品公司在开具销售发票时，采用联次分开套写的方式，在发票联上多开具销售金额，而存根联与记账联少开具销售金额，以达到双方少缴税的目的。

分析：开票方目无法纪，为了双方利益，利用税务机关监管不严的漏洞为所欲为，达到双方不可告人的目的。企业收受的发票大部分是手写发票，而部分企业就利用这个漏洞，分开填写发票联和存根联、记账联金额。

根据《中华人民共和国税收征收管理法》的规定，纳税人开具大头小尾发票、隐匿经营收入、造成不缴或少缴税款的，属于偷税行为。

第五节　货币资金涉及的主要审计问题

1. 贪污现金的问题

贪污现金主要表现为六种形式：一是隐瞒收入，主要采取的方法是收到现金后撕毁票据不入账或收到现金后不开票据不入账；二是利用单位财务管理上的漏洞或工作上的便利采用篡改、刮擦和消退等手段涂改凭证金额，将收入数额改小或将支出数额改大；三是一证多报，将已入账的支出原始凭证抽出重复报销，多发生在财务部门内部；四是索取大头小尾票据，利用假复写的办法使得发票联的金额超过存根记账联的金额，多发生在费用报销环节；五是向对方出具空白发票或收据，将收入据为己有；六是冒充领导签字，在原始凭单上冒充领导签字进行费用报销。

例 2-14：某小微酒店餐饮企业的会计肖某因为粗心在某月记账汇总时，漏记了一笔收到现金的往来款 2 000 元。因为漏记这笔业务并不影响科目汇总表的平衡(资产科目一增一减)，致使库存现金总账和明细账产生了差额。出纳张某发现了这个错误，没有提醒肖某，而是将库存现金明细账比总账中长出的 2 000 元现金据为己有。税务人员在审计时发现库存现金总账和明细账不符，在追问之下才发现了张某贪污长款的事实。

分析：在实际工作中，一旦会计人员粗心大意就会导致记账发生错误，造成总账和明细账的不符；若出纳人员素质不高，将长款据为己有，就会给企业带来较大的损失。

无论是发生现金的盘亏还是盘盈，都应当通过调查分析确定其原因。对于盘亏，尤其要提高警惕，应进一步检查收付款凭证与总账，以确定现金盘亏是出纳员挪用公款或贪污公款所致，还是工作差错所致。如果是大额盘亏，则可定性为挪用或贪污并应对出纳员进行检查，促使其进一步交代问题，最终确定盘亏的原因；如果是小额盘亏，在发现其他可疑线索的情况下，由出纳员说明情况，并责令其即刻补交盘亏款项，应对其工作做出相应的行政处分，这就是对工作差错所致进行的处理。对于盘盈，就应通过调查分析出纳员有无替代他人代管库存现金的情况(事实上，在盘点前，都应要求出纳事先声明)。如果盘盈的金额较小，一般可确定为出纳员在收付款时由于多收或少付造成的；如果金额较大，应考虑其是否为被查单位的“小金库”或其他舞弊问题，还需要进一步的综合调查分析来确定。

最后特别是要责令出纳员交代问题，以便查清问题的真相。

2. 挪用现金的问题

挪用现金主要表现为六种形式：一是有意错列现金总额，出纳将现金日记账中收入合计数少列，支出合计数多列；二是“白条抵库”，利用白条借出现金为自己或他人谋取私利；三是收入暂不入账，将收到的现金暂不制证入账挪作他用；四是业务往来的借款，未办理正常手续，将现金挪作他用；五是侵吞银行借款，由于单位内部控制存在缺陷，经办银行借款的人员相互串通，借入款项不入账，并销毁借款存根；六是应收账款收回不及时进行账务处理，应收账款收到现金后不入账，而将现金挪作他用，多发生在会计或出纳身上。

3. 坐支现金的问题

坐支现金的主要表现形式为收到现金不存入银行专户，直接支付使用。

4. 违规出借账户的问题

例 2－15：审计人员在进行审计时发现某小微酒店餐饮企业的银行对账单上借方和贷方各有同样的一笔数字，但是该酒店的银行日记账上并没有反映这两笔收支。审计人员立即对其开户银行进行函证，最终发现该酒店违反银行账户管理规定，出借银行存款账户的事实。

分析：出借银行存款账户的情况多见于小微企业和特殊行业的企业，这种情况一般是在对账单上先有一笔资金收入，在相近日期又有一笔资金支出，金额相等且常以整数出现。对于这种情况，要进一步追查资金的来源和去向，必要时可以进行函证，最后核对有关销售合同，查明是属于出借账户，还是收入没有入账。

5. 利用未达账项谋取利益的问题

企业单位与银行之间，对同一项经济业务由于凭证传递上的时间差所形成的一方已登记入账，而另一方因未收到相关凭证，尚未登记入账的事项。未达账项主要是因为企业和银行收到结算凭证的时间不一致所产生的。在一些企业中会出现利用未达账项而谋取利益的情况。

例 2－16：某小微酒店餐饮企业的出纳人员私自占用企业的资金，为了怕事情败露，在期末时做了一笔企业已收银行未收的调节。

分析：利用未达账项来掩饰，一般来说银行对账单和企业的银行日记账是对不上的，原因是有未达账项，比如银行已收企业未收，企业已收银行未收等。审计人员一定要查看未达账项的期后情况，可以查看未达账项在后期是否入账。

6. 设置专户收取回扣的问题

例 2－17：某小微酒店餐饮企业在“其他货币资金”账户下设置“外埠存款”明细账核算外埠采购的银行结算业务。经税务检查人员询问，所采购的是 A 种新材料。据检查人员掌握，该种材料本市也有生产且质量可靠，为什么采购人员要舍近求远以超过本市产品的价格进行异地采购呢？对此税务检查人员会同酒店内部审计人员赴采购地进行联合调查，发现采购人员为了索取可观的回扣蒙骗有关领导，在财会部门未加严格审查的情况下设置了这种存款专户。仅回扣一项已达数万元，由此虚增了原材料和产品成本，偷逃了企业所得税。

分析：“其他货币资金”账户下的有关明细账，应有特定的、正当的业务需要。但在实际工作中存在着将货币资金从银行存款转入上述其他有关专户而未有合理、正当业务需要的问题。有些采购人员为了游山玩水或者向销货方收取大额的回扣，对本能在本地购进的材料或物资，故意到外埠采购，要求财会部门设置外埠存款专户或银行汇票存款专户。一旦得逞，不仅给企业造成损失浪费，也必然影响了国家的税收。对此类问题，检查人员可以在审阅“其他货币资金”账户下有关存款专户的借方内容发现线索或疑点，然后审阅会计凭证进行账证核对，检查分析设置这种存款专户有无正当合理的业务需要，在此基础上采用查询的方法查证问题。

审计小贴士之一：教你查出“小金库”

一、追根溯源，“小金库”的形成

“小金库”是指违反国家财经法规及其他有关规定，侵占、截留国家和单位收入，未列入本单位财会部门账内或未纳入预算管理，私存私放的各项资金。

酒店餐饮企业的收入种类繁多，代收的款项也较多，且主要以现金结算为主，付款人对是否开具正规的发票并不介意，非常容易给小人之辈留下可乘之机。

就酒店餐饮企业而言，“小金库”的形成来源主要有两类：一类是业务收入的现金不入账；另一类是虚列项目，转到账外。需要说明的是，以现金结算容易出现“小金库”的问题，并不意味着通过银行结算就不会出现以上的问题，只是作弊的难度比现金结算大一些而已。

（一）收入现金不入账

收入现金不入账主要有以下几种情况，如图2－8所示。

收入现金不入账的情况

- 如将已收到的餐饮、客房及服务收入不入账，盘点存货时报盘亏，将其变价收入进“小金库”等。如某酒店将本饭店楼顶的广告牌出租，所得收入全部不入公账，存入“小金库”，供管理人员私分
- 营业外收入不入账。如出售固定资产变价收入不入账；非货币性交易收到的补价收入不入账；取得的罚款收入不入账；没收的押金收入不入账等
- 补贴收入不入账。如企业收到的先征后返的增值税不入账；收到财政扶持补贴收入不入账等
- 收到的投资收益不入账。如酒店曾对本市的某餐厅入股，每年均能得到数额不菲的投资分红，而将这笔收入不入公账，存入了“小金库”
- 其他收入不入账。如接受现金捐赠不入账；收到的厂家让利折扣不入账；保险理赔赔款不入账；下属单位上缴的管理费不入账；大额采购中，商家返还的现金折扣不入账；出租单位房屋收入不入账；将应收取的商标使用费、场地出租或实物租金收入、出借资金的占用费收入、各种服务费收入存放在对方单位，不入本单位账

图2－8　收入现金不入账的情况

(二)虚列项目，将资金转到账外

虚列项目，将资金转到账外，主要有以下几种情况，如图2－9所示。

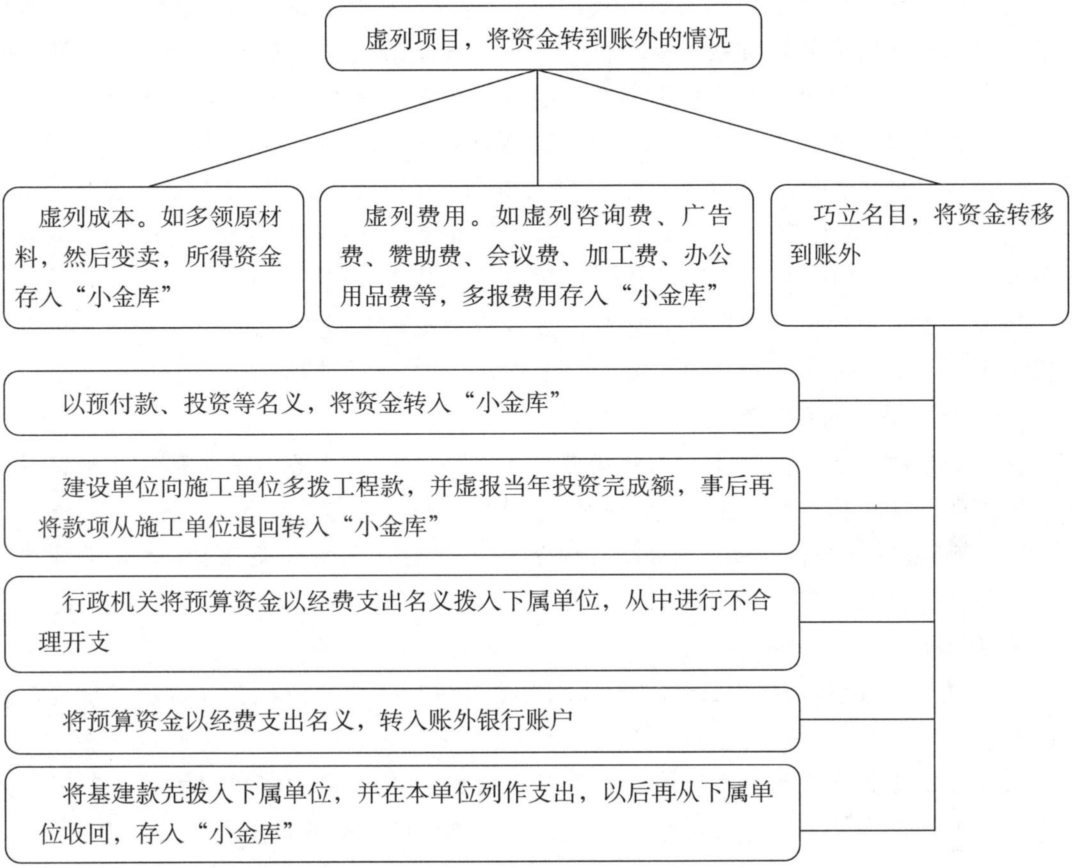

图2－9　虚列项目，将资金转到账外的情况

二、顺藤摸瓜，查证“小金库”

由于“小金库”只是为小集体或个别人谋利，必定比较隐秘，故一般只是单位高层领导或关键部门主管(如单位主要负责人、总会计师、财务主管、销售主管等)参与。对此，审计人员必须通过加强对这些人的观察，从中发现线索。必要时，审计人员应对外部有关单位的会计账目进行询查。

(一)有举报时的审计方法

在实际工作中，审计人员有可能会接到有关人员提供的线索或举报，如审计人员收到署名“部分职工”或“一个知情人”的检举信，内称××单位经领导授意利用假发票报销，将报销款存入“小金库”，供个别领导经常吃吃喝喝。对此，审计人员应以检举信所说的“假发票”为线索，从两方面去进行调查。

一方面弄清个别领导具体指的是何人？经常吃喝在什么地方？必要时，可以去饭店、宾馆进行调查，掌握吃喝的次数与发票或收据金额。依据吃喝的发票或收据副本，查看这些发票或收据在企业的会计账目中是否入账。如未入账，则需查明是自掏腰包，还是另设有“小金库”。通常后者的可能性较大。

另一方面审阅某一时期的“管理费用”“制造费用”明细账，对付款凭证所附发票实行详查，仔细核对和调查发票中所反映的经济业务，并与有关的实物进行核对，验证发票所记录经济行为的真实性与合理性。如审计人员查出某一张可疑的发票，被审计单位当事人既不能说出该发票所记录经济业务发生的真实性与合理性，审计人员采用其他替代程序也无法证实该发票发生的真实性与合理性，则这张发票属于虚报冒领的可能性很大。虚报冒领者有两种动机，要么是贪污，要么是根据领导的授意为“小金库”筹集资金。如果是后者，则审计人员可要求其指出“小金库”存放何地？或资金交与何人？

将两方面调查的情况进行综合分析，如确定为单位私设“小金库”，审计人员应当按国家有关规定做出相应的处理。

（二）无举报时的审计方法

在无举报的情况下，审计人员要发现并查清“小金库”，必须在常规审计过程中保持特别关注，以发现舞弊迹象。“小金库”审计的一般程序与方法如下所述。

1. 了解被审计单位的基本情况，了解被审计单位的固有风险因素（如被审计单位所处的环境、行业秩序、所面临的外界压力、财务报销管制等），分析评价关键人员的品质与道德。

2. 了解被审计单位的内部控制情况，必要时进行符合性测试，分析和评价内部控制的弱点。

内部控制的健全程度和执行情况，与舞弊现象的发生有着密切的关系。所以，审计人员应关注被审计单位的内部控制情况，特别要注意下列现象，如图 2－10 所示。

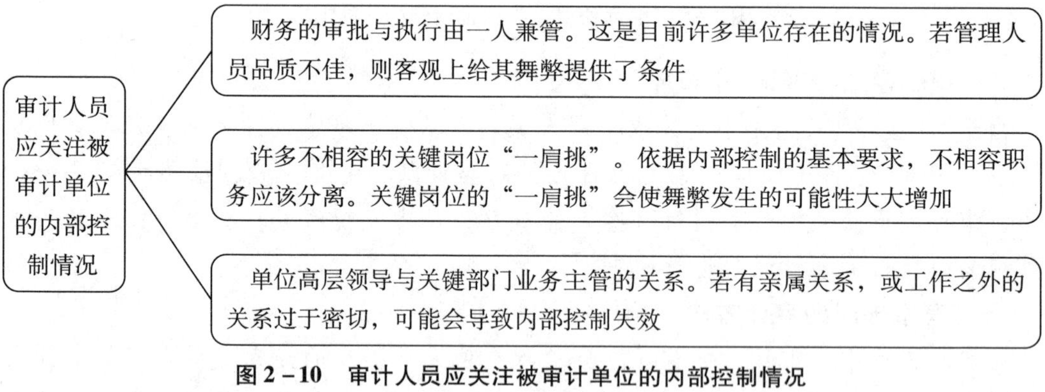

图 2－10　审计人员应关注被审计单位的内部控制情况

3. 根据有关人员的反常迹象，获取有关“小金库”的审计线索。“小金库”主要与单位高层领导及关键部门主管有关，审计人员应该对这些人予以高度关注，重点要审查这些人员所经管或签字的业务，特别要注意这些人员的正常收入与其本人及家属的开销是否匹配，有无其他合法收入来源。

4. 进行分析性复核，了解被审计单位的收入、成本、费用等是否存在异常情况。

一般采取以下办法：

如果本期产品的销售价格没有重大变化，依据会计资料中所记录的上期各主要产品的销售收入与销售数量，确定上期主要产品的平均销售价格，然后依据这一价格乘以本期销售量，计算出本期销售收入，并将此收入与本期账面销售收入进行对比，观察二者是否大体一致。如相差较大，则可能存在收入不入账或少入账的情况。

计算公式如下：

某种产品上期平均价格＝该种产品上期销售收入/该种产品上期销售量

按上期价格计算的本期主要产品销售收入＝各主要产品本期销售量×该产品上期平均价格

5. 依据对上述情况的分析，估计可能形成“小金库”的领域、形式和地点，以决定审计的范围、方式和方法。

6. 依据上述程序所获得的审计线索，实施详细测试，以收集充分确凿的审计证据。

一般来讲，可采用以下审计方法：

(1)运用观察、询问等方法了解被审计单位是否存在边角余料、废旧物资及固定资产清理报废等情况，这些项目的账面收入是否与审计人员的调查情况相符。

对于固定资产清理收入不入账的问题，审计人员首先应审阅固定资产和累计折旧明细账，查看清理报废固定资产是否分别从“固定资产”科目和“累计折旧”科目转入“固定资产清理”科目；其次，查看残值或变价收入是否记入“固定资产清理”科目贷方，清理净收益是否由“固定资产清理”科目转入“营业外收入”科目。

(2)通过审阅、询问、函证，了解被审计单位是否存在投资业务，投资业务应该取得的收入是否与账面记录相符。

(3)通过询问、观察，了解被审计单位是否拥有饭店、招待所、其他对外服务、营业场所等，这些部门的收入是否全部纳入本单位的收入。

(4)通过查询方法，检查被审计单位在费用支出中是否存在数额较大的不正常支出，如咨询费、赞助费、办公用品费、设备租赁费、会务费、运输费等，这些支出中有一部分很可能就是为设立“小金库”而巧立名目或无中生有的虚报。审计人员需要对每笔可疑的费用就其应该涉及的凭证实行追查，包括必要的函证。

7. 对审计工作底稿中所记载审计发现的问题进行综合分析与评价，形成初步审计结论。

8. 与被审计单位有关人员进行沟通，征求他们对初步审计结论的意见。

9. 及时做出审计结论与审计决定。

第三章
小微酒店餐饮企业应收款项的会计核算

第一节　应收票据

一、应收票据的概念与类别

应收票据是指企业持有的、尚未到期兑现的商业汇票。商业汇票是债务人所做的书面承诺，具有较强的法律效力。同时，应收票据可以背书转让或用于贴现等融资活动，具有较强的流动性。在我国，除商业汇票外，大部分票据都是即期票据，可以即刻收款或存入银行成为货币资金，不需要作为应收票据核算。因此，在我国应收票据即指商业汇票。

商业汇票按承兑人不同，分为由付款人承兑的商业承兑汇票和由银行承兑的银行承兑汇票。商业汇票按照票据有效期内本金是否计算利息，又分为带息票据和不带息票据。带息票据是到期时，按票据面额和票面利率收取本息的票据，它的到期值等于票面本息之和。不带息票据则是到期时按票据面额收款的票据，它的到期值等于票据面额。

二、应收票据的账务处理

为了反映和监督企业应收票据的取得和收回情况，企业应当设置“应收票据”科目，该科目核算企业因销售商品、产品、提供劳务等而收到的商业汇票。“应收票据”的借方登记收到的应收票据面值及计提的利息，贷方登记到期收回、到期前向银行贴现或转入应收账款的票据面值及利息。期末借方余额，反映企业持有的商业汇票的票面价值和应计利息。

企业应当按照商业汇票的种类明细科目，设置“应收票据备查簿”，逐笔登记每一张应收票据的种类、号数和出票日期、票面金额、票面利率、交易合同号和付款人、承兑人、背书人的姓名或单位名称、到期日、背书转让日、贴现日期、贴现率和贴现净额、未计提的利息，以及收款日期和收回金额、退票情况等资料，应收票据到期结清票款或退票后，应当在备查账簿内逐笔注销。

应收票据的账务处理包括以下几方面的内容。

(一)应收票据的取得

按应收票据取得的不同原因，应做不同的账务处理。因债务人以票据抵偿前欠货款而取得的应收票据，借记"应收票据"科目，贷记"应收账款"科目；因企业销售商品、产品、提供劳务等而收到开出承兑的商业汇票，应按应收票据的面值入账，借记"应收票据"科目，按实现的营业收入，贷记"主营业务收入"等科目，按专用发票上注明的增值税额，贷记"应交税费——应交增值税(销项税额)"等科目。

例3-1：荣锦酒店为A公司提供了一次出租会议室的服务。由于A公司资金紧缺，于2014年3月25日交给该酒店一张不带息的3个月到期的商业承兑汇票，面额20万元，用于支付本会议室出租费。该酒店的会计分录如下：

(1)收到商业承兑汇票时：

借：应收票据　　200 000

　　贷：应收账款　　200 000

(2)3个月后，票据到期，企业收回款项200 000元，存入银行：

借：银行存款　　200 000

　　贷：应收票据　　200 000

(3)若到期时A公司无力偿还票款，应将到期票据的面额转入"应收账款"：

借：应收账款　　200 000

　　贷：应收票据　　200 000

(二)应收票据的贴现

应收票据的贴现是指票据的持有人因急需资金，将未到期的商业汇票背书后转让给银行，银行受理后，从票面金额中扣除按银行的贴现率计算确定的贴现息后，将余额付给企业的业务。票据贴现实质上是为企业融通资金的一种方式。票据贴现的计算公式如下：

$$贴现净额=票据面值-贴现息$$

$$贴现息=票据面值\times贴现率\times贴现期$$

$$贴现期=票据期限-企业已持有的票据期限$$

按照中国人民银行《支付结算办法》的规定，实付贴现金额按到期价值扣除贴现日至票据到期前一日利息计算。承兑人在异地的，贴现利息的计算期应另加3天的划款期。

应收票据的贴现一般有两种情形：带追索权贴现和不带追索权贴现。所谓追索权，是指企业在转让应收款项的情况下，接受方在应收款项拒付或逾期支付时，向应收款项转让方索取应收金额的权利。因为应收票据是向银行贴现的，所以追索权由银行享有。

1. 带追索权贴现

带追索权贴现时，贴现企业因背书而在法律上负有连带偿债责任，这种责任可能发生，也可能不发生；可能是部分的，也可能是全部的。

企业持未到期的商业汇票向银行带追索权贴现时，应按照实际收到的金额（贴现净额），借记“银行存款”科目，按照贴现息，借记“财务费用”科目，按照商业汇票的票面金额，贷记“短期借款”科目。会计分录如下：

借：银行存款（贴现净额）
　　财务费用（贴现息）
　　贷：短期借款（票面金额）

2. 不带追索权贴现

不带追索权贴现时，票据一经贴现，企业将应收票据上的风险（不可收回账款的可能性）和未来经济利益全部转让给银行，企业贴现所得收入与票据账面价值之间的差额计入当期损益。会计分录如下：

借：银行存款（贴现净额）
　　财务费用（贴现息）
　　贷：应收票据（票面金额）

例3-2：荣锦酒店于2014年6月10日将一张3月10日签发、5个月期限、票面价值100 000元的商业汇票向银行不带追索权贴现，银行贴现率为9%。做会计分录如下：

贴现期为2个月；

到期值=100 000（元）；

贴现利息=100 000×9%×2/12=1 500（元）；

贴现净额=100 000-1 500=98 500（元）。

借：银行存款	98 500	
财务费用	1 500	
贷：应收票据		100 000

例3-3：若在例3-2中，酒店向银行进行带追索权贴现，其他条件不变。做会计分录如下：

借：银行存款	98 500	
财务费用	1 500	
贷：短期借款		100 000

（三）应收票据的转让

企业需采购物资或抵偿债务，但无足够的货币资金时，可以将持有的未到期的应收票据背书转让，即在应收票据的背面签字后转让给收款人。但在票据到期时，如果票据的签发人无力支付票款，则背书人应负连带责任。

企业将持有的应收票据背书转让取得所需物资时，按应计入取得物资成本的价值，借记“原材料”“库存商品”等科目，按专用发票上注明的增值税额，借记“应交税费——应交增值税(进项税额)”科目，按应收票据的账面余额，贷记“应收票据”科目，按实际收到或支付的金额，借记或贷记“银行存款”等科目。

(四)应收票据到期

应收票据到期，应根据以下不同的情况做相应账务处理。

(1)收回应收票据，按实际收到的金额，借记“银行存款”科目，按应收票据的账面余额，贷记“应收票据”科目，按其差额，贷记“财务费用”科目。

例3-4：荣锦酒店持有的不带息、面额为50 000元、期限6个月的商业汇票到期，收到货款50 000元，做会计分录如下：

借：银行存款	50 000	
贷：应收票据		50 000

(2)因付款人无力支付票款，收到银行退回的商业承兑汇票、委托收款凭证、未付票款通知书或拒绝付款证明等，按应收票据的账面余额，借记“应收账款”科目，贷记“应收票据”科目。

需要说明的是，企业持有的应收票据，不得计提坏账准备。到期不能收回的应收票据只需转入“应收账款”科目即可。

例3-5：荣锦酒店持有的一张面值为50 000元，6个月期限的商业承兑汇票，到期未能收到票款。做会计分录如下：

借：应收账款	50 000	
贷：应收票据		50 000

第二节　应收账款

一、应收账款的确认与账务处理

应收账款是指企业在正常生产经营活动中，因销售商品、产品、提供劳务等，应向购货单位或接受劳务单位收取的款项，包括向客户收取的货款、增值税款和为客户代垫的运杂费等。在资产负债表上，应收账款列为流动资产，其范围是指那些预计在一年或超过一年的一个营业周期内收回的应收款项。

核算应收账款，应确定入账时间和入账价值，即应收账款应于销售收入实现时按销售收入的实际发生额计价入账，以保证正确反映应收账款的形成、收回情况，合理地确认、计量坏账损失。在发生商业折扣时，应当考虑有关的折扣和折让因素。

企业应设置“应收账款”科目，核算应收账款的增减变动及结果。不单独设置“预收账款”科目的企业，预收的款项也在“应收账款”科目核算。该科目借方登记企业因销售商品、产品、提供劳务等而应收取的款项，企业代购货方垫付的包装费、运杂费等代垫的费用；贷方登记应收账款的收回及确认的坏账损失。期末如为借方余额，反映企业尚未收回的应收账款；期末如为贷方余额，反映企业预收的款项。按不同的购货单位或接受劳务的单位及其他应收款的项目分类，“应收账款”科目应按不同的债务人设置明细账，进行明细核算。

企业发生应收账款时，按应收金额，借记“应收账款”科目，按实现的销售收入，贷记“主营业务收入”“其他业务收入”等科目，按专用发票上注明的增值税额，贷记“应交税费——应交增值税(销项税额)”科目；收回应收账款时，借记“银行存款”等科目，贷记“应收账款”科目。

例3-6：荣锦酒店2014年3月31日为A公司提供一次商务宴请，总金额为1万元。该酒店于2014年3月31日做会计分录如下：

借：应收账款——A公司　　10 000

　贷：主营业务收入　　10 000

二、应收账款的坏账损失

在市场经济条件下，由于广泛采用商业信用，企业在赊销产品或提供劳务时，可能会因顾客没有能力或不愿支付，具体是购货人拒付、破产、死亡等原因导致应收账款无法收回的款项，在会计上称为坏账。由于坏账而产生的损失，称为坏账损失。

(一)坏账损失的确认

企业应收账款符合下列条件之一的，如图3-1所示，减除可收回的金额后确认无法收回的应收及预付款项，作为坏账损失。

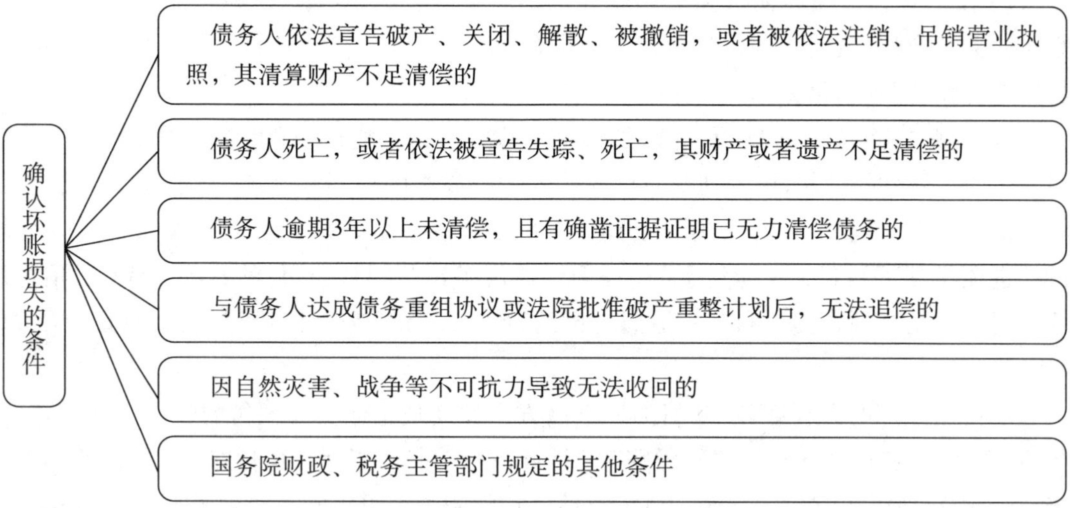

图 3－1　确认坏账损失的条件

（二）坏账损失的账务处理

根据《小企业会计准则》的有关规定，小企业对坏账的核算应采用直接转销法。直接转销法是指在实际发生坏账时，将坏账损失直接计入期间费用，同时冲销应收账款。在直接转销法下，企业不需要设置“坏账准备”科目。当坏账损失实际发生时，应当按照可收回的金额，借记“银行存款”等科目，按照其账面余额，贷记“应收账款”科目，按照其差额，借记“营业外支出”科目。

由此可以看出，直接转销法的采用充分体现了企业账务处理简单易懂的宗旨。

例 3－7：2014 年荣锦酒店应收账款中，应收 A 公司的账款为 5 000 元。应收账款到期后，A 公司只偿还了 3 000 元，剩余的 2 000 元无法追偿，酒店应编制会计分录如下：

借：银行存款	3 000	
营业外支出	2 000	
贷：应收账款——A 公司		5 000

第三节　预付账款与其他应收款

一、预付账款

（一）预付账款的确认与账务处理

预付账款是指企业按照购货合同或劳务合同的规定，预先支付给供应单位的款项。

为了反映预付款项的支付和结算业务，企业可通过“预付账款”科目予以核算。根据《小企业会计准则》规定，预付款项较少的小企业，也可不设置本科目，将预付的款项直接记入“应付账款”科目借方。

企业因购货而预付的款项，借记“预付账款”科目，贷记“银行存款”等科目。收到所购物资时，根据发票账单等列明应计入购入物资成本的金额，借记“在途物资”或“原材料”“库存商品”等科目，按专用发票上注明的增值税额，借记“应交税费——应交增值税(进项税额)”科目，按应付金额，贷记“预付账款”科目。补付的款项，借记“预付账款”科目，贷记“银行存款”科目；退回多付的款项，借记“银行存款”科目，贷记“预付账款”科目。

“应付账款”和“预付账款”科目的期末借方余额反映企业实际预付的款项，属于资产，在编制会计报表时，应列示在“预付账款”科目；“应付账款”和“预付账款”科目的期末贷方余额反映企业尚欠支付的金额，属于负债，在编制会计报表时，应列示在“应付账款”科目。“预付账款”科目应按供应单位设置明细账，进行明细核算。

例3－8：荣锦酒店向A公司订购了一批玻璃，用于日常房屋维修，2014年4月10日根据购货合同向A公司预付货款20 000元。5月10日收到所购商品，增值税专用发票上注明商品的价款为30 000元，增值税额为5 100元。5月10日，向A公司补付货款及税款合计15 100元。做会计分录如下：

(1)预付货款时：

借：预付账款——A公司	20 000	
贷：银行存款		20 000

(2)收到商品时：

借：原材料	30 000	
应交税费——应交增值税(进项税额)	5 100	
贷：预付账款——A公司		35 100

(3)支付其余的款项时：

借：预付账款——A公司	15 100	
贷：银行存款		15 100

(二)预付账款的坏账损失

企业的预付账款也会发生坏账损失，坏账损失的条件与应收账款科目相同，此处不再重复。《小企业会计准则》规定，预付账款实际发生坏账损失时，应当按照可收回的金额，借记“银行存款”等科目，按照其账面余额，贷记“预付账款”科目，按照其差额，借记“营业外支出”科目。

例3－9：接例3－8，若酒店在4月10日预付货款后，A公司不幸倒闭，导致酒店只收回了预付账款的一半，剩余的一半A公司无法偿还，则酒店应做会计分录如下：

借：银行存款　　　　(20 000÷2)10 000

　　营业外支出　　　　10 000

　　贷：预付账款　　　　20 000

二、其他应收款

其他应收款是指企业除应收票据、应收账款、预付账款、应收股利、应收利息等以外的其他各种应收及暂付款项。包括各种应收的赔款、应向职工收取的各种垫付款项等。企业出口产品或商品按照税法规定应予退回的增值税款，也作为其他应收款核算。

其他应收、暂付款主要包括的内容如图3－2所示。

其他应收、暂付款的主要内容：

- 应收的各种赔款、罚款，如因职工失职造成一定损失而应向该职工收取的赔款，或因企业财产等遭受意外损失而应向有关保险公司收取的赔款等
- 存出保证金，如租入包装物支付的押金
- 应向职工收取的各种垫付款项，如为职工垫付的水电费、应由职工负担的医药费、房租等
- 备用金，如暂付给企业有关部门和个人周转使用的款项等
- 其他各种应收、暂付款项

图3－2　其他应收、暂付款的主要内容

企业应设置“其他应收款”科目对上述内容进行核算。在发生各种其他应收款项时，借记“其他应收款”科目，贷记“库存现金”“银行存款”等科目。收回各种款项时，借记“库存现金”“银行存款”等科目，贷记“其他应收款”科目。

按照《小企业会计准则》的规定，确认其他应收款实际发生的坏账损失，应当按照可收回的金额，借记“银行存款”等科目，按照其账面余额，贷记“其他应收款”科目，按照其差额，借记“营业外支出”科目。会计分录如下：

借：银行存款

　　营业外支出

　　贷：其他应收款

“其他应收款”中所包括的内容是相当繁杂的。在实际生活中，由于一些企业内部管理不严，其他应收款长期得不到清理，致使其他应收款金额巨大，应当引起高度重视。

第四节　应收款项涉及的主要税务问题

1. 利用往来科目隐瞒收入的问题

例3－10：某小微酒店餐饮企业向某公司销售产品，结算后却不确认收入，而是首先按相同金额用资金支付一笔款项作为预付账款核算，即借记“预付账款”科目，贷记“银行存款”或“库存现金”科目，让人误以为是购买物品所支付的预付款，之后某个时间再将此收入的资金做相反的会计分录，即借记“银行存款”或“库存现金”科目，贷记“预付账款”科目，视同退款。

分析：该账务处理违反了税法的相关规定。预付账款是企业按照购货合同规定预先支付给供应单位的款项，一般按实际付出的金额入账。但在有些企业中，预付账款却不是真正意义上的预付资金，而是为了隐瞒收入。该案例中采取的方式，就是在取得收入时，借记“银行存款”科目，贷记“预付账款”科目，以后再借记“预付账款”科目，贷记“库存现金”科目进行销账，其目的就是隐匿收入、偷逃税金。

2. 隐瞒购销业务收入的问题

例3－11：A公司是B酒店的长期客户，平时住宿和就餐的费用都是挂账核算。B酒店相应的账务处理为借记“应收账款”科目，贷记“主营业务收入”科目。年底收到欠款进行结算时，B酒店的账务处理本应该为借记“银行存款”或“库存现金”科目，贷记“应收账款”科目，但是由于B酒店需要向A公司购买用品，于是双方私下达成协议，A公司可以用所欠账项抵销B酒店所购的用品款，双方都不再反映应收账款、收入等科目。

分析：该账务处理违反了税法的相关规定。应收账款是核算企业因销售商品、材料、提供劳务以及代垫运杂费等，应向购货单位收取的款项。酒店向消费单位提供住宿或餐饮服务而产生的应收账款，应该按时反映，及时收回，酒店不能因为向消费公司购买物品，往来款项就不在账面上反映。双方这么就是为了达到收入支出账外核算，以此规避相关税费。

第五节　应收款项涉及的主要审计问题

1. 为达成销售任务虚增收入的问题

例3－12：某会计师事务所审计人员A在审计B酒店时发现该酒店的12月份利润表中的利润比其他几个月份高出好几倍，通过详细的审查发现该酒店的一笔销售收入未结转成本，且对应的应收账款款项、户名经函证查无此单位。经过审查财务人员才知道是酒店经理为完成销售任务而在年底虚增了一笔收入。

分析：有些小微酒店餐饮企业经营方式比较特殊，采取承包制。一般情况下企业承包人为了隐匿收入、体现经营业绩或是为了完成承包任务就会利用年底结账的机会，人为地虚列销售收入、挂往来账、虚增利润。待下一年年初再用红字将此笔虚列的往来账冲销掉。这种问题需要关注该企业的经营是否以业绩作为考核目标，承包人是否有作假的动机，利润的变化是否有异常等。

2. 利用应收款项放贷，利息未计收入的问题

例3－13：某酒店收到外单位还来的欠款时，不在银行日记账中反映，而是同时签发相同金额的转账支票，有偿转借给另一个单位，对支出银行存款也不反映在银行日记账中，将两笔业务合并记作：借记“应收账款——甲公司”科目，贷记“应收账款——乙公司”科目。收取利息后不记收入，而是转入“小金库”。审计人员在对该酒店审计时，发现这笔相反借贷关系的账务处理违反常规，立即进行核实，利用应收账款违规放贷的事实最终浮出水面。

分析：根据国家有关规定，企业间可以互相拆借资金，但是有些企业却采取不正当的方式违规放贷，逃避利息收入，上述案例就是酒店利用应收账款放贷，将利息收入转入“小金库”的。查找此类问题，最主要的是要弄清该酒店应收账款的性质，是由于正常的经营业务形成的，还是没有任何实质内容的虚构业务。向银行和对方单位的取证非常重要，可以看到整个资金的走向。对方单位支付的款项(实质是利息)如果没有在酒店的账上反映，就可以认定为“小金库”。

3. 存在关联关系的问题

例3－14：C公司和B酒店没有任何业务上的往来，C公司也从未收到过B酒店的任何资金，但是C公司的负责人与B酒店的财务主管是夫妻关系，于是C公司就以收取一定使用费为条件，在审计人员的函证中证明该公司收到过B酒店的预付款，给审计人员的工作制造了很大的障碍，使两个公司的会计核算失去了真实性。

分析：企业的预付款业务必须以有效、合法的供应合同为基础，而实际工作中有的企业的预付款业务根本无对应的合同，而是利用预付款这一“中转站”往来搭桥，为他人进行非法结算，将所得回扣或佣金据为己有；或利用该项业务转移资金，隐匿收入、私设“小金库”或私分。查找此类问题的关键点在于除了函证之外，还要对资金的去向做必要的追踪，这样才能找出隐藏的问题。

第四章
小微酒店餐饮企业经营物资的会计核算

第一节　经营物资的概述

一、经营物资的内容

如果企业的经营物资种类多，为了加强经营物资管理的需要，企业必须对经营物资进行分类。经营物资按其来源和用途，一般可分为以下几类，如表4－1所示。

表4－1　经营物资的分类

分类	内容
库存商品	指酒店餐饮企业库存的和在途的各种商品，之所以称此类的物资为商品而不是普通的材料，是因为这些物资购入的主要目的在于对外销售，而不是自用。如普通酒店餐饮企业库存的烟酒、食品等
原材料	指酒店餐饮企业完成其经营业务所需的主体物质材料之一，是企业库存的和在途的构成其经营服务成本的各种原料及主要材料、辅助材料、外购半成品（外购件）、修理用备件（备品备件）、包装材料、燃料等。对于酒店餐饮企业而言，加工食品的各类原材料、半成品，生产、加工热水取暖等耗用的煤炭、石油制品等是其主要的原材料
周转材料	指企业能够多次使用、逐渐转移其价值但仍保持原有形态且不确认为固定资产的材料。包括包装物、低值易耗品等。对酒店餐饮企业而言，一次性的洗漱用品、枕巾、床单、文化用品等是其主要的周转材料

二、经营物资的计价方法

（一）取得经营物资的计价方法

《小企业会计准则》规定："小企业取得的存货，应当按照成本进行计量。"这表明企业在持续经营的前提下，存货账面价值的基础应采用历史成本为计价原则。

从理论上讲，凡与经营物资形成有关的支出，均应计入经营物资的成本之内。实际工作中，根据经营物资取得方式的不同，其入账价值的构成也各不相同。

(1)购入的经营物资。购入经营物资的实际成本如图 4－1 所示。

购入经营物资的实际成本

- 购买价款，指进货发票所注明的货款金额
- 运杂费，包括运输费、装卸费、保险费、包装费、仓储费等，不包括属于增值税一般纳税人的小企业按规定根据运输费的一定比例计算的可抵扣的增值税额
- 相关税费，包括计入经营物资成本的进口关税、消费税、资源税、不能抵扣的增值税等
- 外购过程中发生的其他直接费用，包括入库前发生的仓储费、包装费、运输途中合理损耗、入库前的挑选整理费用等

图 4－1　购入经营物资的实际成本

(2)通过进一步加工取得经营物资的成本，包括直接材料、直接人工以及按照一定方法分配的制造费用。经过 1 年期以上的制造才能达到预定可销售状态的经营物资发生的借款费用，也计入经营物资的成本。

(3)投资者投入的经营物资，应当按照评估价值确定。

(4)盘盈的经营物资，按照相同或同类经营物资的市场价格或评估价值作为实际成本。

(二)发出经营物资数量的确定

经营物资的发出数量以及期末结存数量，通常依据以下公式计算：

期初经营物资数量＋本期收入数量＝本期发出数量＋期末经营物资数量

在以上等式中，期初经营物资以及本期收入物资，均可从各类经营物资账册中得到。而本期发出经营物资的数量以及期末经营物资的结存，则由两种方法确定，即永续盘存制和实地盘存制。

1. 永续盘存制

也称账面盘存制。采用这种方法，平时对各种经营物资的增加数和减少数都要根据会计凭证连续记入有关账簿，并且随时结出账面余额。即

期末结存数量＝期初结存数量＋本期收入数量－期末发出数量

这种盘存制度要求对经营物资的进出要有严格的手续，以便加强经营管理；在有关账簿中对经营物资的进出进行连续登记，且随时结出账面结存数，以便掌握经营物资的占用情况及其动态，有利于加强对经营物资的管理。

2. 实地盘存制

又称定期盘存制。采用这种方法，平时只根据会计凭证在账簿中登记经营物资的增加数，不登记减少数，到月末对各种经营物资进行盘点，根据实际盘点所确定的实存数，倒挤出本月各项财产物资的减少数，即

本期发出数量＝期初结存数量＋本期收入数量－期末结存数量

根据以上计算，月末对期末结存数实地盘点的结果，是确定本期发出数的依据。采用此种方法相对工作简单、工作量小，但是各项经营物资的减少数没有严格的手续，不便于实施会计监督。倒挤出的各项经营物资的减少数成分复杂，除正常耗用外，还可能有微损和丢失的。一般适用于计算数量较困难的物资，如装修用的黄沙、石子、石灰等。

（三）发出经营物资的计价方法

发出经营物资的计价方法有两种：一是按实际成本核算，二是按计划成本核算。经营物资品种不多，收发业务不频繁的企业宜采用实际成本核算。相反，品种繁多，收发业务很多的企业宜采用计划成本核算。对于酒店餐饮企业而言，存货数量一般均很小，并不适合采用计划成本法，在这里我们就只讲解实际成本法的运用。

由于各种材料分批购进、分批领用，而每次购入材料的单价又往往不同，因而在每次领发材料时，就会发生按哪一种单价计价的问题。发出材料的实际成本，通常可采用“先进先出法”“加权平均法”“个别计价法”等。但一经确定采用某种方法，就不能随意变更，如需变更，应在财务报告中加以说明。

1. 个别计价法

个别计价法，又称个别认定法、具体辨认法、分批实际法。采用这一方法是假设经营物资的成本流转与实物流转相一致，按照各种经营物资，逐一辨认各批发出经营物资和期末经营物资所属的购进批别或生产批别，分别按其购入或生产时所确定的单位成本作为计算各批发出经营物资和期末经营物资成本的方法。

采用这种方法，计算发出经营物资的成本和期末经营物资的成本比较合理、准确，但这种方法的前提是需要对发出和结存经营物资的批次进行具体认定，以辨别其所属的收入批次，所以实务操作的工作量繁重，困难较大。

个别计价法适用于容易识别、经营物资品种数量不多、单位成本较高的经营物资计价，如房产、船舶、飞机、重型设备、珠宝、名画、收藏品等贵重物品。

需要特别说明的是，由于计算机的广泛应用，商品也普遍实行了条形码管理，很多企业的存货管理已经由手工账过渡到电子账。由于商品的条形码具有单一性的特点，每一件商品和其条形码是一一对应的关系。在电子库存账的条件下，每出库一件商品可以非常容易地知道它的进价，这样使用个别计价法，在会计核算上就非常的简便易行，是几种计价方法中最为适用的方法。

2. 先进先出法

先进先出法，是指先收到的经营物资先发出，或先收到的经营物资先耗用，并根据此假定计算发出经营物资的成本和期末库存经营物资成本的方法。具体方法是：收入经营物资时，逐笔登记收入经营物资的数量、单位和金额；发出经营物资时，按照先进先出的原则逐笔登记经营物资的发出成本和结存金额。

例4-1：荣锦酒店2014年6月份的A材料经营物资数据如下所示。

(1)A材料收发结存资料，如表4-2所示。

表4-2　A材料收发结存资料

2014年		摘要	收入		发出数量（千克）	结存数量（千克）
月	日		数量(千克)	单价(元)		
6	1	结存				1 000(单价10元)
6	5	购入	3 000	11		4 000
6	10	发出			3 500	500
6	20	购入	2 000	12		2 500
6	25	发出			2 000	500
6	30	合计	5 000		5 500	500

(2)采用先进先出法计算发出经营物资和期末经营物资成本，如表4-3所示。

表4-3　材料明细分类账

2014年		收入			发出			结存		
月	日	数量	单价	金额	数量	单价	金额	数量	单价	金额
6	1							1 000	10	10 000
6	5	3 000	11	33 000				1 000 3 000	10 11	10 000 33 000
6	10				1 000 2 500	10 11	10 000 27 500	500	11	5 500
6	20	2 000	12	24 000				500 2 000	11 12	5 500 24 000
6	25				500 1 500	11 12	5 500 18 000	500	12	6 000
6	30	5 000		57 000	5 500		61 000	500	12	6 000

先进先出法能较真实反映现行价格，可以随时结转经营物资发出成本，但方法较繁琐；如果经营物资收发业务较多，且存货单价不稳定时，其工作量较大。在物价持续上升时，期末经营物资成本接近于市价，而发出成本偏低，利润偏高，不符合会计谨慎性原则。

3. 加权平均法

加权平均法，是指以本月全部进货数量加上月初经营物资数量作为权数，去除当月全部进货成本加上月初经营物资成本，计算出经营物资的加权平均单位成本，以此为基础计算当月发出经营物资的成本和期末经营物资成本的一种方法。

公式1：经营物资加权平均单位成本=[月初库存经营物资的实际成本+(本月各批进货的实际单位成本×本月各批进货的数量)]/(月初库存经营物资数量+本月各批进货数量)

公式2：本月发出经营物资的成本=本月发出经营物资的数量×经营物资加权平均单位成本

公式3：本月月末库存经营物资成本=月末库存经营物资的数量×经营物资加权平均单位成本

例4-2：仍以例4-1资料为例，采用加权平均法计算A材料发出成本和结转成本，如表4-4所示。

表4-4　A材料明细分类账

2014年		收入			发出			结存		
月	日	数量	单价	金额	数量	单价	金额	数量	单价	金额
6	1							1 000	10	10 000
6	5	3 000	11	33 000				4 000		
6	10				3 500			500		
6	20	2 000	12	24 000				2 500		
6	25				2 000			500		
6	30	5 000		57 000	5 500	11.17	61 435	500		5 565

加权平均单位成本=(10 000+57 000)/(1 000+5 000)=11.17(元)；

发出成本=5 500×11.17=61 435(元)；

结转成本=(10 000+57 000)-61 435=5 565(元)。

采用加权平均法，只在月末一次计算加权平均单价，比较简单，而且在市场价格上涨或下跌时所计算出来的单位成本平均化，对经营物资成本的分摊较为折中，能平均反映销售成本及库存成本。但是，这种方法平时无法从账上提供发出和结存经营物资的单价及金额，不能准确反映销售成本及库存成本，不利于加强对经营物资的管理。

三、经营物资的减值

经营物资在使用的过程中，由于经营物资遭受毁损、全部或部分陈旧过时或销售价格低于成本等原因，使经营物资可变现净值低于其成本的部分，不再计提存货跌价准备。即当经营物资存在减值情况时，企业不用进行账务处理，资产账面价值不变。这是《小企业会计准则》不同于《小企业会计制度》的地方，需要特别注意。

四、经营物资的清查

经营物资在酒店餐饮企业中所占比重较大，品种繁多，分布面广。为保障经营物资安全完整，账簿记录的真实准确，经营物资的合理利用，以及强化企业的管理职能，必须定期或不定期对企业存货进行实地盘点。

企业的清查工作每年至少在年终决算前，进行一次全面的财产清查；平时也要对存货进行重点抽查、轮番清查或定期清查；仓库保管调离时，要盘点实物，办理交接手续，以明确责任。

对经营物资的清查是通过实地盘点进行的，在盘点前，要将经营物资明细账核对清楚，做到记录完整，计算准确；盘点时，要用各种技术盘点方法对经营物资实存数进行准确的计算、记录。用盘点的实存数与经营物资明细账的结存数相核对，对于账实不符的，要查明原因，落实责任，并将盘盈盘亏的数量、原因填写在“存货盘点表”里。根据清查盘点的结果，分析盘盈盘亏的原因，按规定程序报批并及时进行账务处理。酒店餐饮企业为了核算经营物资的清查业务，应设置“待处理财产损溢”账户，用来核算企业在清查财产过程中查明的各种财产物资的盘盈、盘亏和毁损。借方登记清查财产过程中查明的各种财产物资的盘亏和毁损金额，以及转销的财产盘盈金额和转销的财产盘亏、毁损金额。贷方与此相反，主要登记盘盈的资产金额以及转销的盘亏资产金额。余额在借方时，为尚未处理的财产净损失；在贷方时，为尚未处理的财产净溢余。该账户下设“待处理非流动资产损溢”和“待处理流动资产损溢”两个明细账。

需要注意的是，《小企业会计准则》规定，盘盈的各种材料、产成品、商品、固定资产、现金等，按照管理权限经批准后处理时，按照“待处理财产损溢”科目余额，借记“待处理财产损溢”科目，贷记“营业外收入”科目。盘盈收益不再冲减管理费用，而是记入“营业外收入”科目。

第二节　原材料

对于酒店餐饮企业而言，存货主要包括库存商品、原材料、周转材料等。在本节中，我们将重点按照实际成本法的要求，对原材料的购进、耗用、清查等事项做详细介绍。在酒店餐饮企业中，原材料主要是指用于食品加工的各种材料和燃料。

一、原材料会计核算的账户设置

为了核算酒店餐饮企业各种原材料的购入、发出以及结存增减变动情况，酒店餐饮企业应设置“原材料”账户。

（一）“原材料”账户

“原材料”账户，是核算企业库存的原料及主要材料、辅助材料、外购半成品（外购件）、修理用备件（备品备件）、燃料、包装物等的账户。借方登记入库材料的实际成本，贷方登记出库材料的实际成本，余额在借方，为期末库存材料的实际成本。

（二）“在途物资”账户

“在途物资”账户是核算料款已付，而材料尚未验收入库的各种在途材料的实际成本。借方登记在途材料的实际成本，贷方登记结转入库材料的实际成本和要求有关单价和个人负责赔偿等在途材料的实际成本，余额在借方，为期末在途材料的实际成本。

二、材料购入的总分类核算

对于外购材料的总分类核算，由于其验收入库、收到结算凭证和支付料款的时间不一致，账务处理也不一样。

（一）材料已验收入库，银行结算凭证及所附发票账单已到、货款已付

例4－3：荣锦酒店从食品公司购入白砂糖10袋，每袋200元，运费300元，计划供本酒店餐饮部使用，白砂糖已经验收入库。以现金支付货款及运费。这种情况可根据发票、账单、运费结算单和收料单，做会计分录如下：

借：原材料——白砂糖　　(200×10＋300)2 300

　　贷：库存现金　　2 300

（二）材料未到，结算凭证、发票账单已到，货款已付

例4－4：荣锦酒店从食品公司购入1吨大米，每吨3 500元，运杂费1 500元。货款及运费已由银行汇票付款，材料尚未到达。

（1）根据结算凭证、发票账单、运费结算单等，做会计分录如下：

借：在途物资——食品公司　　(3 500＋1 500)5 000

　　贷：其他货币资金——银行汇票　　5 000

（2）大米到达并验收入库，可根据收料单做会计分录如下：

借：原材料——大米　　5 000

　　贷：在途物资　　5 000

（三）企业已预付货款，材料和结算凭证未到

这种情况下，汇出的款项属预付性质，根据银行的汇款凭证等，记入“预付账款”科目

的借方。

例4-5：荣锦酒店通过银行将货款4 000元汇往山东某海鲜加工厂，预购干贝等水产。10天后，酒店收到干贝并验收入库，且收到结算凭证、发票账单、运费收据等总计4 000元。做会计分录如下：

（1）汇出以上款项时：

借：预付账款——加工厂　　4 000

　　贷：银行存款　　4 000

（2）材料入库时：

借：原材料——干贝　　4 000

　　贷：预付账款　　4 000

（四）材料已验收入库，结算凭证、发票账单未到，货款未付

例4-6：荣锦酒店从肉类加工厂购入香肠一批，已验收入库。但结算凭证、发票账单等尚未到达，货款未付，暂估价5 000元。

在这种情况下，平日可暂不记账，等到凭证到达，银行付款后，记入“原材料”科目的借方和“银行存款”科目的贷方。

（1）如果月末结算凭证和发票账单仍未到达，财会人员可根据估价做会计分录如下：

借：原材料——香肠　　5 000

　　贷：应付账款——肉类加工厂　　5 000

（2）下月初用红字冲销，做会计分录如下：

借：原材料——香肠　　5 000

　　贷：应付账款——肉类加工厂　　5 000

（3）以后，实际结算凭证到达，发票价格5 100元，银行划拨款项，根据收料单及银行付款通知，做会计分录如下：

借：原材料——香肠　　5 100

　　贷：银行存款　　5 100

三、材料发出的总分类核算

酒店餐饮企业根据经营业务需要领用材料时，应填制领料单据以领料。如领料单数量较多，可由仓库定期编制“领料单汇总表”交财会部门，财会部门据以记账。

四、材料的明细分类核算

为了提供各种材料的详细情况，企业应根据材料收发凭证登记材料明细分类账，进行

材料分类核算，为此企业必须设各种材料明细分类账。材料明细账，一般采用数量金额式。材料的明细分类核算包括数量和价值核算。数量核算是由材料仓库保管员负责，库存材料明细账可以采用“账卡分设”和“账卡合一”两种形式。

“账卡分设”是材料的明细分类核算，要同时设置“材料卡片”和“材料明细分类账”。材料卡片由仓库登记，只进行数量核算。材料明细分类账由财会部门登记，同时进行数量和金额的核算。“账卡合一”只设置一本既有数量又有金额的材料明细分类账，放在仓库，由仓库人员登记，会计人员定期稽核，或由仓库人员登记数量，由财会人员登记金额。为了反映各类材料资金的增减变动情况和结果，并便于材料库的核对，仓库还应按材料类别，把同类材料的账页装订成册，在每册账的前面开设汇总账页，并根据收发类凭证，按期汇总登记各类材料收发的金额。

仓库管理人员在材料入库或出库后，应及时根据收料凭证和发料凭证逐笔登记材料明细分类账，并计算结存金额，然后将收发料凭证夹在登记的账页中。财会人员要定期到仓库进行稽核和计价，对未收入的外购材料、要根据实际采购成本计价。其中，买价根据发票确定；运杂费根据运费账单等确定。不能直接记入的，按照有关材料的重量或买价的比例分摊记入各种材料的采购成本。

第三节　周转材料

一、周转材料的总分类核算

周转材料，是指不能作为固定资产的各种用具物品，对于酒店餐饮企业而言，如餐具、家具、玻璃器皿、洗涤用品、床单被罩以及在经营过程中周转使用的包装容器等。

周转材料的种类繁多，为了便于管理和核算，对周转材料进行分类，按周转材料的作用不同，一般可以分为以下几大类，如图 4－2 所示。

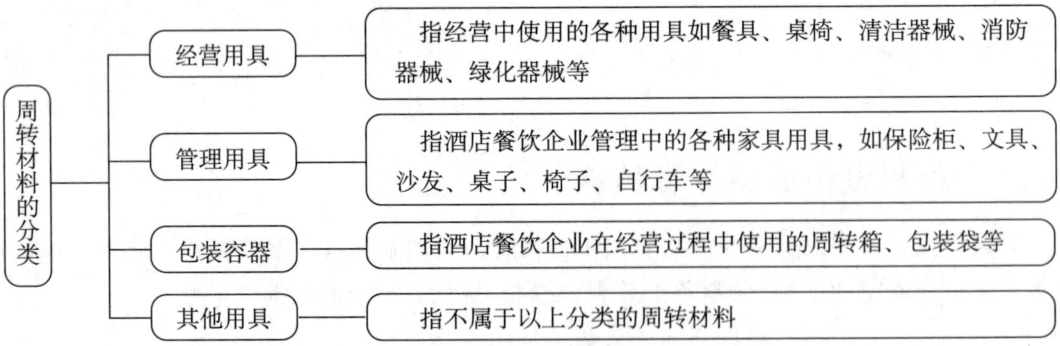

图 4－2　周转材料的分类

周转材料从经营过程来看，它是劳动资料，而不是劳动对象。周转材料可以在若干个经营周期中发挥作用而不改变原有实物形态。其价值不是一次或全部转移，而是随着实物损失逐渐转移，在使用中要进行修理维护，报废时有一定残余价值，这些特性决定了在核算上与固定资产的核算类似。但由于周转材料价值低、易损耗、更换频繁，这又决定了对它的核算与材料相一致。总之，周转材料的特点可以归纳为价值低、品种多、数量大、易损耗、使用年限短，因而导致购置报废比较频繁。

（一）周转材料购入、领用和摊销的账务处理

周转材料的总分类核算是通过“周转材料”账户进行的，它属于资产类账户。核算周转材料的实际成本（包括买价和运杂费）和周转材料的价值损耗。借方登记购入和其他原因增加的周转材料，贷方登记售出、废弃或其他原因减少的周转材料，余额表示周转材料的实有数。

为了加强周转材料的管理，反映周转材料的在库、在用及摊销情况，在总分类核算的基础上应设置三个明细账户，进行明细核算。在“周转材料”账户下，应设置“在用周转材料”“在库周转材料”“周转材料摊销”三个明细账户。企业的包装物和低值易耗品，也可以单独设置“包装物”“低值易耗品”科目。

需要指出的是，《小企业会计准则》规定，各种包装材料，如纸、绳、铁丝、铁皮等，应在“原材料”科目内核算；用于储存和保管产品、材料而不对外出售的包装物，应按照价值大小和使用年限长短，分别在“固定资产”科目或“周转材料”科目核算。

1. 周转材料的购入

企业购入的周转材料，应按其实际成本入账，即买价、运杂费等。

例4-7：荣锦酒店购入三轮车一辆，价值860元，以支票付款。根据购车发票及支票存根，编制付款凭证，做会计分录如下：

借：周转材料　　860

　　贷：银行存款　　860

2. 周转材料的领用和摊销

企业应当对周转材料采用一次摊销的方法。金额较大的周转材料，也可以采用分次摊销法。如表4-5所示。

表4-5　周转材料的摊销方法

摊销方法	内容
一次摊销法	在领用时将其全部价值摊入有关的成本、费用，借记“制造费用”“管理费用”等科目，贷记本科目。报废时，将报废周转材料的残料价值作为当月周转材料摊销额的减少，冲减有关的成本、费用，借记“原材料”等科目，贷记“制造费用”“管理费用”等科目
分次摊销法	领用时应按照其成本，借记“周转材料——在用”科目，贷记“周转材料——在库”科目；按照使用次数摊销时，应按照其摊销额，借记“生产成本”“管理费用”等科目，贷记“周转材料——摊销”科目

根据企业财务制度的规定，周转材料的摊销原则上采用一次摊销法。

这种方法手续简便，很适合小微企业的日常核算。

例4-8：荣锦酒店保洁员工领用工作服4套，每套60元。根据“领用单”，做会计分录如下：

借：管理费用　　240

　　贷：周转材料　　240

（二）周转材料修理、报废、出售的账务处理

1. 周转材料的修理

为了充分发挥周转材料的使用效能，企业对周转材料除了做好日常保养工作外，还必须及时对周转材料进行维修。周转材料的修理费用应在“管理费用”科目中列支。

例4-9：荣锦酒店绿化部修理割草机，支付修理费及修理零件费50元，以现金支付。根据发票及购件收据做会计分录如下：

借：管理费用　　50

　　贷：库存现金　　50

2. 周转材料的报废

周转材料使用到一定期限，完全丧失使用价值，无法进行修复时，应填制“周转材料报废单”办理报废手续。报废时，企业采用一次摊销法。该方法将报废的残料价值作为周转材料摊销的减少，冲减管理费用。

例4-10：荣锦酒店绿化部领用的工作服到期报费，残料收入10元，收到现金。根据周转材料报费单做会计分录如下：

借：库存现金　　10

　　贷：管理费用　　10

3. 周转材料的出售

企业多余不用的周转材料，可以出售给其他单位。新的周转材料出售，可直接减少“周转材料——在库”科目数额，如属在用的，要减少“周转材料——在用”科目及摊销明细科目的数额。

例4-11：荣锦酒店出售2台吊扇，每台实际成本400元，已摊销50%，按账面摊余价值出售，款已收到，存入银行。根据出售结算凭证及周转材料明细账，做会计分录如下：

借：银行存款　　（400×2×50%）400

　　周转材料——摊销　　400

　　贷：周转材料——在用　　800

企业如果出售的周转材料，其出售价格大于或小于账面摊余价值，应冲减或补记“管理费用”科目。

例4－12：荣锦酒店出售2台吊扇，每台售价220元。吊扇账面摊余价值为每台200元。则根据出售结算凭证及周转材料摊余价值，做会计分录如下：

借：银行存款　(220×2)440

　　周转材料——摊销　(200×2)400

　贷：管理费用　[(220－200)×2]40

　　　周转材料——在用　800

二、周转材料的明细分类核算

周转材料由于数量大、品种多，除进行总分类核算外，还要进行明细分类核算。财会部门应按周转材料的类别、品种分别设置周转材料明细账，明细账应采用数量金额式，物资保管部门也要按类别、品名设置保管账，使用部门和个人设置保管卡，进行数量核算，各部门之间的账账、账卡要定期进行核对，以保证账账、账卡相符。

第四节　库存商品

一、库存商品的概念

在很多酒店餐饮企业中，为了给入住人员提供更多的服务，往往都设有商品部。出售一些食品、烟酒、旅游商品、生活用品等，这些也构成了酒店餐饮企业的主要经营物资。对于库存商品的购入与销售，其经营内容属于商业企业经营范围。因此，按照我国税法规定，服务行业兼营其他行业业务，应按其他行业的纳税方式交纳税金，商业企业应交纳的税金是增值税，而不是营业税，因而这部分收入应按增值税纳税方法来核算纳税额。

在对购入、销售库存商品的经营业务进行会计核算时，企业应设置如下账户：

“库存商品”账户用来核算全部在库的各类商品，包括存放在仓库、门市部和寄存在外的商品，委托其他单位代购代销的商品、陈列展览的商品等。借方登记验收入库商品数额，贷方登记销售和非销售付出的商品数额，期末余额表示库存商品的结存数额。该账户可按商品类别、品种、规格、等级、存放地点等设置明细账。

“应交税费——应交增值税”账户，其借方发生额反映企业购进货物或接受应税劳务支付的进项税额和实际已缴纳的增值税，贷方发生额反映销售货物或提供应税劳务应缴纳的增值税、出口货物退税、转出已支付或应分担的增值税。如期末为借方余额，反映企业多缴或尚未抵扣的增值税；如期末为贷方余额，反映企业尚未缴纳的增值税。

在“应交增值税”明细账户中，设置“进项税额”“已交税金”“销项税额”“出口退税”“进项税额转出”“转出未交增值税”和“转出多交增值税”科目。其中，“进项税额”专栏，记录企业购入货物或接受应纳税劳务而支付的，准予从销项税额中抵扣的增值税。“已交税金”专栏，记录企业已交纳的增值税。“销项税额”专栏，记录企业销售货物或提供应税劳务应收取的增值税税额。“出口退税”专栏，记录企业出口适用税率的货物，向海关办理报关出口手续后，凭出口报关单等有关凭证，向税务机关申报办理出口退税而收到退回的税款。“进项税额转出”专栏，记录企业购入货物、在产品、产成品等非正常损失以及其他原因不应从销项税额中抵扣、按规定转出的进项税额。

二、库存商品的账务处理

传统的商业企业会计核算中，由于商品种类繁多、流通频繁，很难使用“原材料”的核算方法，如计划成本法、实际成本法等对库存商品进行核算，常使用数量进价金额核算法和售价金额核算法等变通的方法。

但对于酒店餐饮企业中的商品部而言，商品数量有限，可以非常容易的查到每一种商品的进价、数量等信息，使用数量进价金额核算法和售价金额核算法反而削足适履，在会计核算中非常的不方便。因此，我们建议此类企业在建立了比较完善的库存账的基础上，可采用实际成本法。以下内容，我们将以实际成本法中的个别计价法为例，讲解库存商品在零售业务中的核算。

（一）库存商品的购进

在核算库存商品的购进时，应设置“库存商品”科目。当购入商品时，按实际支付价格，借记“库存商品”科目，贷记“银行存款”“库存现金”等科目。

例4-13：荣锦酒店为增值税一般纳税人。该酒店商品部购入以下商品(见商品进货明细单如表4-6所示)，总金额为860元，其中增值税进项税额146.20元，商品已验收入库，货款以银行存款的方式支付。根据付款凭证及商品进货明细单，做会计分录如下：

表4-6　商品进货单

品名	规格	单价	进货数量	金额
毛巾	条	5.00	20	100.00
红塔山香烟	条	120.00	5	600.00
舒肤佳香皂	箱	160.00	1	160.00
合计				860.00

借：库存商品——商品部　860.00

　　应交税费——应交增值税(进项税额)　146.20

　　贷：银行存款　1 006.20

（二）库存商品的销售

库存商品的销售按售价，借记“库存现金”“银行存款”科目，贷记“其他业务收入”科目，将所应交增值税的销项税，贷记“应交税费——应交增值税（销项税额）”科目。

例4－14：荣锦酒店为增值税一般纳税人。该酒店商品部当日的销售情况如表4－7所示。总金额为176元，其中增值税销项税额为29.92元，收取的现金已经送交财会部。

表4－7　商品销售日报表

品名	规格	单价		销售数量	进货成本	零售金额
		进货	零售			
毛巾	条	5.00	12.00	3	15.00	36.00
红塔山香烟	盒	12.00	15.00	8	96.00	120.00
舒肤佳香皂	箱	3.50	5.00	1	3.50	5.00
康师傅方便面	包	1.80	3.00	5	9.00	15.00
合计					123.50	176.00

（1）根据商品销售日报表，做会计分录如下：

借：库存现金　　205.92

　　贷：其他业务收入——商品部　　176.00

　　　　应交税费——应交增值税（销项税额）　　29.92

（2）结转销售商品成本，做会计分录如下：

借：其他业务成本——商品部　　123.50

　　贷：库存商品——商品部　　123.50

上述会计核算，销售成本的结转均采用的是个别计价法。在以数量进价核算法下核算销售成本时，还可采用“先进先出法”“加权平均法”。

例4－15：荣锦酒店2014年12月末“经营物资盘点表”如表4－8所示。

表4－8　经营物资盘点表

单位：元　　盘点日期：2014年12月

类别	名称规格	单位	数量		元/单价	盘盈		盘亏		盘亏原因
			账存	实存		数量	金额	数量	金额	
材料	红砖	块	5 000	4 630	0.2			370	74	责任者造成
燃料	煤炭	吨	3	2.5	260			0.5	130	管理不善
低值易耗品	毛毯	条	20	20	180					
物料用品	三轮车	辆	2	3	620	1	620			原账目不明
库存商品	晒衣架	个	14	10	110			4	440	被盗

(1)根据“经营物资盘点表”，将盘盈物资620元转账，做会计分录如下：

借：固定资产——三轮车　620

　　贷：待处理财产损溢——待处理非流动资产损溢　620

(2)根据上表，将盘亏的材料74元、燃料130元、库存商品440元转账，做会计分录如下：

借：待处理财产损溢——待处理流动资产损溢　644

　　贷：原材料——红砖　74

　　　　原材料——煤炭　130

　　　　库存商品——晒衣架　440

(3)经批准，将盘盈物料用品记入营业外收入，做会计分录如下：

借：待处理财产损溢——待处理非流动资产损溢　620

　　贷：营业外收入　620

(4)经批准，将盘亏的物资根据不同原因，做不同账务处理：

①红砖盘亏，属保管员责任，由保管员赔偿：

借：其他应收款——保管员　74

　　贷：待处理财产损溢——待处理流动资产损溢　74

②燃料煤炭的盘亏，属管理不善造成的。

借：管理费用　130

　　贷：待处理财产损溢——待处理流动资产损溢　130

③晒衣架被盗，属意外事故，转作营业外支出：

借：营业外支出　440

　　贷：待处理财产损溢——待处理流动资产损溢　440

第五节　经营物资涉及的主要税务问题

经营物资是酒店餐饮企业在日常生产经营过程中消耗的原材料、燃料及经营性辅助设备(不包括固定资产)，包括原材料、库存商品、物料用品和燃料。在会计核算中，涉及经营物资的税务问题主要表现在企业利用经营物资账户调节成本，经营物资金额的真实性会影响到当期损益及下期损益的正确性。

1. 经营物资损失赔款不入账的问题

例4－16：某酒店由于管理不善导致厨房发生火灾损失了备料间的所有物品，包括桌椅、餐具、菜品等，损失多达50万元。对于这次火灾造成的损失，酒店可以获得保险公司30万元的赔偿。酒店将损失的50万元全部记入“营业外支出”科目，而将保险公司赔偿的30万元直接购买了损失后需增添的各项设备、原材料等，没有进行任何账务处理。酒店年底进行所得税申报时，没有进行任何纳税调整。

分析：该酒店发生火灾是因为管理不善造成的，属于非正常损失。按照有关规定，经营物资的非正常损失分两种情况从利润中直接扣除：因自然灾害造成的损失，在扣除保险公司赔偿后记入“营业外支出”科目；对因管理不善造成的货物被盗、发生霉变等损失，扣除有关责任人员的赔偿后记入“管理费用”科目。

经营物资损失的账务处理涉及两个税种：

(1)根据国家税务总局印发的《企业资产损失税前扣除管理办法》的规定，因自然灾害、战争等政治事件等不可抗力或者人为管理责任导致的经营物资损失，需经税务机关审批才能在企业所得税前扣除。

(2)根据《中华人民共和国增值税暂行条例》以及《中华人民共和国增值税暂行条例实施细则》的规定，企业发生非正常损失的购进货物，其进项税额不得扣除。如果企业在发生非正常损失之前，已将该购进经营物资的增值税进项税额实际申报抵扣，则应当在该批货物发生非正常损失的当期将该批经营物资的进项予以转出。

因此，该酒店首先应将损失扣除保险公司的赔偿后再记入“营业外支出”科目，然后再就损失向税务机关申请，经审批才能在企业所得税前扣除，在未经税务机关批准之前，必须先调增应纳税所得额进行补税。

2. 经营物资账实不符的问题

例4-17：某酒店2013年年底没有燃煤经营物资的实物，在账务上也没有反映。2014年该酒店前后购进2吨燃煤，共计40万元；实际使用1.5吨，共计30万元。但该酒店在账面上“原材料——燃料”科目年末额结余却是红字5万元，税务机关发现其“燃料”库存单显示尚结余0.5吨燃煤，经实地盘存，确定其账实不符。

分析：关于“库存商品”账上出现“红字”的问题，可能产生的情况有：

(1)记账错误。这可能是财会人员的业务水平问题或是企业管理问题造成的，如企业商品间串号，形成“红字”。

(2)偷逃税款。为了达到逃税的目的，部分企业采用销售不开票或是少开票的方式，而商品成本采用多次或一次结转，这样就可以偷逃企业所得税。

经营物资账面出现红字的种类：

(1)数量为零或者正数，金额红字。原因是经营物资发出计价不规范或中途变更计价方法，发出价高于账面成本价，多转成本，减少利润，少缴所得税。

(2)数量为红字，金额为正数。原因是未入库就发出，且发出计价长期低于账面成本价，少转成本，虚增利润。

(3)数量和金额都为红字。

经营物资账面出现红字的原因：

(1)在单价正常的情况下，经营物资发票未到，经营物资已入库未做估价入账，就领用发出。

(2)在单价不正常的情况下，也有可能是发出的经营物资计价不规范，高于账面成本价。

《中华人民共和国会计法》规定，公司、企业进行会计核算不得有下列行为：随意改变费用、成本的确认标准或者计量方法，虚列、多列、不列或者少列费用、成本。

因此，该酒店的行为违反了相关法规，不仅要补缴相应的税款，还要受到罚款的处罚。

3. 免费提供伙食不进行纳税调整的问题

例4－18：某酒店为减少付现成本，招聘的员工都免费提供伙食，每天按20元标准进行安排，其中早餐4元，中餐和晚餐各8元，这个价格同时也是对外销售价格。酒店在进行账务处理时，将这部分伙食消耗的原材料等经营物资与当天提供餐饮服务消耗的其他原材料等经营物资全部计入当期销售成本，账务处理为借记“主营业务成本”科目，贷记“原材料”科目或“燃料”科目等，同时，因为未收到钱款未作确认收入的任何账务处理。年底在申报纳税时，酒店没有进行任何纳税调整。

分析：该酒店免费提供餐饮的行为从企业获取最大利益的角度来看无可厚非，但是这种行为却违反了相关法规的规定，属于无偿提供伙食用于职工福利，按规定应补缴企业所得税。

根据《中华人民共和国企业所得税法实施条例》第二十五条规定：企业发生非货币性资产交换，以及将货物、财产、劳务用于捐赠、偿债、赞助、集资、广告、样品、职工福利或者利润分配等用途的，应当视同销售货物、转让财产或者提供劳务，但国务院财政、税务主管部门另有规定的除外。

因此，该酒店应将免费提供伙食视同销售，按其对外销售的价格补缴相应的所得税税款。

第六节　经营物资涉及的主要审计问题

1. 随意变更经营物资计价方法的问题

例4－19：某酒店2013年选用加权平均的计价方法计算发出经营物资的成本，但是在2014年上半年由于受众多因素的影响，该经营物资购进价格开始上扬。为确保利润保持合理的水平，从3月份开始该酒店开始改用加权平均法和先进先出法交替使用，致使2014年经营物资销售成本上升了将近200万元，酒店该年度的应纳税所得额也相应减少了200万元，少缴纳企业所得税50万元。对于该酒店未经税务机关批准擅自改变经营物资计价方法，致使当年度的销售成本升高，从而减少应纳税所得额的行为，税务机关要求酒店按原适用的经营物资计价方法调整已结转经营物资的成本，相应减少该部分经营物资的成本，并补缴所欠税款。

分析：根据《小企业会计准则》的规定，小企业可以根据自身的需要选用制度所规定的经营物资计价方法，但选用的方法一经确定，年度内不能随意变更，如确实需要变更，必须在财务报告中说明变更原因及对财务状况的影响。

实际工作中存在随意变更计价方法的问题，违反会计的一致性、可比性原则，造成会计指标前后各期口径不一致，缺乏可比性。有些企业甚至人为地通过变更计价方法来调节生产或销售成本，调节当期利润。对此类问题审查人员应查阅有关财务指标，分析对比各个会计期间财务指标有无异常变化，并查阅有关经营物资明细账；核查各期采用的计价方法是否一致，发现线索后，通过询问当事人等形式查证问题。

2. 任意确定计划成本的问题

例 4－20：某酒店的原材料按照计划成本法进行核算，即采购的原材料不是按实际的采购成本入账，而是按事先确定的计划成本，差额记入“材料成本差异”科目，只是在产品销售后才结转材料成本差异。2014 年，该酒店为了隐匿利润，逃避所得税，故意确定较高的计划成本，使计划成本远远高于实际成本，表现为“材料成本差异”贷方余额，每月应计原材料成本差异率在 96%～98%之间，领用材料时按计划成本数额转入“生产成本”等账户，但月末结转材料成本差异时，故意以较低的成本差异率(只有 94%左右)调整发出材料的计划成本。经过调整，全年由此多分摊材料成本差异少计利润 20 万元，相应少计所得税 5 万元。

分析：有些酒店为了控制超额利润，大都从隐匿收入和虚增成本两个方面进行舞弊，人为提高材料成本差异率、多分摊材料成本差异是采用计划成本进行日常核算酒店的常用作弊手段。上述问题留下的线索一般表现为材料成本差异率与以前各期相比有较大的波动，当期生产成本、销售成本、利润等指标呈现较大波动状况等，审查人员可以通过审阅、核实会计资料，复核被查酒店有关计算结果等形式发现线索，然后再做进一步的调查、询问和查证。

对于上述问题，审查人员首先应对比各期销售成本及利润水平，看有无异常情况；然后复核各期商品进销差价率，从中发现疑点；最后对照被查酒店有关会计资料并调查当事人，确定被查酒店问题之所在。审查人员应对比各期的销售数量和成本水平，抽查并复核产成品、商品明细账贷方记录，特别是检查被查酒店单价的计算结果是否正确，从而发现上述问题的线索。对产成品、商品采用实际成本计价的酒店餐饮企业，计算产成品及商品销售成本时经常采取的欺骗手段是：不按照规定的程序和方法正确计价，而是故意多转或少转销售成本。如采用加权平均法计价时，故意按高于或低于正常的加权平均单价的价格计算发出商品或产成品成本；再如根据企业的需要来确定商品的单价，达到人为调节成本水平的目的，而不是根据账面记录，按规定的程序和方法确定应采用的单价。

3. 虚转成本隐匿利润的问题

例 4－21：某酒店按照实际成本核算材料，为了达到虚增当期库存商品成本、隐匿利润、少缴税款的目的，该酒店到了每月月末，都要编制虚假的原始凭证，虚构库存商品发出业务，账务处理为借记“主营业务成本”科目，贷记“库存商品”科目。2014 年，该酒店通过这种方式共计虚转库存商品成本 120 万元，少缴企业所得税 30 万元，同时经营物资明细账借方出现红字 30 万元。

分析：虚转成本是一些酒店常见的调节利润手法，上述问题发生后一般表现为“库存商品”“产成品”“原材料”科目等账实不符、经营物资成本波动较大等。

有些企业在实际工作中不能正确核算，导致经营物资明细账常常出现红字，原因是发出的经营物资计价不规范或中途变更计价方法，发出价高于账面成本价造成的。

因此，审查人员应从这些方面入手，审阅被查企业有关经营物资账户，核对其账实、账账有无不符的情况，对比前后各期成本水平，必要时审阅记账凭证和原始凭证，并询问有关业务、仓库当事人，核查有关部门所存原始凭证(如领料单)与财会部门原始凭证是否一致，从中发现疑点，做进一步查证。

审计小贴士之二：账外存货的审计

存货，主要包括各类材料、商品、在产品、半成品、产成品等。账外存货是指属于本单位所有但未纳入本单位存货账目核算的存货。对于酒店餐饮企业而言，存货的种类繁多，且存放地点比较分散，在管理上具有一定的难度，因此更需要加强存货的审计。

一、账外存货的形成

账外存货的形成主要有两种途径，一是取得存货不入账；二是把账内存货通过各种方式转至账外。

(一)取得存货不入账

取得存货不记入相关存货账目，具体有以下几种情况，如图 4－3 所示。

取得存货不入账的情况

- 购入存货时，对得到的实物折扣不入账，形成账外存货
- 接受捐赠的存货不入账，形成账外存货
- 以实物形式（存货）分得的利润不入账，形成账外存货
- 单位罚没实物（存货）不入账，形成账外存货
- 发生存货盘盈，未按规定将其转入“待处理财产损溢”账户，而形成账外存货
- 以物抵债收回的存货不入账，形成账外存货
- 购入存货不入存货账，而直接计入成本或费用，不进行物品的入库核算和管理形成账外存货
- 其他

图 4－3　取得存货不入账的情况

（二）把账内存货转到账外

把账内存货转到账外的情况如图4－4所示。

把账内存货转到账外的情况

- 对已领未用的存货月底不办理退料或假退料手续，也不登记备查账簿，虚增成本，形成账外存货
- 委托加工材料的剩余材料不如实入账，形成账外存货
- 将发出的存货样品以报损的形式增加当期费用，形成账外存货
- 出租、出借的包装物计入成本，形成账外存货
- 将参加展销的存货转移，形成账外存货
- 虚报存货的盘亏、毁损，作为单位的损失或费用处理，将存货转移账外
- 以其他形式将存货由账内转至账外

图4－4　把账内存货转到账外的情况

二、账外存货的审计方法

被审计单位形成账外存货的动机主要有：使存货脱离财务控制，为个人或少数人所用或消费，将无偿取得的或由账内转出的存货伺机出售以形成“小金库”。因此审计人员应关注被审计单位存货的效用，对与个人或家庭消费相关的存货，如日用品、装饰材料等，应特别加以关注，同时与“小金库”审计相结合。

从账外存货形成的方式看，一种是与账面记录有联系的，即将应记入存货的支出列入其他科目，或将账内存货转至账外；另一种是与账面记录没有联系的，如接受捐赠、投资、实物折扣和罚没等取得的存货。审计人员应区别不同情况，从账面资料或会计资料以外的其他资料中捕捉线索，查找账外存货。

（一）有举报时的审计方法

在实际工作中，审计人员可能会接到有关人员提供的线索或举报，如审计人员收到署名“一个知情人”或“职工某某”的举报信，揭发某单位领导伙同会计人员虚报盘亏、毁损，将存货转移至账外的问题。对这种举报，审计人员如果向该单位领导直接调查，将引起对方的警惕，增加审计的难度。所以，一般应采取重点账目审查、实地观察、询问和外围调查等审计方法。审计人员应首先查存货、待处理财产损溢、管理费用、营业外支出等重点账目，找出举报时期的存货毁损账务处理；然后检查存货“盘亏清单”“报废申请书”“报废清理单”及事故报告等，验证盘亏、毁损的真实性；在此基础上，向被审计单位领导、存货保管人员及有关经手人员了解情况，查明举报是否属实。

（二）无举报时的审计方法

1. 了解被审计单位基本情况，分析形成账外存货的可能性，判断其有无形成账外存

货的动机。

2. 了解被审计单位相关内部风险控制情况，必要时进行符合性测试，分析和评价内部风险控制的薄弱环节。

内部控制制度的健全程度和执行情况与账外存货舞弊现象的发生有密切关系。审计人员应关注被审计单位的相关内部风险控制，需特别注意以下问题，如图4－5所示。

关注内部控制制度应注意的问题

- 审查单位存货采购、保管、发出、核算等环节的不相容职务是否分离，是否存在相互制约关系。即制定采购计划，授权采购或销售的人员与具体执行该项业务的人员是否分开，存货保管人员与记账人员是否分开，存货领用和发放人员是否分开，稽核人员与存货收发、保管、销售人员是否分开。应将一人兼管两项不相容工作的环节列为审计重点
- 是否定期或不定期地对存货进行盘点。审计人员可以询问单位存货盘点工作情况，调阅盘点记录，查看单位的盘点工作是否详细、全面，盘点中发现的问题是如何处理的，结果怎样。将被审计单位盘点资料反映问题较多的或不进行盘点的存货，作为审计重点
- 被审计单位存货的保管状况是否良好。主要是就安全、有效和相关规章制度等方面进行实地检查

图4－5　关注内部控制制度应注意的问题

3. 进行分析性复核，了解被审计单位存货的消耗、毁损等有无异常变动情况。

4. 根据了解的情况做出分析，估计可能形成的账外存货，确定审计方式。

5. 根据所获审计线索，实施详细测试，以收集充分确凿的审计证据。

一般来说，可采用以下审计方法，如图4－6所示。

实施详细测试采用的审计方法

- 将存货总账与明细账核对，一方面从明细账中抽取部分项目检查其实物是否存在；另一方面从仓库中选取一定项目，追查是否记录在存货账目中，确认是否账实相符，查明有无账外存货
- 通过观察、询问等方式，查阅有关会议记录、合同协议、库存记录等，了解有无接受投资、捐赠、实物折扣和罚没等形成的存货，并与相应账簿记录核对，必要时与“小金库”审计相结合
- 结合材料采购、制造费用、管理费用、经营费用、生产成本和存货发出等的审计，查明有无将账内存货转至账外的情况

图4－6　实施详细测试采用的审计方法

对于购货过程中多报损耗以及向供货单位等索取的赔偿不入账而形成账外存货的情况，应重点查证超定额损耗的成因及货物在运输过程中是否发生过意外及处理过程。检查有无将购入的存货直接记在管理费用、经营费用等开支从而形成账外存货的情况。对于内部单位领用的存货，应检查领用物品的手续是否完整，单据项目填写是否齐全合规，审批是否明确等，并实施证证核对，查证存货是否真正被所需部门领用，有无多领、冒领等转作账外的情况。对于委托加工材料转作账外材料的审查，应根据委托加工合同、协议以及委托加工计划成本、委托加工材料出库单以及对方收料单、记录、凭证等测算实际成本与计划成本的差距，计算加工成材率，以审查单位有无假借委托加工名义将账内材料转到账外。对于生产领用材料可以实地抽查生产车间领料使用情况，查看有无材料被车间多领积压、不退库从而形成账外材料。

6. 检查有无将盘盈存货转移账外及虚报盘亏、毁损的问题。审计人员应广泛地调查了解被审计单位是否对存货进行定期盘点，对盘点结果是否及时处理，通过审阅待处理财产损溢、营业外支出、管理费用等明细账户及相应的会计凭证，了解被审计单位对存货盘盈或盘亏的处理是否正确、及时，是否存在弄虚作假的问题。

7. 对所获取的审计证据进行综合分析与评价，形成初步审计结论，并记录在审计工作底稿中。

8. 与被审计单位有关人员进行沟通，征求他们对初步审计结论的意见。

9. 做出审计结论与审计决定。

第五章
小微酒店餐饮企业对外投资的会计核算

第一节　投资概述

一、投资的基础知识

财务会计中的投资有广义和狭义之分，广义的投资包括对外投资和对内投资。对外投资是企业将企业内部资产让渡给企业外部以谋求经济利益的投资，包括权益性投资、债权性投资、期货投资、房地产投资等。对内投资是企业资产投资，包括固定资产投资、无形资产投资、存货投资等。狭义的投资一般仅包括对外投资，不包括对内投资。本章所称的投资是狭义投资中的权益性投资和债权性投资。

投资是指企业为通过分配来增加财富，或为谋求其他利益，而将资产让渡给其他单位所获得的另一项资产。投资具有以下特点，如图 5－1 所示。

投资所具有的特点

- 投资是将资产让渡给其他单位所产生的。如企业可以用现金购买其他企业发行的股票、债券，也可以将固定资产、无形资产让渡给其他单位使用，以获取投资利益
- 投资为企业带来间接的经济利益。投资所增加的经济利益是通过分配获取的。投资所增加的经济利益不是企业自身经营产生的，而是将资产让渡给其他单位使用，通过其他单位使用该项资产创造的收益后分配取得的。此外，投资企业也可以通过投资来改善贸易关系，如提供稳定的原材料供应、良好的销售网点等来获取利益

图 5－1　投资所具有的特点

二、投资的账务处理

（一）投资的确认

投资的确认主要解决投资入账的时间问题，即企业取得的某项投资，在符合何种条件时才能作为投资入账。

（二）投资的核算

投资的核算，如表5－1所示。

表5－1　投资的核算

项目	内容
初始投资成本的确定	初始投资成本的确定主要解决为取得一项投资发生的支出有多少可以记入投资账户，确认为企业的一项资产，并在资产负债表资产方列示的问题。遵循历史成本原则，投资的初始成本是指取得投资时所付出的全部代价，包括买价和其他相关费用。以非货币性资产或通过债务重组方式取得的投资，则应按照相关准则规定的方法确定投资成本
投资持有期间的计量	投资持有期间的计量主要解决是否要调整投资账面价值以及期末按什么价值在报表上反映的问题
投资的期末计价	投资的期末计价主要解决报告期末投资以什么价值在资产负债表上揭示的问题。根据历史成本原则，投资在资产负债表上应按其账面价值反映

（三）投资损益的确认与计量

投资损益的确认与计量主要解决企业从被投资单位分配的股利和利息，债券溢折价返销以投资处理或收回所产生的净收入与投资账面价值的差额等，是否计入投资损益，是否全额计入投资收益的问题。

企业投资按投资回收期的长短，可以分为短期投资和长期投资，这是投资的基本分类。

第二节　短期投资

短期投资核算包括短期投资的取得及其成本的确定、短期投资收益的确认、短期投资的处理与短期投资的期末计价等内容。为此，企业应设置“短期投资”“投资收益”等科目进行核算。

一、短期投资成本的概念及确定

短期投资是指能够随时变现并且持有时间不准备超过一年（含一年）的投资，包括股票、债券、基金等。短期投资通常易于变现，且持有时间较短，不以控制被投资单位等为目的。短期投资应当具备以下两个条件，如图5－2所示。

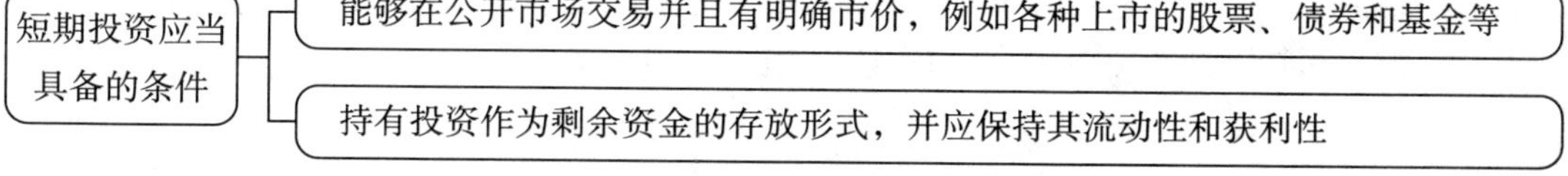

图5－2　短期投资应当具备的条件

企业的投资是作为短期投资还是长期投资，不能仅仅依据持有时间的长短而判断，主要依据企业管理部门的意图而定。只要不是以控制被投资单位为目的，而是存放剩余现金，即使短期投资实际持有时间已超过一年，仍可作为短期投资，除非企业管理当局意图改变投资目的。

二、短期投资会计核算的账户设置

短期投资会计核算的账户设置，如表5－2所示。

表5－2　短期投资会计核算的账户设置

账户	内容
短期投资	借方登记取得短期投资的实际投资成本，贷方登记短期投资处置的成本，期末余额在借方，反映企业持有的各种短期投资的实际成本。“短期投资”账户应按短期投资各类明细科目设置明细账，进行明细核算
投资收益	核算企业对外投资所取得的收益或发生的损失。该科目为损益类科目，借方登记企业投资收益，贷方登记投资损失。期末，企业应将本科目的余额转入“本年利润”账户，结转后应无余额。“投资收益”账户应按投资收益种类设置明细账，进行明细核算
应收股利	核算企业因进行股权投资应收取的现金股利以及应收其他单位的利润，期末余额在借方，反映企业尚未收回的现金股利、利润。“应收股利”账户应按被投资单位设置明细账，进行明细核算
应收利息	核算企业因进行债券投资应收取的利息，期末余额在借方，反映企业尚未收回的债券投资利息。“应收利息”账户应按债权种类设置明细账，进行明细核算

三、短期投资的计量

短期投资的计量包括短期投资取得时初始投资成本的计量、持有期间新投资成本的计量和期末成本计量。

（一）初始投资成本的计量

根据《小企业会计准则》的规定，短期投资应当按照购买价款和相关税费作为成本进行计量。实际成本是指取得各种股票、债券时实际支付的购买价款和相关税费，即交易费用也计入投资成本。购入的各种股票、债券、基金等，实际支付的价款中包含已宣告但尚未领取的现金股利或已到付息期但尚未领取的债券利息，应单独核算，不计入短期投资的成本。短期投资的实际成本按以下方法确定，如图5－3所示。

短期投资实际成本的确定	以支付现金取得的短期投资，应当按照购买价款和相关税费作为成本进行计量。实际支付价款中包含的已宣告但尚未发放的现金股利或已到付息期但尚未领取的债券利息，应当单独确认为应收股利或应收利息，不计入短期投资的成本

图5－3　短期投资实际成本的确定

（二）持有期间成本的计量

短期投资在持有期间应按照历史成本计量，账面价值等于初始投资成本。被投资单位宣告分派的现金股利或债务人的应付利息均应计入投资收益。其中，被投资单位宣告分派的现金股利，借记“应收股利”科目，贷记“投资收益”科目。在债务人应付利息日，按照分期付息、一次还本债券投资的票面利率计算的利息收入，借记“应收利息”科目，贷记“投资收益”科目。

（三）期末账面价值的计量

期末账面价值是指期末投资在资产负债表上反映的价值。根据《小企业会计准则》的规定，小企业的短期投资不计提跌价准备，期末应按历史成本计量，账面余额依旧是初始投资成本。即使短期投资预计可能发生损失，也要在损失实际发生时进行账务处理。

例5－1：荣锦酒店于2013年10月以银行存款购入下列公司的股票作为短期投资，如表5－3所示。

表5－3　股票投资一览表

单位：元

项目	股数(股)	每股单价(元)	税费(元)	投资成本(元)
股票A	20 000	6.50	800	130 800
股票B	5 000	10.00	780	50 780
股票C	40 000	5.60	1 000	225 000
合计				406 580

做相关的会计分录如下：

借：短期投资——股票A　130 800

　　　　　　——股票B　50 780

　　　　　　——股票C　225 000

　贷：银行存款　406 580

例5-2：承例5-1，2014年5月15日，股票A所属企业宣告发放现金股利，每股0.2元，则企业应做会计分录如下：

借：应收股利——股票A　　(20 000×0.2)4 000

　　贷：投资收益　　4 000

待收到现金股利时，企业应做会计分录如下：

借：银行存款　　4 000

　　贷：应收股利——股票A　　4 000

四、短期投资损益的确认及短期投资的账务处理

(一)短期投资损益的确认

短期投资取得的股利、利息及持有期间的损益分别按下列方法处理：

(1)短期投资取得时实际支付的价款中包含的已宣告但尚未发放的现金股利，或已到付息期但尚未领取的债券利息，属于在购买时暂时垫付的资金，是在投资时所取得的一项债权。因此，企业应当在实际收到时冲减已记录的应收股利或应收利息，不确认为投资收益。

(2)企业短期投资的损益，只能在短期投资处置时确认。确认的投资收益为处置短期投资所获得的净收入与短期投资账户余额的差额。这里的“净收入”指处置短期投资时所获得的价款减去发生的相关费用后的余额。

例5-3：2014年9月12日，荣锦酒店以银行存款购入B股份有限公司已宣告但尚未分派现金股利的股票20 000股，作为短期投资进行管理，每股成交价10.5元，其中，0.5元为已宣告但尚未分派的现金股利，股权截止日为9月20日；另支付相关税费10 000元。该酒店的会计分录如下：

借：短期投资——B股票　　210 000

　　应收股利——B股票　　10 000

　　贷：银行存款　　220 000

其中，短期投资成本计算如下：

成交价　　(20 000×10.5)210 000元

加：支付的相关税费　　10 000元

减：已宣告尚未分派的现金股利　　(20 000×0.5)10 000元

短期投资成本　　210 000元

承上，如2014年9月20日，荣锦酒店收到原已计入“应收股利”的现金股利10 000元，做会计分录如下：

借：银行存款　　10 000

　　贷：应收股利——B股票　　10 000

（二）短期投资的账务处理

短期投资的账务处理，主要指短期投资出售的账务处理。出售短期投资，应当按照实际收到的出售价款，借记“银行存款”或“库存现金”科目，按照该项短期投资的账面余额，贷记“短期投资”科目，按照尚未收到的现金股利或债券利息，贷记“应收股利”或“应收利息”科目，按照其差额，贷记或借记“投资收益”科目。此处的投资收益金额即为企业此项短期投资的损益，为出售价款扣除其账面余额、相关税费后的净额。

例5-4：2014年12月31日，荣锦酒店出售其所持有的B股份有限公司的股票20 000股，实际收回金额252 000元，款项已存入银行；该批股票的账面余额为200 000元。该酒店的会计分录如下：

借：银行存款　　252 000

　　贷：短期投资——B股票　　200 000

　　　　投资收益　　52 000

第三节　长期股权投资

长期资产是企业除流动资产以外的其他资产，主要包括长期股权投资、长期债券投资、固定资产、生产性生物资产、无形资产、长期待摊费用等。长期资产是企业的资本性支出，其核算的正确与否会影响若干年度的会计期间有关财务状况和经营成果的会计信息质量，这一点对经营规模较小的企业同样重要。

一、长期股权投资的概念及分类

长期股权投资是指企业准备长期持有（通常在一年以上）的权益性投资。长期股权投资依据对被投资单位产生的影响分为以下四种类型，如图5-4所示。

长期股权投资的类型

- 控制。控制是指有权决定一个企业的财务和经营政策，并能据以从该企业的经营活动中获取利益
- 共同控制。共同控制是指按合同约定对某项经济活动所共有的控制
- 重大影响。重大影响是指对一个企业的财务和经营政策有参与决策的权力，但并不决定这些政策(投资企业直接或通过子公司拥有被投资单位20%以上但低于50%的表决股份时，一般认为对被投资单位具有重大影响)
- 无控制、无共同控制且无重大影响。无控制、无共同控制且无重大影响是指除上述三种类型以外的情况

图5－4　长期股权投资的类型

企业长期股权投资核算的内容包括：长期股权投资取得时，初始投资成本的确定；长期股权投资的成本法；长期股权投资的处置等。为此，企业应设置“长期股权投资”总账科目。

二、长期股权投资初始成本的确定

长期股权投资初始投资成本应当分情况确定。

(一) 以现金购入的长期股权投资

按实际支付的全部价款(包括支付的税金、手续费等相关费用)作为初始投资成本；实际支付的价款中含有已宣告但尚未领取的现金股利的，在计算初始投资成本时应予以扣除。按照扣除后的金额，借记“长期股权投资”科目，按照应收的现金股利，借记“应收股利”科目，按照实际支付的购买价款和相关税费，贷记“银行存款”科目。

例5－5：荣锦酒店于2014年1月6日购买甲公司发行的股票20 000股准备长期持有，该股票市价为12元。购买时另支付相关税费2 000元。款项已通过银行存款支付。做会计分录如下：

借：长期股权投资——甲公司　　(20 000×12＋2 000)242 000

　贷：银行存款　　242 000

例5－6：荣锦酒店于2014年1月6日购买甲公司发行的股票20 000股准备长期持有，包含已宣告但尚未发放的现金股利，每股0.2元，该股票市价为12元。购买时另支付相关税费2 000元。款项已通过银行存款支付。做会计分录如下：

借：长期股权投资——甲公司　　242 000

　应收股利——甲公司　　(20 000×0.2)4 000

　贷：银行存款　　246 000

（二）以非货币性交易换入的长期股权投资

按换出资产的账面价值加上应支付的相关税费作为初始投资成本。如涉及补价的，应按以下规定确定换入长期股权投资的初始投资成本：

（1）收到补价的，按换出资产的账面价值加上应确认的收益和应支付的相关税费减去补价后的余额，作为初始投资成本。

（2）支付补价的，按换出资产的账面价值加上应支付的相关税费和补价，作为初始投资成本。

以材料换入的长期股权投资，如该项材料的进项税额不可抵扣的，长期股权投资的入账价值还应加上不可抵扣的增值税进项税额。

进行账务处理时，以初始投资成本，借记“长期股权投资”科目，按照换出非货币性资产的账面价值，贷记“固定资产清理”“无形资产”等科目，按照支付的相关税费，贷记“应交税费”等科目，按照其差额，贷记“营业外收入”或借记“营业外支出”等科目。

例5-7：荣锦酒店以固定资产对其他单位投资，投出资产的账面原价为2 250 000元，已计提折旧为250 000元，已提减值准备为零。另外，支付固定资产清理费用20 000元，该酒店应做会计分录如下：

借：固定资产清理	2 000 000	
累计折旧	250 000	
贷：固定资产		2 250 000
借：固定资产清理	20 000	
贷：银行存款		20 000

长期股权投资初始投资成本=2 250 000-250 000+20 000=2 020 000（元）。

借：长期股权投资	2 020 000	
贷：固定资产清理		2 020 000

三、长期股权投资的成本法

（一）成本法的适用范围

成本法是指投资后按实际成本确认账面金额，并且在持有期间一般因被投资单位净资产的增减而变动投资账面余额的方法。无论企业长期股权投资的类型是什么，《小企业会计准则》规定，均应采用成本法计量。不再按照《小企业会计制度》的规定，分别采用成本法和权益法。

（二）成本法的核算方法

1．取得长期股权投资的会计核算

长期股权投资在取得时，应按实际成本作为投资成本。

（1）以现金购入的长期股权投资，按实际支付的全部价款（包括支付的税金、手续费等相关费用）作为投资成本。实际支付的价款中包含已宣告但尚未领取的现金股利，应按实际支付的价款减去已宣告但尚未领取的现金股利后的差额，作为投资的实际成本，借记“长期股权投资”科目，按已宣告但尚未领取的现金股利金额，借记“应收股利”科目，按实际支付的价款和相关税费，贷记“银行存款”科目。

（2）通过非货币性资产交换取得的长期股权投资，应当按照非货币性资产的评估价值与相关税费之和，借记“长期股权投资”科目，按照换出非货币性资产的账面价值，贷记“固定资产清理”“无形资产”等科目，按照支付的相关税费，贷记“应交税费”等科目，按照其差额，贷记“营业外收入”或借记“营业外支出”等科目。

2．长期股权投资持有期间投资收益的会计核算

（1）采用成本法核算时，除追加或收回投资外，长期股权投资的账面余额一般应当保持不变。

（2）股权持有期间，企业应于被投资单位宣告发放现金股利或利润时确认投资收益。按被投资单位宣告发放的现金股利或利润中属于应由本企业享有的部分，借记“应收股利”科目，贷记“投资收益”科目。收到现金股利或利润时，借记“银行存款”科目，贷记“应收股利”科目。

3．处置长期股权投资的会计核算

在使用成本法的情况下，企业处置长期股权投资时，按实际取得的价款，借记“银行存款”等科目，按长期股权投资的账面余额，贷记“长期股权投资”科目，按尚未领取的现金股利或利润，贷记“应收股利”科目，按其差额，贷记或借记“投资收益”科目。

例 5－8：荣锦酒店属于 2014 年 4 月 2 日购入乙公司股份 200 000 股，每股价格 12 元，另支付相关税费 2 000 元，该酒店购入乙公司股份占乙公司有表决权资本的 3%，并准备长期持有。乙公司于 2014 年 5 月 2 日宣告分派 2013 年度的现金股利，每股 0.2 元。该酒店的会计分录如下：

（1）购入时：

借：长期股权投资——乙公司　　(200 000 × 12 + 2 000) 2 402 000

　　贷：银行存款　　2 402 000

（2）乙公司宣告分派股利时：

借：应收股利　　(200 000 × 0.2) 40 000

　　贷：投资收益　　40 000

例5-9：荣锦酒店于2013年1月1日以银行存款购入丙公司10%的股份，并准备长期持有。实际投资成本420 000元。丙公司于2013年5月2日宣告分派2012年度的现金股利400 000元。假设丙公司2013年1月1日股东权益合计为3 400 000元，其中股本为3 000 000元，未分配利润为400 000元，2013年实现净利润1 000 000元；2014年5月1日宣告分派现金股利600 000元。该酒店的会计分录如下：

(1)2013年1月1日投资时：

借：长期股权投资——丙公司　　420 000

　　贷：银行存款　　420 000

(2)2013年5月2日丙公司宣告发放现金股利时：

借：应收股利　　(400 000×10%)40 000

　　贷：投资收益　　40 000

收到现金股利时：

借：银行存款　　40 000

　　贷：应收股利　　40 000

(3)2014年5月1日丙公司宣告发放现金股利时：

借：应收股利　　(600 000×10%)60 000

　　贷：投资收益　　60 000

收到现金股利时：

借：银行存款　　60 000

　　贷：应收股利　　60 000

四、长期股权投资的账务处理

处置长期股权投资的投资损益应当在符合股权转让日的条件时才能确认。处置长期股权投资，应当按照处置价款，借记“银行存款”科目，按长期股权投资的账面价值，贷记“长期股权投资”科目，按尚未领取的现金股利或利润，贷记“应收股利”科目，按其差额，贷记或借记“投资收益”科目。

例5-10：荣锦酒店将作为长期投资核算的甲公司股票30 000股全部出售，每股售价11元，支付相关税费2 000元，款项已通过银行收付，该股票账面价值为303 000元。做会计分录如下：

投资收益=售让股票实际收到价款-股票投资账面价值=30 000×11-2 000-303 000=25 000(元)。

借：银行存款　　328 000

　　贷：长期股权投资　　303 000

　　　　投资收益　　25 000

五、长期股权投资的损失

企业长期股权投资符合下列条件之一的，减除可收回金额后确认的无法收回的长期股权投资，作为长期股权投资的损失：

(1)被投资单位已依法宣告破产、关闭、解散、被撤销，或者被依法注销、吊销营业执照的。

(2)被投资单位财务状况严重恶化，累计发生巨额亏损，已连续停止经营3年以上，且无重新恢复经营改组计划等。

(3)对被投资单位不具有控制权，投资期限届满或者投资期限已超过10年，且被投资单位因连续3年经营亏损导致资不抵债的。

(4)被投资单位财务状况严重恶化，累计发生巨额亏损，已完成清算或清算期超过3年以上的。

(5)国务院财政、税务主管部门规定的其他条件。

长期股权投资损失应当于实际发生时计入营业外支出，同时冲减长期股权投资账面余额。这是《小企业会计准则》异于《小企业会计制度》的地方：长期股权投资预计发生损失时不再计提减值准备，而是当损失实际发生时，直接减少其账面金额。

第四节　长期债券投资

长期债券投资指企业以购买长期债券的方式向其他单位投资，且投资期限在一年以上的债券投资。长期债券投资的核算包括长期债券投资初始成本的确定，长期债券投资溢折价的摊销和利息的计提，长期债券投资收益的处置等内容。为此，企业需设置"长期债券投资"总账科目，按照债券种类和被投资单位，分别通过面值、溢折价、应计利息进行明细核算。

一、长期债券投资初始成本的确定

长期债券投资取得时的初始投资成本，是指取得长期债券投资时支付的全部价款的金额。实际支付的价款中包含的已到付息期但尚未领取的利息，作为应收项目单独核算，不作为债券投资的初始投资成本。在进行账务处理时，应当按照债券票面价值，借记"长期债券投资"(面值)科目，按照实际支付的购买价款和相关税费，贷记"银行存款"科目，按照其差额，借记或贷记"长期债券投资"(溢折价)科目。若实际支付的购买价款中包含已到付息期但尚未领取的债券利息，应当按照债券票面价值，借记"长期债券投资"(面值)科目，按照应收的债券利息，借记"应收利息"科目，按照实际支付的购买价款和相关税费，贷记“银行存款”科目，按照其差额，借记或贷记“长期债券投资”（溢折价）科目。

例5-11：荣锦酒店在2014年12月31日购进C公司当年7月1日发行的面值为2 000 000元的两年期债券，票面利率6%，到期还本付息。共支付价款2 080 000元，其中包括佣金手续费10 000元，6个月应计利息60 000元。做会计分录如下：

债券溢价=2 080 000-2 000 000-60 000=20 000(元)。

借：长期债券投资——面值 2 000 000

——溢价 20 000

——应计利息 60 000

贷：银行存款 2 080 000

二、长期债券投资溢折价及利息的计提

（一）长期债券投资溢折价及账务处理

购入长期债券时，按购入价格与债券面值之间的差异可分为按债券面值购入、按高于或低于债券面值的价格购入。溢价或折价购入是由于债券的名义利率（或票面利率）与实际利率（或市场利率）不同而引起的。当债券票面利率高于市场利率，表明债券发行单位实际支付的利息将高于按市场利率计算的利息，发行单位则在发行时按照高于债券票面价值的价格发行，即溢价发行，对购买单位而言则为溢价购入。溢价发行对投资者而言，是为以后多得利息而事先付出的代价；对于发行单位而言，是为以后多付利息而事先得到的补偿。如果债券的票面利率低于市场利率，表明发行单位今后实际支付的利息低于按照市场利率计算的利息，则发行单位按照低于票面价值的价格发行，即折价发行，对于购买单位而言，是折价购入。折价发行对投资者而言，是为今后少得利息而事先得到的补偿；对发行单位而言，是为今后少付利息而事先付出的代价。

长期债券投资溢价或折价按以下公式计算：

债券投资溢价或折价=（债券初始投资成本-尚未到期的债券利息）-债券面值

长期债券投资溢价或折价采用直线法摊销。在债务人应付利息日，按照应分摊的债券溢折价金额，借记或贷记“投资收益”科目，贷记或借记“长期债券投资”（溢折价）科目。

（二）长期债券投资利息的账务处理

长期债券投资利息，应根据不同情况分别处理，如图5-5所示。

长期债券投资利息的账务处理

- 长期债券投资应当按期计提利息，计提的利息按债券面值以及适用的利率计算，并计入当期收益
- 按照分期付息、一次还本的长期债券投资票面利率计算的利息收入，借记“应收利息”科目，贷记“投资收益”科目；按照一次还本付息的长期债券投资票面利率计算的利息收入，借记“长期债券投资”（应计利息）科目，贷记“投资收益”科目
- 实际收到的分期付息长期债券投资利息，冲减已计的应收利息；实际收到的一次还本付息债券利息，冲减“长期债券投资”（应计利息）科目

图 5－5　长期债券投资利息的账务处理

例 5－12：承例 5－11，荣锦酒店在 2014 年 12 月 31 日计提持有债券利息。做会计分录如下：

债券利息＝2 000 000×6%＝120 000（元）。

借：长期债券投资——应计利息　　120 000

　　贷：投资收益　　120 000

2015 年末再做相同的账务处理。

（三）年度终了计算利息并按直线法摊销溢折价的账务处理

直线法是将债券的溢折价按债券的还款期限（或付息期数）平均分摊。在直线法摊销溢折价的方法下，每期溢折价的摊销数额相等。按每期摊销金额，借记或贷记“投资收益”科目，贷记或借记“长期债券投资”（溢折价）科目。

例 5－13：荣锦酒店于 2014 年 1 月 2 日购入 B 企业 2014 年 1 月 1 日发行的 5 年期债券，票面年利率 12%，债券面值 1 000 元。酒店按 1 050 元的价格购入 80 张，另付有关税费 400 元。该债券每年付息一次，最后一年还本金并付最后一次利息。酒店按年计算利息，按直线法摊销溢折价。购买时的会计分录如下：

借：长期债券投资——面值　　（1 000×80）80 000

　　　　　　　　——溢价　　［（1 050－1 000）×80＋400］4 400

　　贷：银行存款　　84 400

年度终了计算利息并摊销溢价，如表 5－4 所示。

表 5－4　债券溢价摊销（直线法）

单位：元

计息日期	应收利息	利息收入	溢价摊销	未摊销溢价	面值和未摊销溢价之和
	(1)＝面值×票面利率	(2)＝(1)－(3)	(3)＝4400÷5	(4)＝上期(4)－(3)	(5)＝上期(5)－(3)
2014 年 1 月				4 400	84 400
2015 年 12 月	9 600	8 720	880	3 520	83 520
2016 年 12 月	9 600	8 720	880	2 640	82 640
2017 年 12 月	9 600	8 720	880	1 760	81 760
2018 年 12 月	9 600	8 720	880	880	80 880
2019 年 12 月	9 600	8 720	880	0	80 000
合计	48 000	43 600	4 400		

借：应收利息　　9 600

　　贷：长期债券投资——溢价　　880

　　　　投资收益　　8 720

（1）各年收到债券利息（除最后一次付息外）：

借：银行存款　　9 600

　　贷：应收利息　　9 600

（2）到期还本并收到最后一次利息：

借：银行存款　　89 600

　　贷：长期债券投资——面值　　80 000

　　　　应收利息　　9 600

三、长期债券投资损益的确认及账务处理

（一）长期债券投资损益的确认

长期债券投资损益包括债券持有期间的利息收入、处置收入与其账面价值的差额等。具体按以下办法处理，如图 5－6 所示。

长期债券投资损益的账务处理

- 按债券面值取得的投资，在债券持有期间按期计提的利息收入确认为当期投资收益
- 溢价或折价取得的债券投资，在债券持有期间按期计提的利息收入，经调整溢价或折价摊销后的金额，确认为当期投资收益

图 5－6　长期债券投资损益的账务处理

（二）长期债券投资的账务处理

出售或到期收回债券本息时，按实际收到的金额借记“银行存款”科目，按照其债券账面余额，贷记“长期债券投资”（成本、溢折价、应计利息）科目，按照应收未收的利息收入，贷记“应收利息”科目，按差额贷记或借记“投资收益”科目。

例5－14：荣锦酒店持有的两年期债券于2014年1月1日到期。债券面值200 000元，利息30 000元，收回债券本金和利息230 000元，存入银行。做会计分录如下：

借：银行存款	230 000	
贷：长期债券投资——面值		200 000
应收利息		30 000

四、长期债券投资的损失

根据《小企业会计准则》的规定，当小企业的长期债券投资符合下列条件之一的，不再计提减值准备，而是在损失实际发生时计入营业外支出，同时冲减长期债券投资账面余额。长期债券投资账面余额减除可收回的金额后确认的无法收回的部分，作为长期债券投资损失。

（1）债务人依法宣告破产、关闭、解散、被撤销，或者被依法注销、吊销营业执照，其清算财产不足清偿的。

（2）债务人死亡，或者依法被宣告失踪、死亡，其财产或者遗产不足清偿的。

（3）债务人逾期3年以上未清偿，且有确凿证据证明已无力清偿债务的。

（4）与债务人达成债务重组协议或法院批准破产重整计划后，无法追偿的。

（5）因自然灾害、战争等不可抗力导致无法收回的。

（6）国务院财政、税务主管部门规定的其他条件。

第五节　对外投资涉及的主要审计问题

1. 股权转让账务处理的问题

例5－15：某酒店2014年协议转让一项股权投资，初始投资成本为100万元，取得转让所得80万元，会计上确认的投资损失为20万元，年底未做任何纳税调整。税务机关根据文件的规定，认为该酒店当年股权转让所得80万元可以冲减投资成本，但其投资损失20万元应做当期纳税调整，并从以后年度取得的投资收益或者转让所得中结转扣除。如果该酒店在5年内对其投资损失中的20万元未扣除或者未完全扣除，则可以在2020年度一次性全额税前扣除。

分析：该酒店在会计上的处理没有问题，但是根据相关的规定，每一纳税年度扣除的股权投资损失，不得超过当年实现的股权投资收益和股权投资转让所得，超过部分可以向以后纳税年度结转扣除。但是企业股权投资转让损失连续向后结转5年仍不能从股权投资收益和股权投资转让所得中扣除的，准予在该股权投资转让年度后第六年一次性扣除。

因此，该酒店当年股权转让所得中80万元可以冲减投资成本，其投资损失20万元应做当期纳税调整，并从以后年度取得的投资收益或者转让所得中结转扣除。如果该酒店在5年内对其投资损失中的20万元未扣除或者未完全扣除，则可在2020年度一次性全额税前扣除。

2. 长期债券投资入账的问题

例5-16：某酒店2013年以银行存款50万元购入某公司面值为40万元的长期债券，其中含相关税金及手续费4万元，含已到付息期但尚未领取的债券利息3万元，该酒店账务处理时借记“长期债券投资”科目50万元，贷记“银行存款”科目50万元。审计人员在审计时发现该酒店2014年收到了债券发行方支付的债券利息，直接冲减“长期债券投资”科目，查阅2013年相关账目，发现长期债券投资入账方面存在问题。

分析：根据相关会计准则的规定，企业购入的长期债券按照实际支付的价款减去已到付息期但尚未领取的债券利息及税金、手续费等相关税费后的金额，作为债券投资的成本。长期债券应按期计提利息。购入到期还本付息的债券，按期计提的利息，于确认利息收入时，记入“应计利息”科目。

应审查确认债券投资入账价值是否按实际支付款计算，含有应计利息的是否扣除应计利息。查明债券溢价和折价在债券到期前采用直线法予以摊销的正确性，查明对含有应得利息的债券投资其应计利息是否单独核算、债券投资增减变动及其收益（损失）核算的账务是否正确。审查确认会计报表有关一年内到期的长期债券投资和期末债券的市价。

第六章
小微酒店餐饮企业固定资产的会计核算

第一节　固定资产的概述

固定资产指为生产商品、提供劳务、出租或经营管理而持有的、使用年限超过一年、单位价值较高的资产。企业的固定资产包括房屋、建筑物、机器、机械、运输工具、设备、器具、工具等。固定资产的基本特征如图 6－1 所示。

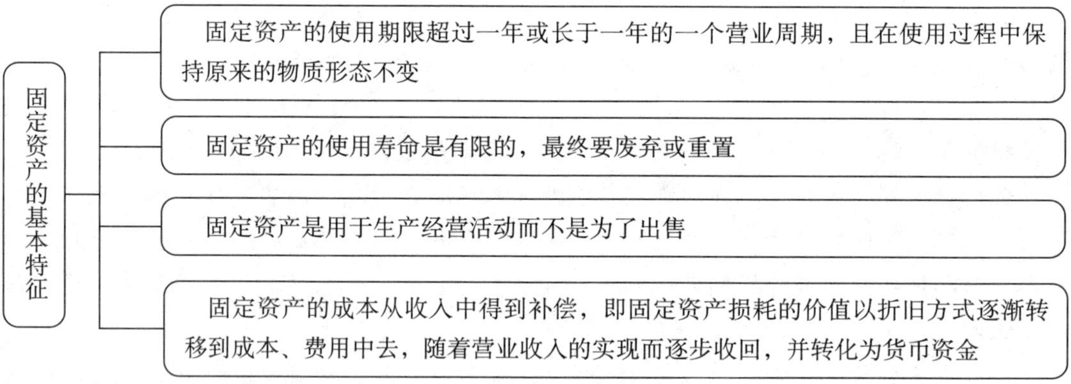

图 6－1　固定资产的基本特征

企业应当根据固定资产定义，结合本企业的具体情况，制定适合于本企业的固定资产目录、分类方法、每类或每项固定资产的折旧年限、折旧方法和预计净残值，作为进行固定资产核算的依据。企业临时租入的固定资产和以经营租赁方式租入的固定资产，应另设备查簿进行登记，不作为固定资产核算。

第二节　固定资产的取得

一、固定资产取得时的成本确定

固定资产的价值构成是指固定资产价值所包括的范围。它包括企业为购建某项固定资产达到预定可使用状态前所发生的一切合理、必要的支出。这些支出既有直接发生的，如固定资产的价款、进口关税等税金、运输和保险等相关费用、包装费和安装成本等；也有间接发生的，如应承担的借款利息、外币借款折合差额以及应分摊的其他间接费用等。

固定资产取得时的成本应当根据以下情况分别确定，如图 6－2 所示。

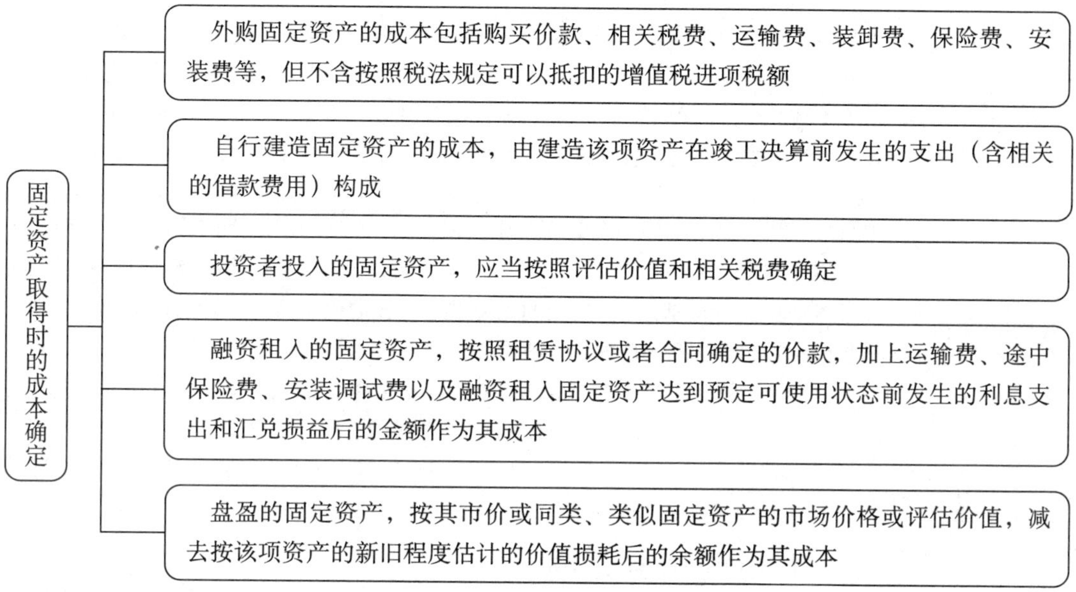

图 6－2　固定资产取得时的成本确定

二、固定资产会计核算的账户设置

固定资产的会计核算应设置“固定资产”“累计折旧”“在建工程”“固定资产清理”等账户。如表 6－1 所示。

表 6－1　固定资产会计核算的账户设置

账户	内容
固定资产	本科目核算企业生产经营活动中使用的固定资产的原值。借方登记增加的固定资产原值；贷方登记减少的固定资产原值；期末余额在借方，反映企业期末固定资产的账面原值。临时租入的固定资产，应当另设置备查簿进行登记，不在本科目核算
累计折旧	本科目核算企业固定资产的累计折旧。借方登记减少固定资产转出的折旧额；贷方登记提取的折旧额；期末余额在贷方，反映企业提取的固定资产折旧累计数
在建工程	本科目核算企业进行基建工程、安装工程、技术改造工程等发生的实际支出，包括安装设备的价值。借方登记企业出包或自营基建工程达到预定可使用状态前所发生的全部净支出以及改扩建过程中发生的有关支出；贷方登记基建工程达到预定使用状态转出的实际工程成本；期末余额在借方，反映企业尚未完工的基建工程发生的各项实际支出。为了反映在建工程的明细资料，企业应设置“建筑工程”“安装工程”“技术改造工程”和“其他支出”等明细科目。此外，为在建工程需要专门购入的工程物资，购入时应通过“工程物资”科目进行核算，待实际用于在建工程时转入本科目

（续表）

账户	内容
工程物资	本科目核算企业为建筑工程等购入的各种物资的实际成本，包括为工程准备的材料、尚未安装设备的实际成本等。借方登记企业购入为工程准备的物资和工程完工后应办理退库手续的剩余工程物资；贷方登记领用、盘亏、报废、毁损的工程物资；期末余额在借方，反映企业为工程购入但尚未领用的材料及购入需要安装设备的实际成本
固定资产清理	本科目核算企业因出售、报废、毁损等原因转入清理的固定资产价值及在清理过程中所发生的清理费用和清理收入等。借方登记转入清理的固定资产账面价值的净值、清理过程中发生的清理费用和应交的税金以及结转的固定资产清理后的净收益；贷方登记收回出售固定资产的价款、残料价值和变价收入、应由保险公司或过失人赔偿的损失以及结转的固定资产清理后的净损失；期末余额在借方，反映企业尚未清理完毕固定资产的净值以及清理净收益(清理收入－清理费用)

三、固定资产取得的账务处理

(一)购入的固定资产

企业购入不需要安装的固定资产，应当按照实际支付的购买价款、相关税费(不包括按照税法规定可抵扣的增值税进项税额)、运输费、装卸费、保险费等，借记“固定资产”科目，按照税法规定可抵扣的增值税进项税额，借记“应交税费——应交增值税(进项税额)”科目，贷记“银行存款”“长期应付款”等科目。购入需要安装的固定资产，先记入“在建工程”科目，安装完成后再转入“固定资产”科目。

例6－1：荣锦酒店购入冷藏柜一台，购买价款为20 000元，增值税3 400元，运杂费850元，均以银行存款付讫，机器设备已交付生产使用。做会计分录如下：

借：固定资产　　(20 000＋850)20 850
　　应交税费——应交增值税(进项税额)　　3 400
　　贷：银行存款　　24 250

例6－2：荣锦酒店以银行存款购入供暖锅炉一部，购买价款为500 000元，增值税85 000元，支付运杂费1 600元，安装费用7 800元，现已安装完毕，交付生产使用。做会计分录如下：

(1)购入并交付安装时：

借：在建工程　　(500 000＋1 600)501 600
　　应交税费——应交增值税(进项税额)　　85 000
　　贷：银行存款　　586 600

(2)发生安装费用时：

借：在建工程 7 800

贷：银行存款 7 800

(3)安装完毕，交付使用时：

借：固定资产 (501 600 +7 800)509 400

贷：在建工程 509 400

(二)自行建造的固定资产

自行建造完成的固定资产，按照竣工决算前所发生的必要支出作为入账价值，借记“固定资产”科目，贷记“在建工程”科目。建造固定资产竣工决算前所发生的必要支出，包括企业以专门借款购建的固定资产，在达到竣工决算前实际发生的借款费用等。企业自行建造固定资产包括自营建造和出包建造两种方式。

1. 自营建造固定资产的成本确定

自营的工程，领用工程用物资时，应按工程物资的实际成本，借记“在建工程”科目，贷记“工程物资”等科目；工程领用本企业材料的，应按材料的实际成本加上不能抵扣的增值税进项税额，借记“在建工程”科目，按材料的实际成本，贷记“原材料”科目，按不能抵扣的增值税进项税额，贷记“应交税费——应交增值税(进项税额转出)”科目。

工程领用本企业的商品产品时，按商品产品的实际成本加上应交纳的相关税费，借记“在建工程”科目，按应交纳的相关税费，贷记“应交税费——应交增值税(销项税额)”等科目，按库存商品的实际成本，贷记“库存商品”科目。

工程应负担的职工工资及福利费，借记“在建工程”科目，贷记“应付职工薪酬”科目。

企业在建工程在竣工决算前发生的借款利息，应当根据借款合同利率计算确定的利息费用，借记“在建工程”科目，贷记“应付利息”等科目。办理竣工决算后发生的利息费用，借记“财务费用”科目，贷记“应付利息”等科目。

企业在建工程在试运转过程中形成的产品、副产品或试车收入冲减在建工程成本。

企业自营建造工程办理决算竣工，借记“固定资产”科目，贷记“在建工程”科目。

2. 出包建造固定资产的成本确定

发包的工程，应于按合同规定向承包企业预付工程款、备料款时，根据实际支付的价款，借记“在建工程”科目，贷记“银行存款”科目；以拨付给承包企业的材料抵作预付备料款的，应按工程物资的实际成本，借记“在建工程”科目，贷记“工程物资”科目；将需要安装的设备交付承包企业进行安装时，应按设备的成本借记“在建工程”科目，贷记“工程物资”科目。与承包企业办理工程价款结算时，补付的工程款，借记“在建工程”科目，贷记“银行存款”“应付账款”等科目。

例6-3：荣锦酒店自行建造停车库，购入为工程准备的物资300 000元，支付增值税额为51 000元。实际领用工程物资345 000元，剩余物资转为存货；另外还领用了维修用的材料一批，实际成本为50 000元，应转出的增值税为8 500元；支付工程人员工资57 800元。工程达到预定可使用状态并交付使用。做会计分录如下：

(1)购入为工程准备的物资时：

借：工程物资　　(300 000+51 000)351 000

　　贷：银行存款　　351 000

对于工程物资，由于增值税的进项税额不予抵扣，因此，将增值税的进项税额全部记入工程物资的成本之中。

(2)工程领用工程物资时：

借：在建工程——建筑工程(停车库)　　345 000

　　贷：工程物资　　345 000

(3)工程领用维修材料时：

借：在建工程——建筑工程(停车库)　　58 500

　　贷：原材料　　50 000

　　　　应交税费——应交增值税(进项税额转出)　　8 500

(4)分配工程人员工资费用时：

借：在建工程——建筑工程(停车库)　　57 800

　　贷：应付职工薪酬　　57 800

(5)固定资产建造完工，交付生产使用时：

借：固定资产　　461 300

　　贷：在建工程——建筑工程(停车库)　　461 300

应结转的固定资产总额=345 000+58 500+57 800=461 300(元)。

(6)剩余工程物资转为存货时：

剩余工程物资=351 000-345 000=6 000(元)。

借：原材料　　5 128

　　应交税费——应交增值税(进项税额)　　872

　　贷：工程物资　　6 000

例6-4：假设荣锦酒店将停车库的工程出包给A企业承建，按规定先预付承包单位工程款800 000元，工程完工后，收到承包单位的有关工程结算账单，补付工程款100 000元，工程完工经验收后交付使用。做会计分录如下：

(1)按规定预付承包单位工程款时：

借：在建工程——建筑工程(停车库)　　800 000

　　贷：银行存款　　800 000

(2)收到承包单位账单，补付工程款时：

借：在建工程——建筑工程(停车库) 100 000

　贷：银行存款 100 000

(3)工程完工，交付使用时：

借：固定资产 900 000

　贷：在建工程——建筑工程(停车库) 900 000

(三)投资者投入的固定资产

投资者投入的固定资产，应按投资合同或协议约定价值和相关税费作为初始成本。借记“固定资产”科目，按投资各方确认的价值在其注册资本中所占的份额，贷记“实收资本(或股本)”科目；两者差额确认为资本公积，贷记“资本公积——资本溢价”或“资本公积——股本溢价”科目。

例6－5：某股东向荣锦酒店投入管理用小轿车一部，该小轿车经投资双方确定的价值为80 000元。做会计分录如下：

借：固定资产 80 000

　贷：实收资本 80 000

(四)融资租入的固定资产

租赁固定资产是企业取得资产的方式之一。根据租赁的目的，以与租赁资产所有权有关的风险和报酬归属于出租人或承租人的程度为依据，将租赁分为融资租赁和经营租赁两类。融资租赁是指实质上转移与资产所有权有关的全部风险和报酬的租赁。经营租赁是指融资租赁以外的租赁。

融资租入的固定资产，应当在固定资产科目项下单独设置明细科目进行核算。企业应在租赁开始日，按租赁协议或者合同确定的价款、运输费、途中保险费、安装调试费以及融资租入固定资产达到预定可使用状态前发生的借款费用等，借记“固定资产”科目(融资租入固定资产)，按租赁协议或者合同确定的设备价款，贷记“长期应付款——应付融资租赁款”科目，按支付的其他费用，贷记“银行存款”等科目。租赁期满，如合同规定将固定资产所有权转归承租企业，应进行转账，将固定资产从“融资租入固定资产”明细科目转入有关明细科目。

例6－6：荣锦酒店以融资租赁方式租入太阳能热水设备一套，租期5年，该设备在租赁开始日按租赁合同确定的价款为450 000元，同时以银行存款支付途中运输等费用8 000元。租赁期满，资产产权转归承租企业。做会计分录如下：

(1)租入设备时：

借：固定资产——融资租入固定资产　458 000

　　贷：长期应付款——应付融资租赁款　450 000

　　　　银行存款　8 000

(2)租赁期满，资产产权转入企业时：

借：固定资产——生产经营用固定资产　458 000

　　贷：固定资产——融资租入固定资产　458 000

(五)盘盈的固定资产

盘盈的固定资产，按其市价或同类、类似固定资产的市场价格，减去按该项资产的新旧程度估计的价值损耗后的余额，借记“固定资产”科目，贷记“待处理财产损溢——待处理非流动资产损溢”科目。

例6-7：荣锦酒店盘盈彩色电视机一台，同类设备的市场价格为5 000元，估计折旧3 500元。做会计分录如下：

借：固定资产　(5 000-3 500)1 500

　　贷：待处理财产损溢——待处理非流动资产损溢　1 500

经过调查，无法查明原因：

借：待处理财产损溢——待处理非流动资产损溢　1 500

　　贷：营业外收入　1 500

第三节　固定资产的后续支出

固定资产的后续支出是指固定资产在使用过程中发生的改建支出、修理费用等。企业的固定资产投入使用后，由于各个组成部分耐用程度不同或者使用的条件不同，因而往往发生固定资产的局部损坏。为了保持固定资产的正常运转和使用，充分发挥其使用效能，就必须对其进行必要的后续支出。

固定资产的后续支出通常包括固定资产在使用过程中发生的日常修理费、大修理费用、改建支出、房屋的装修费用等。这些支出按其性质不同可分为两类：一类是资本性支出，另一类是费用性支出。

一、资本化的后续支出

固定资产资本化的后续支出主要是指改建支出。固定资产的改建支出，是指改变房屋或者建筑物结构、延长使用年限等发生的支出。固定资产在使用过程中进行改建的，除已提足折旧的固定资产和经营租入固定资产以外，其他固定资产的改建支出应当计入固定资产成本。如对厂房进行改建延长了厂房等固定资产的使用寿命；对设备的改造提高固定资产的生产能力；对生产线的改进大大降低了产品的成本等都表明后续支出提高了固定资产原定的创利能力，应将后续支出予以资本化。可资本化的固定资产后续支出发生时，借记“在建工程”等科目，贷记“银行存款”等科目。

例6-8：荣锦酒店决定对自有的营业用房进行改扩建，该房原值500 000元，已提折旧120 000元。扩建中实际发生成本支出180 000元，拆除部分的变价收入30 000元，发生的支出符合资本化的条件。工程已完工交付生产使用。做会计分录如下：

(1)固定资产转入改扩建时：

借：在建工程	380 000	
累计折旧	120 000	
贷：固定资产		500 000

(2)发生的有关支出时：

借：在建工程	180 000	
贷：银行存款		180 000

(3)收到拆除部分的变价收入时：

借：银行存款	30 000	
贷：在建工程		30 000

(4)工程完工时：

借：固定资产	530 000	
贷：在建工程		530 000

二、费用化的后续支出

固定资产费用化的后续支出主要是指固定资产大修理支出和日常修理费。该支出不能提高相关固定资产的生产能力，应在其发生时确认为当期费用，不能计入固定资产原值。

固定资产在使用过程中发生的日常修理费，应当在发生时计入制造费用或管理费用。企业生产车间(部门)发生的固定资产修理费用等后续支出，记入“制造费用”科目，行政管理部门等发生的固定资产修理费用等后续支出，记入“管理费用”科目。

已提足折旧的固定资产的改建支出、经营租入固定资产的改建支出、符合税法规定的固定资产大修理支出通过“长期待摊费用”科目核算，借记“长期待摊费用”科目，贷记“银行存款”等科目。

例6－9：荣锦酒店对管理部门自用的小汽车委托修理厂进行经常性修理，支付修理费6 000元，用银行存款转账支付。做会计分录如下：

借：管理费用　　6 000

　　贷：银行存款　　6 000

第四节　固定资产的折旧

固定资产折旧是指固定资产在使用过程中，逐渐损耗而消失的这部分价值。固定资产损耗的这部分价值，应当在固定资产的有效使用年限内进行分摊，形成折旧费用，计入各期成本。固定资产折旧计入生产成本的过程，即是随着固定资产价值的转移，以折旧的形式在产品销售收入中得到补偿，并转化为货币资金的过程。

一、固定资产折旧的影响因素

影响固定资产折旧的因素是多方面的，如表6－2所示。

表6－2　固定资产折旧的影响因素

因素	内容
固定资产原值	固定资产原值是指取得固定资产的原始成本，即固定资产的账面价值
固定资产的预计净残值	固定资产的净残值是指固定资产报废时预计可以收回的残值扣除清理费用后的数额。由于残值可以通过自身的回收得到补偿，因此，不需要以折旧的方式收回；而清理费用是固定资产使用中的一种必要的追加耗费，应以折旧的方式收回。事实上，在固定资产转入清理前，残值和清理费用都未实际发生，因此，计算固定资产折旧时使用的净残值充其量也只是一个预计量。将预计净残值与固定资产原值相比，即为预计净残值率，即：预计净残值率＝预计净残值/固定资产原值×100%
固定资产的使用年限	固定资产的使用年限就是固定资产可持续使用的时间，其长短直接影响到各期应计提的折旧额。企业在确定固定资产的使用年限时，主要应当考虑的因素有：(1)该资产的预计生产能力或实物产量。(2)该资产的有形损耗，如设备使用中发生磨损、房屋建筑物受到自然侵蚀等。(3)该资产的无形损耗，如因新技术的出现而使现有的资产技术水平相对陈旧、市场需求变化使产品过时等。(4)有关资产使用的法律或者类似的限制。在固定资产使用过程中，企业应当定期对固定资产的使用年限进行复核。如果固定资产使用年限的预期数与原先的估计数有重大差异，则应相应调整固定资产折旧年限

（续表）

因素	内容
固定资产的折旧方法	固定资产不同的折旧方法，实质上涉及固定资产的成本在它的折旧年限内如何分配的问题。《小企业会计准则》规定，小企业应当根据固定资产的性质和使用情况，合理确定其折旧年限和净残值，并考虑固定资产所含经济利益预期实现方式等，选择折旧方法。可选用的折旧方法包括年限平均法、工作量法、年数总和法、双倍余额递减法等。折旧方法一经确定，不得随意变更。如需变更，应将变更的内容及原因在变更当期的会计报表附注中说明

二、固定资产折旧的范围

确定固定资产折旧的范围，一是要从空间上确定哪些固定资产应当提取折旧，哪些固定资产不应当提取折旧；二是要从时间范围上确定应提折旧的固定资产什么时间开始提取折旧，什么时间停止提取折旧。

《小企业会计准则》规定：除下列情况外，小企业应对所有固定资产计提折旧。如图 6－3 所示。

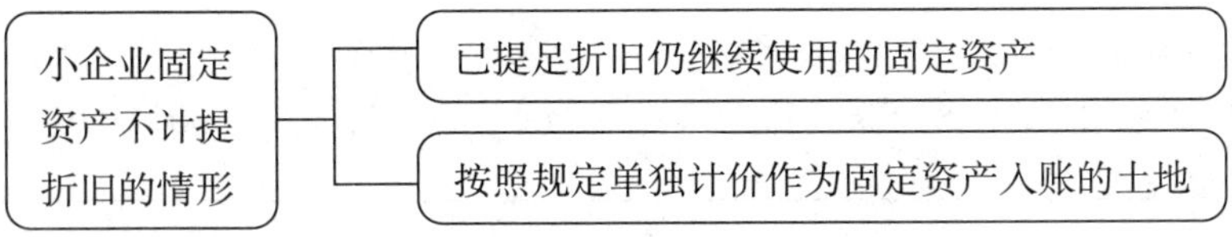

图 6－3　小企业固定资产不计提折旧的情形

对于固定资产，企业应当按月计提折旧，当月增加的固定资产，当月不计提折旧，从下月起计提折旧；当月减少的固定资产，当月仍计提折旧，从下月起不计提折旧。固定资产提足折旧后，不管能否继续使用，均不再提取折旧；提前报废的固定资产，也不再补提折旧。所谓提足折旧，是指已经提足该项固定资产应提的折旧总额。

三、固定资产折旧的方法

企业固定资产的折旧方法包括年限平均法、工作量法、年数总和法、双倍余额递减法等。折旧方法一经确定，不得随意变更。如需变更，应将变更的内容及原因在变更当期的会计报表附注中说明。

（一）年限平均法

又称直线法，是指按固定资产使用年限平均计算折旧的一种方法。按照这种方法计算提取的折旧额，在各个使用年份或月份都是相等的，折旧的积累额呈直线上升趋势。这种方法主要适用于固定资产各期的负荷程度基本相同，各期应分摊的折旧费用基本相同的情况。计算公式如下：

$$固定资产年折旧额 = [固定资产原值 - (预计残值收入 - 预计清理费用)] \div 固定资产预计使用年限$$

$$固定资产月折旧额 = 固定资产年折旧额 \div 12$$

例6－10：荣锦酒店有一部自用小轿车的原价为50 000元，预计使用年限为10年，预计残值收入为4 000元，预计清理费用为1 500元，则：

固定资产年折旧额＝[50 000－(4 000－1 500)]/10＝4 750(元)；

固定资产月折旧额＝4 750÷12＝395.83(元)。

在实际工作中，为了反映固定资产在一定时间内的损耗程度和便于计算折旧，企业每月应计提的折旧额一般是根据固定资产的原值乘以月折旧率计算确定的。固定资产折旧率是指一定时期内固定资产折旧额与固定资产原值之比。计算公式如下：

$$固定资产年折旧率 = [(固定资产原值 - 预计净残值) \div 固定资产原值] \div 固定资产预计使用年限 \times 100\% = (1 - 预计净残值率) \div 固定资产预计使用年限 \times 100\%$$

$$固定资产月折旧率 = 固定资产年折旧率 \div 12$$

$$固定资产月折旧额 = 固定资产原值 \times 固定资产月折旧率$$

例6－11：承接例6－10，固定资产月折旧额的计算如下：

固定资产年折旧率＝[50 000－(4 000－1 500)]÷(10×50 000)×100%＝9.5%；

固定资产月折旧率＝9.5%÷12＝0.79%；

固定资产月折旧额＝50 000×0.79%＝395(元)。

按年限平均法计算折旧简便易行，但此法只有在固定资产各个期间使用程度比较均衡的情况下才较为合理。

(二)工作量法

工作量法是按固定资产在规定的折旧年限内可以完成工作量的比例计算折旧额的一种方法。这里的工作量指小时数、产量数、行驶里程数、工作台班数等。按照工作量法计算折旧固定资产的折旧额，应根据固定资产在本期内的工作量和单位折旧额确定。计算公式如下：

$$单位工作量折旧 = 固定资产原值 \times (1 - 预计净残值率) \div 预计总工作量$$

$$某项固定资产月折旧额 = 单位工作量折旧额 \times 该项固定资产当月工作量$$

例6－12：荣锦酒店一辆运货卡车原值为100 000元，预计总行驶里程为96万公里，预计净残值率为4%，本月行驶5 000公里。本月的折旧额计算如下：

每公里折旧额＝100 000×(1－4%)÷960 000＝0.1(元/公里)；

本月折旧额＝0.1×5 000＝500(元)。

（三）加速折旧法

加速折旧法，是指在固定资产使用的前期多提折旧，从而使固定资产的成本在其折旧年限中加快得到补偿的一种折旧方法。从另一方面看，采用这种方法，每期计提的折旧数额，随时间的增加而逐渐减少，因此这种方法也称递减折旧法。

加速折旧法的种类很多，主要有双倍余额递减法和年数总和法。

1. 双倍余额递减法

双倍余额递减法，又称为双重余额递减法，是指以固定的、加倍的直线折旧率应用于递减的账面净值来计算折旧的方法。计算公式如下：

$$年折旧率=2\div 预计使用年限\times 100\%$$

$$年折旧额=年初固定资产账面净值\times 年折旧率$$

由于每年年初固定资产净值没有扣除预计净残值，因此，在应用这种方法计算折旧额时必须注意不能使固定资产的账面折余价值降低到其预计净残值以下，即实行双倍余额递减法计提折旧的固定资产，应在其折旧年限到期前两年内将固定资产净值扣除预计净残值后的余额在这两年平均分摊。

例 6－13：某项固定资产原值为 30 000 元，预计使用年限为 8 年，预计净残值为 900 元。

根据计算出的折旧率，计算各年的折旧额如表 6－3 所示。

表 6－3　折旧计算表（双倍余额递减法）

单位：元

年次	年折旧额	累计折旧	账面净值
1	30 000×25% =7 500	7 500	22 500
2	22 500×25% =5 625	13 125	16 875
3	16 875×25% =4 218. 75	17 343. 75	12 656. 25
4	12 656. 25×25% =3 164. 06	20 507. 81	9 492. 19
5	9 492. 19×25% =2 373. 05	22 880. 86	7 119. 14
6	7 119. 14×25% =1 779. 79	24 660. 65	5 339. 35
7	(5 339. 35 －900)/2 =2 219. 68	26 880. 33	3 119. 67
8	(5 339. 35 －900)/2 =2 219. 67	29 100	900

2. 年数总和法

年数总和法，又称年数比率法或折旧年限积数法，是以固定资产的原值减去预计净残值后的净额为基数，乘以一个逐年递减的分数，计算各年固定资产折旧额的一种方法。在这种方法下，计提折旧的基数是固定不变的，折旧率依据固定资产的使用年限来确定，且各年折旧率呈递减趋势，因此，计算出来的折旧额也呈递减趋势。计算公式如下：

年折旧率 =（预计使用寿命 − 已使用年限）÷ 预计使用寿命的年数总和 × 100%

年折旧额 =（固定资产原值 − 预计净残值）× 年折旧率

月折旧额 =（固定资产原值 − 预计净残值）× 月折旧率

四、固定资产折旧的账务处理

固定资产折旧的总分类核算，一般应先编制“固定资产折旧计算表”和“固定资产折旧计算汇总表”，然后再据以进行账务处理。“固定资产折旧计算表”由各车间、部门分别编制。在年限平均法下，此表是根据月初各类应计折旧的固定资产原值和分类折旧率计算编制的。为了简化核算工作，在实际工作中，往往根据上月计提的固定资产折旧额，加上上月增加的固定资产应计折旧额，减去上月减少的固定资产应计折旧额，来计算本月的折旧额。

对于各车间、部门编制的“固定资产折旧计算表”，财会部门应进行认真审核，审查应计提折旧的范围、依据和方法是否符合企业会计制度的规定，认真核对表内各数字的计算是否正确。然后，财会部门根据各车间、部门的固定资产折旧计算表，编制整个企业的“固定资产折旧计算汇总表”，作为进行分类核算的依据。

例 6－14：荣锦酒店共包括客房部、餐饮部、洗衣房以及酒店管理部门四个营业部门，2014 年 4 月该酒店计提固定资产折旧的情况如表 6－4 所示。

表 6－4　荣锦酒店 2014 年 4 月折旧计算表

使用部门	固定资产项目	上月折旧额	上月增加固定资产		上月减少固定资产		本月折旧额	分配费用
			原价	折旧额	原价	折旧额		
客房部	房屋	15 000					15 000	主营业务成本
	电子设备	3 000					3 000	主营业务成本
	其他设备	900					900	主营业务成本
	小计	18 900					18 900	
餐饮部	厨房设备	2 000					2 000	主营业务成本
	房屋	12 000	40 000	200			12 200	主营业务成本
	小计	14 000	40 000	200			14 200	
洗衣房	房屋	2 100					2 100	主营业务成本
	清洗设备	14 000			30 000	900	13 100	主营业务成本
	小计	16 100			30 000	900	15 200	

（续表）

使用部门	固定资产项目	上月折旧额	上月增加固定资产		上月减少固定资产		本月折旧额	分配费用
			原价	折旧额	原价	折旧额		
酒店管理部门	房屋建筑	1 200					1 200	管理费用
	运输工具	1 500					1 500	管理费用
	小计	2 700					2 700	
合计		51 700	40 000	200	30 000	900	51 000	

根据上述固定资产折旧计算表编制会计分录如下：

借：主营业务成本——客房部　　18 900

　　　　　　　　——餐饮部　　14 200

　　　　　　　　——洗衣部　　15 200

　　管理费用——酒店管理部门　　2 700

　　贷：累计折旧　　51 000

第五节　固定资产的账务处理

企业在生产经营过程中，对那些不适用或不需要的固定资产可以出售转让，也可以用固定资产对外投资、捐赠、抵偿债务，还可能由于调拨、盘亏等原因发生固定资产的减少。

一、投资转出的固定资产

投资转出的固定资产，应按转出固定资产的账面价值，借记“固定资产清理”科目，按投出固定资产已提折旧，借记“累计折旧”科目，按投出固定资产的账面价值，贷记“固定资产”科目；按投出固定资产应支付的相关税费，借记“固定资产清理”科目，贷记“银行存款”“应交税费”等科目；按“固定资产清理”科目余额，借记“长期股权投资”科目，贷记“固定资产清理”科目。

例6-15：荣锦酒店向外单位投资转出自有的店面房一处，原价为300 000元，已提折旧60 000元。做会计分录如下：

借：固定资产清理　　240 000

　　累计折旧　　60 000

　　贷：固定资产　　300 000

借：长期股权投资 240 000
　　贷：固定资产清理 240 000

二、捐赠转出的固定资产

捐赠转出的固定资产，应按固定资产净值，转入“固定资产清理”科目，对于应支付的相关税费，也应通过“固定资产清理”科目进行归集；按“固定资产清理”科目的余额，借记“营业外支出”科目，贷记“固定资产清理”科目。

例6－16：荣锦酒店将1台账面原值为50 000元，已提折旧为21 000元的干洗设备捐赠给另一单位，捐出时支付运杂费500元。做会计分录如下：

（1）注销捐赠资产价值时：

借：固定资产清理 29 000
　　累计折旧 21 000
　　贷：固定资产 50 000

（2）发生清理费用时：

借：固定资产清理 500
　　贷：库存现金 500

（3）确认相应的营业外支出时：

借：营业外支出——捐赠支出 29 500
　　贷：固定资产清理 29 500

三、盘亏的固定资产

盘亏的固定资产，按其账面价值，借记“待处理财产损溢——待处理非流动资产损溢”科目，按照已计提的折旧，借记“累计折旧”科目，按照其原值，贷记“固定资产”科目。经批准处理后，按照残料价值，借记“原材料”等科目，按照可收回的保险赔偿或过失人赔偿，借记“其他应收款”科目，按科目余额，贷记“待处理财产损溢——待处理固定资产损溢”科目，按照其借方差额，如属于经营损失，借记“管理费用”科目；如属于非正常损失，借记“营业外支出”科目。

例6－17：荣锦酒店盘亏办公用电脑一台，原价5 800元，已提折旧4 800元。做会计分录如下：

（1）盘亏固定资产时：

借：待处理财产损溢——待处理非流动资产损溢 1 000
　　累计折旧 4 800
　　贷：固定资产 5 800

(2)经批准转销时：

借：管理费用　　1 000

　　贷：待处理财产损溢——待处理非流动资产损溢　　1 000

四、出售、报废和毁损等原因减少的固定资产

出售、报废和毁损等原因减少的固定资产，按固定资产账面净值，借记“固定资产清理”科目，按已提折旧，借记“累计折旧”科目，按固定资产原值，贷记“固定资产”科目。

（一）固定资产的出售

企业固定资产主要为本企业生产经营使用，但对某些不需要的资产，也可以转让、出售。

例6－18：荣锦酒店出售不需用的车辆一台，原始价值120 000元，已提折旧45 000元。用银行存款支付清理费用3 000元，取得变卖收入80 000元。做会计分录如下：

(1)转入清理时：

借：固定资产清理　　75 000

　　累计折旧　　45 000

　　贷：固定资产　　120 000

(2)发生清理费用时：

借：固定资产清理　　3 000

　　贷：银行存款　　3 000

(3)取得变卖收入时：

借：银行存款　　80 000

　　贷：固定资产清理　　80 000

(4)结转清理净收益时：

借：固定资产清理　　(80 000－75 000－3 000)2 000

　　贷：营业外收入　　2 000

（二）固定资产的报废和毁损

固定资产到了预计使用年限或因其他特殊原因丧失了生产能力，不能继续使用时，要办理报废手续，转入清理。

例6-19：荣锦酒店一部衣物干洗设备已到规定的使用年限，决定实行报废，该设备的原始价值为40 000元，预计净残值率为3%。清理过程中，实际支付清理费用800元，取得残料变价收入1 800元。做会计分录如下：

该项设备的预计残值=40 000×3%=1 200(元)，由于该设备已到规定的使用年限，故已提折旧数额=40 000-1 200=38 800(元)。

(1)注销固定资产和累计折旧的价值时：

借：固定资产清理　　1 200

　　累计折旧　　38 800

　　贷：固定资产　　40 000

(2)支付清理费用时：

借：固定资产清理　　800

　　贷：银行存款　　800

(3)取得残料变价收入时：

借：银行存款　　1 800

　　贷：固定资产清理　　1 800

(4)结转清理净损失时：

借：营业外支出　　(1 200+800-1 800)200

　　贷：固定资产清理　　200

第六节　固定资产涉及的主要税务问题

1. 折旧未做纳税调整的问题

《中华人民共和国企业所得税法实施条例》规定，企业的固定资产由于技术进步等原因，确需加速折旧的，可以缩短折旧年限或者采取加速折旧的方法；但是，采取缩短折旧年限方法的，最低折旧年限不得低于《企业所得税法实施条例》规定折旧年限的60%。同时，企业当月购置的资产折旧必须从下月开始计提。因此，企业未按会计准则规定的折旧年限和时间而多计提的折旧费用，应当调增利润，并补缴相应的企业所得税。

例6-20：某酒店在2014年1月开始进行生产经营活动，购置了生产厂房、土地、车、家具、电器、电脑等固定资产，账务处理为借记"固定资产"科目，贷记"银行存款"或"库存现金"科目，由于担心资产贬值过快，同时也想增加费用，减少利润，故决定房屋按10年、车辆按8年、家具按2年计提折旧，并且以双倍余额递减法从当月开始计提折旧，当年共计提折旧10万元，年末未做纳税调整。

分析：该酒店计提的折旧是错误的，固定资产折旧年限应按相关法规中规定的各类固定资产分类折旧年限执行。

根据《中华人民共和国企业所得税法实施条例》的规定，除国务院财政、税务主管部门另有规定外，固定资产计算折旧的最低年限如下：

(1)房屋、建筑物，为20年；

(2)飞机、火车、轮船、机器、机械和其他生产设备，为10年；

(3)与生产经营活动有关的器具、工具、家具等，为5年；

(4)飞机、火车、轮船以外的运输工具，为4年；

(5)电子设备，为3年。

2. 未按规定计提固定资产折旧的问题

例6－21：某酒店2014年1月购置了一批食品加工设备，价值21万元，由于技术进步，该设备更新换代较快，因此该酒店考虑采用加速折旧的方法计提折旧，同时还可以多计成本少计利润。从2014年1月开始，该酒店用年数总和法计提折旧，折旧年限为5年，当年实际计提7万元。该酒店当年按利润表反映的利润进行纳税申报，没有进行应纳税所得额的调整。

分析：该酒店出现了以下错误：没有按规定进行纳税调整；没有按规定时间计提折旧。

根据《中华人民共和国企业所得税法实施条例》的规定，固定资产按照直线法计算的折旧，准予扣除。酒店应当自固定资产投入使用月份的次月起计提折旧；停止使用的固定资产，应当自停止使用月份的次月起停止计算折旧。酒店应当根据固定资产的性质和使用情况，合理确定固定资产的预计净残值。固定资产的预计净残值一经确定，不得变更。

因此，该酒店首先应进行账务调整，将2014年1月提取的折旧进行更正，其次在纳税申报时应按直线法与年数总和法计提折旧的差额进行纳税调整。

3. 经营租赁计提折旧的问题

例6－22：某酒店2010年成立，经营场地采用了租赁的方式，此外该酒店还租赁了餐具、餐桌以及烹饪的全套电器设备等，每年支付租金100万元。除餐具没有作为固定资产入账而直接按费用列支外，该酒店将场地费、餐桌以及电器设备等全部按固定资产入账，作为固定资产管理，其账务处理为借记“固定资产”科目，贷记“银行存款”科目，并按月提取折旧，折旧额计入管理费用，年底酒店没有进行任何纳税调整。

分析：该酒店明显错误理解了计提固定资产折旧的范围，租赁的资产中只有融资租赁的资产必须计提折旧，而经营租赁的资产不用计提折旧。

第七节　固定资产涉及的主要审计问题

1. 融资租赁列支费用的问题

例6－23：某酒店由于资金紧张，从某租赁公司融资租赁了6辆运输卡车用于生产物资采购和销售产品的运输，租赁公司为其开具了租赁发票，该酒店将租赁费全额在“管理费用”科目核算。税务机关在对该酒店进行审计时发现该酒店大量报销车辆的费用，但是在固定资产的账上却未发现，经过核实发现该酒店融资租赁固定资产却按经营租赁记账。

分析：该酒店租赁的部分物品是固定资产没有问题，但是融资性租赁固定资产必须按固定资产管理，并计提折旧费用。在遇到这样的审计问题时，需要充分理解相关法律法规的规定，根据范围进行认定即可。在确认融资租赁和经营租赁时，还要根据租赁合同按固定资产租赁时间的长短、金额的大小、到期资产的处理等具体情况分析确定。

现行的《企业会计准则》规定：符合下列一项或者数项标准的，应当认定为融资租赁：①在租赁期届满时，租赁资产的所有权转移给承租人。②承租人有购买租赁资产的选择权，所订立的购买价款预计将远低于行使选择权时租赁资产的公允价值，因而在租赁开始日就可以合理确定承租人将会行使这种选择权。③即使资产的所有权不转移，但是租赁期占租赁资产使用寿命的大部分。④承租人在租赁开始日的最低租赁付款额现值，几乎相当于租赁开始日租赁资产公允价值；出租人在租赁开始日的最低租赁收款额现值，几乎相当于租赁开始日租赁资产公允价值。⑤租赁资产性质特殊，如果不做较大改造，只有承租人才能使用。

2. 违规提取超龄固定资产折旧的问题

例6－24：某酒店的固定资产按照直线法计提折旧。税务机关在审计时发现，2013年该酒店计提的累计折旧只有8万元，但是2014年却猛增到12万元。查阅酒店当年的固定资产台账，并未发现购买任何资产，酒店存在随意增加折旧额的现象。税务机关对固定资产明细账进行细致审核，发现固定资产的净额中出现“红字”，由此该酒店超龄使用的固定资产继续提取折旧的事实得以曝光。

分析：该酒店为了多计费用、调节利润，在原来固定资产已经计提折旧完毕后还在计提折旧。审计这类问题要关注固定资产的折旧年限(期限)。这类问题可以分为以下两种情况：

(1)在固定资产无增减变动的情况下：采用直线折旧法进行折旧的企业，其每年各月提取的折旧额基本是一致的，较平稳。在审计时，应以“累计折旧”账户为中心，如果在某月发现该账户的贷方发生额陡然增加，就应将偏高月份的固定资产折旧计算表与相邻月份的分类计提基数、折旧额逐项对照分析，进一步查明有无虚增固定资产或者提高折旧率以及计算误差等情况。

(2)在固定资产有增减变动的情况下：审核投入固定资产有无在当月计提折旧。审计时，根据“固定资产”账户借方统计出本月增加的固定资产金额，再根据“累计折旧”账户贷方确定本月折旧的增加数，据此判断当月新增的固定资产是否提取了折旧；同时对停止使用的固定资产，看有无在次月停止计提折旧。

此外，要注意审核超龄使用的固定资产有无继续提取折旧的情况。按照规定，对已提足折旧的固定资产不再提取折旧。正常情况下，折旧总额等于该项固定资产原值加上预计清理费减去预计净残值，即固定资产原值大于已提折旧的折旧额。对于超龄使用固定资产是否继续提取折旧，可直接审查固定资产卡片或固定资产明细分类账。如果该账户反映固定资产的净额出现“红字”，那么就是多提了折旧，就应做利润调整。

3. 固定资产成本核算不实的问题

例 6－25：某酒店 2013 年从外地购买了一批固定资产，共花费了 52 万元。其中固定资产的买价是 49 万元，运输费、安装费等是 3 万元。酒店将其中 49 万元作为固定资产入账价值，而其他杂费直接列入管理费用。2014 年该酒店以部分家具没有使用为借口，将这部分家具按原值与折旧的差额 12 万元直接列支费用。税务机关在对该酒店进行审计时，发现其固定资产原值构成和调整不符合规定，要求其补交欠缴的税款。

分析：审计各类新增固定资产原值构成是否真实、合法，主要查看：

(1)有无购入、融资租入固定资产的运输费、安装费、保险费等挤占生产成本或其他费用。

(2)自用自建工程中支付的料、工、费是否列入成本费用。

(3)固定资产盘盈处理是否符合规定。

(4)要审计企业有无任意调整已入账的原值，按照规定，固定资产的价值确定后，除 4 种特殊情况外，一般不得随意调整。

①国家统一规定的清产核资。

②将固定资产的一部分拆除。

③固定资产发生永久性损害，经有关部门审核，可调整到该固定资产可收回金额，并确定损失。

④根据实际价值调整原暂估价值或发现原计价有错误。

如果不符合这 4 个条件，擅自调整固定资产账面价值，必然影响折旧的计算基础。因此，应通过审计企业提供的固定资产明细分类账、原始凭证，核实入账的固定资产价值是否真实。

审计小贴士之三：账外固定资产的审计

一、账外固定资产的形成

固定资产包括企业用于生产经营的房屋、建筑物、机器、机械、运输工具等。账外固定资产，是指属于本单位所有但未纳入本单位固定资产账目核算的固定资产。对于酒店餐饮企业而言，经营用房屋、室内服务用电子设备、餐饮设备是其主要的固定资产。

账外固定资产的形成主要有两种途径，一是取得固定资产不入账；二是把账内固定资产通过各种方式转到账外。

（一）取得固定资产不入账

取得固定资产不记入固定资产账目，具体有以下几种情况，如图6－4所示。

取得固定资产不入账的情况

- 接受捐赠的固定资产不入账。对外国组织、有关机构或团体等捐赠的固定资产不入账，有意逃避财务控制。这种舞弊行为容易发生在行政机关、事业单位、从事公用事业的企业
- 用“小金库”购入的固定资产不入账
- 对外投资以固定资产形式分回的利润不入账。接受投资的单位以房产、汽车等固定资产形式分配利润时，对外投资单位不入账。这种舞弊行为容易发生在有对外投资的单位
- 罚没固定资产不入账。特指有执法职能的行政机关将执法中罚没的部分固定资产不入账
- 盘盈的固定资产不入账。盘盈的固定资产不在账务中反映
- 以物抵债收回的固定资产不入账。债务人以固定资产清偿所欠债务，而债权人未将此项固定资产记账。这种舞弊行为容易发生在应收、预付款项较多且账龄时间较长的单位
- 虚列工程支出形成账外固定资产。在自营基建工程中利用多列、虚列工程支出等手段购建的固定资产不入固定资产账。这种舞弊行为容易发生在有自营建设工程的单位
- 故意混淆资本性支出和收益性支出界线，以各种名义在费用、专项资金中列支固定资产。如以维修费、租赁费、购配件和购低值易耗品等名义购建固定资产，并直接在管理费用、制造费用、经营费用等费用科目或专项资金中列支，形成账外固定资产
- 其他

图6－4　取得固定资产不入账的情况

(二)把账内固定资产转至账外

把账内固定资产转移至账外有以下几种情况，如图6－5所示。

把账内固定资产转移至账外的情况

- 虚报盘亏将固定资产转至账外。即将账内的固定资产通过虚报盘亏的方式转移账外。这种舞弊行为容易出现在固定资产定期盘点、报废制度不健全的单位
- 虚报固定资产毁损或在固定资产到报废期时，将仍有使用价值的固定资产转入固定资产清理，借机将固定资产转至账外
- 以其他形式把账内固定资产转至账外

图6－5　把账内固定资产转移至账外的情况

二、账外固定资产的审计方法

被审计单位形成账外固定资产的动机主要有：为使固定资产脱离财务控制，便于个人所用或消费，或将其出租、出售和投资，并把取得的收入放入“小金库”；将本应计入固定资产的支出直接计入期间费用或在专项资金中列支等，从而逃避有关部门对固定资产购置的控制或操纵利润水平等。因此，审计人员应加强对单位高层人士的监督，如所乘坐的汽车、居住的房屋等，分析被审计单位的利润水平，从中发现线索。

从账外固定资产形成的方式看，一种是与账面记录有联系，即将应记入固定资产的支出列入其他科目，或将账内固定资产转至账外；另一种是与账面记录没有联系的，如接受捐赠、投资和罚没等取得固定资产或用“小金库”等账外资产取得的固定资产。审计人员应区别不同情况，从账面资料或会计资料以外的其他资料中捕捉线索，查找账外固定资产。

(一)有举报时的审计方法

在实际工作中，审计人员往往会接到有关人员提供的线索或举报，如收到署名“一个知情人”或“职工某某”的检举信，其中揭发某单位领导伙同会计虚报固定资产毁损，将固定资产转移账外并进行投资。对这种举报，审计人员如果向该单位领导直接调查，将引起对方的警惕，增加审计的难度。所以，一般应采取重点账目审查、实地观察、盘点、外围调查等审计方法。审计人员应首先查阅固定资产、固定资产清理、待处理财产损溢、营业外支出等重点账目，找出举报时期的固定资产毁损账务处理；然后检查固定资产“报废申请书”“报废清理单”及事故报告等，验证报废、毁损的真实性；在此基础上，向被审计单位领导、固定资产保管人员及有关经手人员了解情况；最后再实地调查，查看固定资产是否真实存在，核对报废、毁损的技术鉴定。

在发现疑点后，若被审计单位领导或有关人员拒绝配合，审计人员可采取以下步骤进行外围调查。首先，通过工商部门查找接受固定资产投资的单位所在地址、电话，再登门向对方单位了解情况、查阅相关账簿及凭证，取得充分的证据。第二步，审计人员可与被审计单位的领导直接交锋，以详实的证明材料开展攻心战，迫使其交代虚报毁损、设置账

外固定资产并进行账外投资的真实情况。

（二）无举报时的审计方法

1. 了解被审计单位基本情况，分析形成账外固定资产的固有风险，判断其有无形成账外固定资产的动机。

2. 了解被审计单位相关内部风险控制情况，必要时进行符合性测试，分析和评价内部风险控制的弱点。

内部风险控制制度的健全程度与执行情况和账外固定资产舞弊现象的发生有密切的关系。审计人员应关注被审计单位的相关内部风险控制制度，需特别注意以下问题，如图6－6所示。

关注内部风险控制制度应注意的问题

- 不相容职务是否分离。主要是固定资产保管与记账分离，固定资产采购与授权批准分离，固定资产采购与验收分离
- 记录控制是否健全。是否建立固定资产实物保管账、固定资产卡片、固定资产明细分类账和总分类账，财会部门是否设立固定资产登记簿，各项记录有无定期核对
- 凭证传递手续是否健全。固定资产的增减变动是否办理相应的手续、填制相关的凭证：采购时，是否有采购计划、审批手续、采购合同；入库时，是否有验收手续；平时，有无定期盘点、巡回检查制度和记录；报废时，有无技术部门鉴定，是否填制固定资产报废单

图6－6　关注内部风险控制制度应注意的问题

3. 进行分析性复核，了解被审计单位固定资产、成本费用、利润水平等有无异常变动情况。

4. 根据了解的情况做出分析，估计可能形成的账外固定资产，确定审计方法。

5. 根据所获得的审计线索，实施详细测试，以收集充分确凿的审计证据。

一般来说，可采用以下审计方法：

(1)将固定资产总账与固定资产明细账、固定资产卡片核对，并现场抽查盘点固定资产，确认是否账实相符，有无账外固定资产。根据被审计单位定期盘点制度健全程度或记录管理规范程度，合理确定盘点范围。操作中应从明细账中抽取部分项目检查其实物是否存在；同时抽查部分固定资产实物，与固定资产明细账核对，检查是否已记录在固定资产明细账中。

(2)通过观察询问等方式，查阅有关会议记录、合同协议、盘盈清单等，了解有无接受投资、捐赠、罚没和盘盈等形成固定资产的情况，并与账面记录核对。如发现“小金库”，检查“小金库”的来源有无来自账外固定资产出租、出售或投资的情况，以及有无用“小金库”购置固定资产的情况。

(3)结合管理费用、制造费用、经营费用、低值易耗品、在建工程、应收款项和专项资金支出等的审计，查明有无应计入固定资产而未计入的情况。

审查中应注意：固定资产的维修是否正常，有无假借日常维修之机，利用开具假发票等手段，购置账外固定资产；固定资产与低值易耗品在会计核算上是否分开，有无假借购置低值易耗品名义，购置账外固定资产；对单位购建或自行建设的房屋、库房、大型设备等，应检查工程预算、决算报告，看有无虚列工程支出形成的账外固定资产；对长期未收回的应收和预付款项，应向有关当事人了解情况或函证，以查证有无债务人以固定资产抵偿债务而债权单位未入账；检查对专项资金支出中列支的大额支出，检查有无利用专项资金支出形成的固定资产而不计入固定资产的情况。

(4)检查固定资产盘亏、毁损和报废情况，审查固定资产盘亏和报废申请、事故报告、报废清单等，验证盘亏、报废和毁损的真实性。若固定资产仍在现场，必须及时查验，看其是否确属已报废、毁损；若固定资产已不存在，应了解其去向，检查是否假借报废、毁损之名而形成账外固定资产。

6. 对取得的审计证据进行综合分析和评价，形成初步审计结论，并记录在审计工作底稿中。

7. 与被审计单位有关人员进行沟通，征求他们对初步审计结论的意见。

8. 做出审计结论与审计决定。

第七章
小微酒店餐饮企业无形资产和长期待摊费用的会计核算

第一节 无形资产

一、无形资产的概述

（一）无形资产的概念与特征

无形资产是指企业为生产产品或者提供劳务、出租给他人或为管理目的而持有的、没有实物形态的非货币性长期资产，如商标权、专利权、非专利技术、特许经营权、著作权、土地使用权等。

自行开发建造厂房等建筑物，相关的土地使用权与建筑物应当分别进行处理。外购土地及建筑物支付的价款应当在建筑物与土地使用权之间按照合理的方法进行分配；难以合理分配的，应当全部作为固定资产。

无形资产与其他的资产相比具有以下特征，如表 7－1 所示。

表 7－1 无形资产具有的特征

特征	内容
非实体性	一方面无形资产没有人们感官可感触的物质形态，只能从观念上感觉它。它或者表现为人们心目中的一种形象，或者以特许权形式表现为社会关系范畴；另一方面，它在使用过程中没有有形损耗，报废时也无残值
垄断性	无形资产的垄断性表现在以下几个方面：有些无形资产在法律制度的保护下，禁止非持有人无偿地取得；排斥他人的非法竞争。如专利权、商标权等；有些无形资产的独占权虽不受法律保护，但只要能确保密秘不泄露于外界，实际上也能独占，如专有技术，秘诀等；还有些无形资产不能与企业整体分离，除非整个企业产权转让，否则别人无法获得，如商业信誉
不确定性	一方面，无形资产的有效期受技术进步和市场变化的影响很难准确确定；另一方面，有效期不稳定

（续表）

特征	内容
共享性	是指无形资产有偿转让后，可以由几个主体同时共有，而固定资产和流动资产不可能同时在两个或两个以上的企业中使用，例如，商标权受让企业可以使用，同时出让企业也可以使用
高效性	无形资产能给企业创造远远高于其成本的经济效益。企业拥有的无形资产越丰富，则其获利能力越强，反之，企业拥有的无形资产越短缺，则企业的获利能力就越弱，市场竞争力也就越差

（二）无形资产的内容

无形资产的内容如表7－2所示。

表7－2　无形资产的内容

无形资产	内容
专利权	是指国家专利主管机关依法授予发明创造专利申请人对其发明创造在法定期限内所享有的专有权利，包括发明专利权、实用新型专利权和外观设计专利权等
非专利技术	也称专有技术，是指不为外界所知、在生产经营活动中已采用了的、不享有法律保护的、可以带来经济效益的各种技术和经验。非专利技术一般包括工业专有技术、商业贸易专有技术和管理专有技术等
商标权	商标是用来辨认特定的商品或劳务的标记。商标权指专门在某类指定的商品或产品上使用特定的名称或图案的权利。商标权包括独占使用权和禁止权两个方面。独占使用权指商标权享有人在商标的注册范围内独家使用其商标的权利；禁止权指商标权享有人排除和禁止他人对商标独占使用权进行侵犯的权利
著作权	又称版权，指作者对其创作的文学、科学和艺术作品依法享有的某些特殊权利。著作权包括两方面的权利，即精神权利（人身权利）和经济权利（财产权利）。前者指作品署名、发表作品、确认作者身份、保护作品的完整性、修改已经发表的作品等项权利
土地使用权	指国家准许某企业在一定期间内对国有土地享有开发、利用、经营的权利。根据我国土地管理法的规定，我国土地实行公有制，任何单位和个人不得侵占、买卖或者以其他形式非法转让。企业取得土地使用权的方式大致有行政划拨取得、外购取得和投资者投入取得等几种形式
特许权	又称经营特许权或专营权，指企业在某一地区经营或销售某种特定商品的权利或是一家企业接受另一家企业使用其商标、商号、技术秘密等的权利。前者一般是由政府机构授权，准许企业使用或在一定地区享有经营某种业务的特权，如水、电、邮电通讯等专营权，烟草专卖权等；后者指企业间依照签订的合同，有限期或无限期使用另一家企业的某些权利，如连锁分店使用总店的名称等

二、无形资产的确认与计量

（一）无形资产的确认

无形资产确认是指将符合无形资产确认条件的项目，作为企业的无形资产加以记录并将其列入企业资产负债表的过程。企业要确认某项资产为无形资产，首先必须符合无形资产的定义，其次还要符合下面两个条件，如图7－1所示。

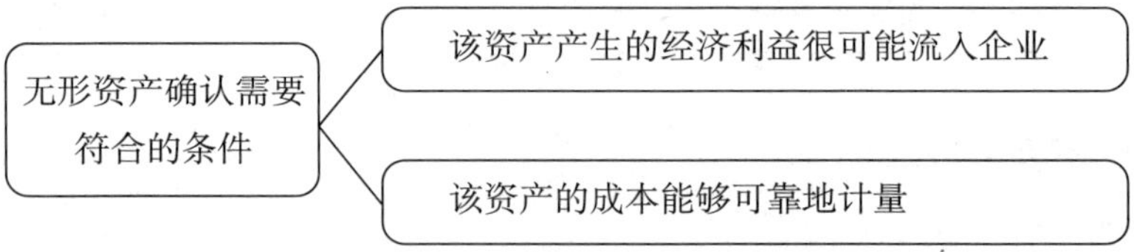

图7－1　无形资产确认需要符合的条件

（二）无形资产的计量

《小企业会计准则》按无形资产取得方式的不同，对无形资产成本的确定做了明确的规定。如图7－2所示。

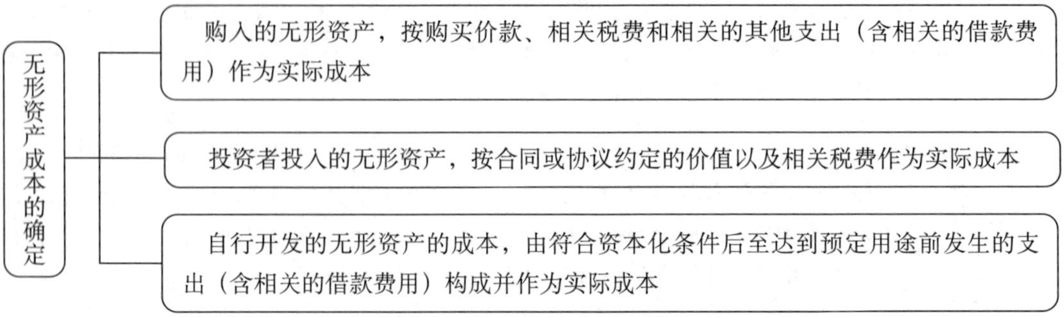

图7－2　无形资产成本的确定

三、无形资产的账务处理

企业应设置“无形资产”账户核算无形资产的取得、价值摊销及处置等。该账户是资产类账户，其借方反映企业所取得的各种无形资产的价值，贷方反映企业无形资产的价值摊销和处置，余额在借方，反映尚未摊销的无形资产价值。该账户按无形资产的类别设置明细账户进行明细核算。

（一）无形资产的取得

1. 购入的无形资产

企业购入无形资产时，应按实际支付购买价款、相关税费和相关的其他支出（含相关的利息费用），借记“无形资产”科目，贷记“银行存款”“应付利息”等科目。其中，相关的其他支出包括使无形资产达到预定用途前所发生的专业服务费用、测试无形资产是否能够正常发挥作用的费用等。

例7－1：荣锦酒店购买某服务品牌的使用权10年(以连锁加盟的形式)，价款为350 000元。发生业务洽谈、技术考察等相关费用9 800元，价款已从银行存款中付讫。做会计分录如下：

借：无形资产——专利权　　359 800

　　贷：银行存款　　359 800

2. 投资者投入的无形资产

按投资各方确认的价值和相关税费作为实际成本。进行账务处理时借记"无形资产"科目，贷记"实收资本""资本公积"等科目。

例7－2：荣锦酒店收到某股东投入的一项专利技术，合同约定的价值为360 000元。根据该经济业务，该酒店做会计分录如下：

借：无形资产　　360 000

　　贷：实收资本　　360 000

3. 自行开发取得的无形资产

《小企业会计准则》规定，小企业自行开发的无形资产的成本，由符合资本化条件后至达到预定用途前发生的支出(含相关的借款费用)构成，借记"研发支出"科目，贷记"银行存款"等科目。开发项目达到预定用途形成无形资产的，按照应予资本化的支出，借记"无形资产"科目，贷记"研发支出"科目。

《小企业会计准则》规定，小企业自行开发无形资产发生的支出，同时满足下列条件的，才能确认为无形资产：

(1)完成该无形资产以使其能够使用或出售在技术上具有可行性；

(2)具有完成该无形资产并使用或出售的意图；

(3)能够证明运用该无形资产生产的产品存在市场或无形资产自身存在市场，无形资产将在内部使用的，应当证明其有用性；

(4)有足够的技术、财务资源和其他资源支持，以完成该无形资产的开发，并有能力使用或出售该无形资产；

(5)归属于该无形资产开发阶段的支出能够可靠地计量。

例7－3：荣锦酒店为研制一项关于自制啤酒的专利技术发生研发费用100 000元，此处的研发费用符合资本化条件。在申请专利过程中发生专利登记费30 000元，律师费8 900元，现该酒店已取得这项专利权，则应做会计分录如下：

(1)研发过程发生的费用：

借：研发支出——专利权　100 000

　　贷：银行存款　100 000

(2)申请专利所有权时发生的费用：

借：无形资产——专利权　38 900

　　贷：银行存款　38 900

(3)取得专利权后：

借：无形资产——专利权　100 000

　　贷：研发支出——专利权　100 000

4. 自行开发建造的厂房等建筑物

外购土地及建筑物支付的价款应当在建筑物与土地使用权之间按照合理的方法进行分配，其中属于土地使用权的部分，按照实际支付的价款，借记“无形资产”科目，贷记“银行存款”等科目。

例7－4：荣锦酒店以590 000元的价格购得一块荒地的使用权，欲开发建造娱乐城。则取得土地使用权时，做会计分录如下：

借：无形资产——土地使用权　590 000

　　贷：银行存款　590 000

(二)无形资产的摊销

无形资产应当自取得当月起按直线法分期平均摊销，计入损益。其摊销年限应按以下原则确定，如图7－3所示。

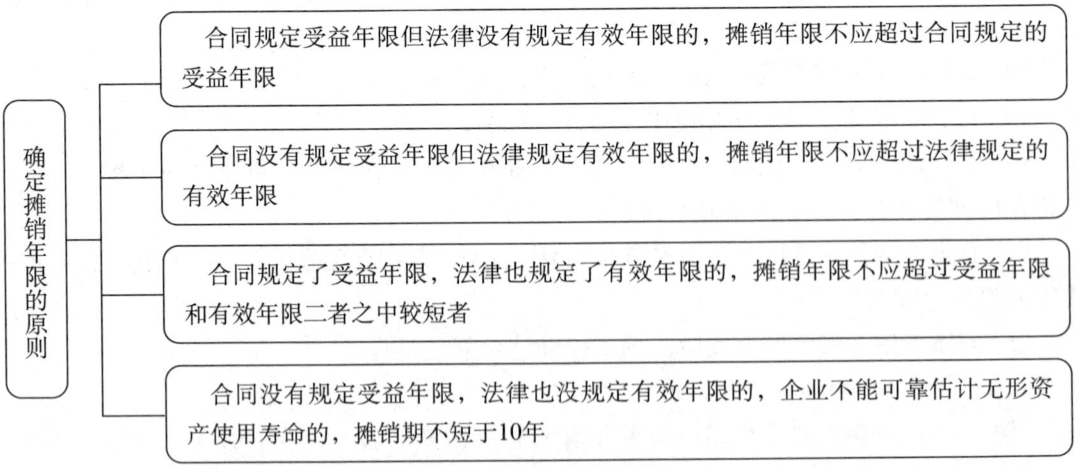

图7－3　确定摊销年限的原则

企业一般按月进行账务处理，因此，企业应当按月对无形资产进行摊销，自无形资产可供使用(即其达到预定用途)当月起开始摊销，处置当月不再摊销。

无形资产的摊销额一般应当计入当期损益，企业自用的无形资产，其摊销金额计入管理费用；出租的无形资产，其摊销金额计入其他业务成本；某项无形资产包含的经济利益通过所生产的产品或其他资产实现的，其摊销金额应当计入相关资产的成本。

例 7-5：荣锦酒店 2014 年取得的一项著作权，有效年限为 10 年，该著作权入账价值为 72 000 元，则做会计分录如下：

月摊销额 = 无形资产价值 ÷ (摊销年限 × 12) = 72 000 ÷ (10 × 12) = 600(元)。

借：管理费用——无形资产摊销	600	
贷：累计摊销		600

(三)无形资产的处置

因出售、报废、对外投资等原因处置无形资产，应当按照取得出售无形资产的价款等处置收入，借记“银行存款”等科目，按照其已计提的累计摊销，借记“累计摊销”科目，按照应支付的相关税费及其他费用，贷记“应交税费——应交营业税”“银行存款”等科目，按照其成本，贷记“无形资产”科目，按照其差额，贷记“营业外收入——非流动资产处置净收益”科目或借记“营业外支出——非流动资产处置净损失”科目。

例 7-6：荣锦酒店将一项专利权出售，取得收入 200 000 元，该专利权的账面余额为 150 000 元，应交的营业税为 10 000 元。做会计分录如下：

借：银行存款	200 000	
贷：无形资产——专利权		150 000
应交税费——应交营业税		10 000
营业外收入——非流动资产处置净收益		40 000

第二节　长期待摊费用

一、长期待摊费用的概念及内容

长期待摊费用是指企业已经支出、但摊销期限在 1 年以上(不含 1 年)的各项费用，包括已提足折旧的固定资产的改建支出、经营租入固定资产的改建支出、固定资产的大修理支出和其他长期待摊费用等。

固定资产的大修理支出，是指同时符合下列条件的支出：

(1)修理支出达到取得固定资产时的计税基础 50% 以上；

(2)修理后固定资产的使用寿命延长2年以上。

二、长期待摊费用的账务处理

长期待摊费用应当单独核算，在费用项目的受益期限内分期平均摊销。已提足折旧的固定资产的改建支出，按照固定资产预计尚可使用年限分期摊销；经营租入固定资产的改建支出，按照合同约定的剩余租赁期限分期摊销；固定资产的大修理支出，按照固定资产尚可使用年限分期摊销；其他长期待摊费用，自支出发生月份的下月起分期摊销，摊销期不得低于3年。

企业发生的长期待摊费用，借记“长期待摊费用”科目，贷记“银行存款”“原材料”等科目。摊销时，应按月采用年限平均法，按照长期待摊费用的受益对象，借记“制造费用”“管理费用”等科目，贷记“长期待摊费用”科目。

例7-7：荣锦酒店年初对办公用房进行修理，领用修理备件及维修材料300 000元（暂不考虑增值税进项税额转出），以银行存款支付修理人员工资60 000元，修理费用总额360 000元，费用在两年内平均摊销。做会计分录如下：

借：长期待摊费用	360 000	
贷：原材料		300 000
应付职工薪酬		60 000
借：应付职工薪酬	60 000	
贷：银行存款		60 000

每月摊销时：

每月摊销费用=360 000÷2÷12=15 000(元)。

借：管理费用	15 000	
贷：长期待摊费用		15 000

第三节　无形资产和长期待摊费用涉及的主要税务问题

无形资产是企业拥有或者控制的没有实物形态的可辨认非货币性资产。长期待摊费用是指企业已经支出、但是摊销期限在1年以上的各项费用。在会计核算中，涉及无形资产和长期待摊费用的税务问题主要表现在摊销年限、长期待摊费用与固定资产的划分等方面。

1. 改造固定资产虚列费用的问题

例7-8：某酒店2012年1月份购置了一栋房产用于扩大酒店客房，固定资产入账价值为100万元，折旧按12年平均进行摊销。2014年3月15日，该酒店对该房产进行改建，改变了房屋整体结构，共花费了30万元。该酒店将这笔花销全部记入“长期待摊费用”科目，按3年进行摊销，年末未进行纳税调整。

分析：该酒店未界定清楚长期待摊费用与固定资产的界限，将原本是在固定资产核算的支出列入长期待摊费用，导致虚增费用、利润减少。

根据《企业所得税法》及其《企业所得税法实施条例》的规定，未足额提取折旧的固定资产的改建支出不属于长期待摊费用，按照规定除了已足额提取折旧的固定资产和以经营租赁方式租入的固定资产外，企业所拥有的固定资产，仍然具有可利用价值，仍然在计算折旧时予以扣除。而这时企业用于对这些固定资产的改建支出，将增加固定资产的价值或者延长固定资产的使用年限，其性质属于资本化投入，应计入固定资产原值，按规定提取折旧后进行扣除，而不是作为长期待摊费用分期摊销。改建的固定资产延长使用年限的，除了属于已足额提取折旧的固定资产和租入的固定资产外，应适当延长固定资产的折旧年限。

2. 无形资产违规摊销的问题

例7-9：某酒店在2012年取得200多万元的土地所有权，列“无形资产——土地”科目，按土地使用证的使用年限进行摊销，每月摊销2 000元。2014年1月1日，该酒店在这块土地上进行酒店的建设，至2014年12月31日该工程仍在进行中，当年土地实际摊销3.6万元。

分析：在这个案例中，该酒店在进行酒店开发时，未将摊余的无形资产账面价值转移至“在建工程”科目，致使利润虚减，少缴了企业所得税。

根据《小企业会计制度》规定：小企业购入或以支付土地出让金方式取得的土地使用权，在未开发或者建造自用项目前，作为无形资产核算，待该项土地开发时再将其账面价值转入相关的在建工程。

因此，该酒店应将已摊销的无形资产予以冲回，将土地所有权的账面价值转入“在建工程”科目等相应的工程成本中。

3. 违规摊销费用的问题

例7-10：某酒店2012年1月以每年10万元的租金租赁某废弃餐厅作为生产经营场所，租赁期为8年。开始经营时，该酒店只是购置了电器设备、餐桌等，并未进行装修。2014年3月，该酒店为改善工作环境，决定对餐厅进行重金改建装修，共耗资100余万元。由于不是本酒店的固定资产，该酒店决定按管理费用直接摊销，账务处理为借记“管理费用”科目，贷记“银行存款”或“库存现金”科目，年末酒店未进行任何纳税调整。

分析：该酒店一次性进行摊销改建装修费用，并未按税法规定进行处理。

根据《企业所得税法》的规定：“租入固定资产的改建支出应作为长期待摊费用。”同时，根据《企业所得税法实施条例》的规定：“该法第十三条第（四）项所称其他应当作为长期待摊费用的支出，自支出发生月份的次月起，分期摊销，摊销年限不得低于3年。”

因此，该酒店应当按照合同规定的剩余租赁年限进行摊销，就其多摊销的部分进行纳税调整。

4. 违规延长无形资产年限的问题

例7-11：某酒店2014年3月1日向A公司购买某项专有技术，支付价款为240万元，双方合同约定该项专有技术的收益年限为8年。根据相关法律规定，该项无形资产的有效使用年限为10年。该酒店认为使用时间不止10年，决定按12年进行摊销。

分析：该案例中，酒店摊销年限的选择既超过了合同规定的受益年限，也超过了法律规定的有效年限，致使当年费用少计、利润虚增。

根据相关规定：无形资产的成本，应当自取得当月起在预计使用年限内平均摊销。如果预计使用年限超过了相关合同规定的受益年限或法律规定的有效年限，摊销年限不应超过受益年限和有效年限二者之中较短者；合同规定了受益年限但是法律没有规定有效年限的，摊销年限不应超过受益年限；合同没有规定受益年限但是法律规定了有效年限的，摊销年限不应超过有效年限。如果合同没有规定受益年限，法律也没有规定有效年限的，摊销年限不应超过10年。

因此，该酒店应按受益年限和有效年限二者之中较短者8年进行摊销。

第四节　无形资产和长期待摊费用涉及的主要审计问题

1. 无形资产核算不实的问题

例7-12：某酒店为小微酒店餐饮企业，在2014年11月份与B公司签订了协议，将本酒店的专有技术出售给B公司，双方协议价格250万元，B公司于12月5日预付了150万元价款。B公司在取得该无形资产后，又转手出租给了C公司，出租协议价款为100万元，为避免缴纳税款，B公司要求C公司将款项直接支付给该酒店，抵顶欠款。B公司无形资产实际入账价值为150万元。审计人员在审计该酒店相关账务时，发现该酒店处置某一项无形资产时，其价款却来自不同企业，经询问该酒店得知该资产只出售给了B公司。酒店出示了合同原本，双方成交价格为250万元，由此发现B公司隐藏收入100万元的事实。

分析：在这个案例中，B公司采取了收入不入账的操作手法，但是合同却露了马脚，其购买的无形资产没有按规定要求入账。无形资产是公司为了生产、经营由股东投入、自行创造、购入等方式而持有的没有实物形态的，但在一定期间能为公司带来经济利益流入的非货币性的长期资产。

在会计和审计实务中，无形资产的确认应符合以下特性：

(1)无形资产不具有实物形态。

(2)无形资产属于非货币性长期资产。

(3)无形资产持有的目的是使用而不是出售。

(4)无形资产在创造经济利益方面存在不确定性。

(5)无形资产取得具有有偿性。

根据有关规定：自行开发并依法申请取得的无形资产，其入账价值应按依法取得时发生的注册费、律师费等费用确定；依法申请取得前发生的研究与开发费用，应于发生时确认为当期费用。无形资产在确认后发生的支出，应在发生时确认为当期费用。企业出租无形资产时，所取得租金应按规定予以确认；同时，还应确认相关的费用。

由于无形资产的价值具有相对的不确定性，在审计中必须对其存在性、归属性和会计处理的合法性给予一定的关注。无形资产的审计可采用以下特殊审计程序：

(1)索取并审阅被审计单位无形资产明细账，逐一检查与无形资产相关的文件、资料，了解其内容和计价依据、所有权等。

(2)审查无形资产当年增加的科目，关注入账价值中资本化支出和费用的划分是否合理。

(3)审查无形资产摊销期间估计的合理性及其本期摊销是否正确、账务处理是否合规。

(4)审核本期无形资产转让、出租等处置的合法性及其账务处理。

(5)检查无形资产在资产负债表中是否适当披露。

2. 固定资产化整为零违规列支的问题

企业存在将购入的固定资产不记账而是以长期待摊费用的形式列示的情况。

例7－13：审计人员到某酒店进行检查，发现尽管该酒店的经营情况良好，营业收入也稳步增长，但多年来账面上固定资产的规模并未同步扩大，盈利情况也不理想，酒店所得税的税负明显偏低。审计人员进一步检查发现账面上新增固定资产确实很少，但对固定资产的大修理支出却特别多，而且长期待摊费用账户还有大量未摊销的大额修理费，相关凭证显示大额修理费全部是固定资产的部件和配件。审计人员立即针对固定资产明细账核对所有固定资产，该酒店以大修理的名义将购进的部分固定资产化整为零的违规问题终于浮出水面。

分析：在这个案例中出现的将固定资本采取化整为零的方式在现实中比较常见，但由于酒店账面核算清晰规范，具有一定的迷惑性，检查人员从账面上很难发现问题。将购进的固定资产化整为零并以大额修理费的名义列支，检查人员从账面上虽一时无法判断大额修理费的真假，但可以倒过来检查被化整为零的机器设备。因为机器设备的成本虽可以很快从账面上摊销，但其实物形态不可能很快消除，只要企业还在使用，检查生产车间并盘点实物资产，就很容易发现企业已做费用列支而账面上没有记载的这些账外机器设备。所以，检查类似问题时，检查人员不应拘泥于会计账簿和凭证，而应采取账实核对的方法，这样就很容易发现疑点并抓住问题的突破口，取得事半功倍的效果。检查时，不仅要贯彻账实核对的思路，充分关注是否存在有账无物或有物无账等问题，还要仔细核对和分析实物的品名、规格和批次，不能仅核对数量敷衍了事。

第八章
小微酒店餐饮企业流动负债的会计核算

第一节 应付账款与应付票据

一、应付账款

应付账款是指因购买材料、商品或接受劳务供应等而发生的应付给供应单位的款项。这是买卖双方在购销活动中由于取得材料、商品或接受劳务与支付货款在时间上不一致而产生的负债。

（一）应付账款的入账时间

应付账款的入账时间应以采购物资所有权转移至本单位的时间或实际上已接受约定劳务的时间为标志。所谓所有权转移至本单位，是指物资到达验收入库，或依合同规定物资所有权已发生转移。但在实际工作中，应区别情况做不同处理：

（1）在物资和发票账单同时到达的情况下，应付账款一般待物资验收入库后，才按发票账单登记入账。这主要是为了确认所购入的物资是否在质量、数量和品种上都与合同上订明的条件相符，以免因先入账而在验收入库时发现购入物资错、漏、破损等问题再行调账。

（2）在物资和发票账单不是同时到达的情况下，由于应付账款要根据发票账单登记入账，有时候货物已到发票账单要间隔较长时间才能到达，但由于这笔负债已经成立，应作为一项负债反映。为在“资产负债表”上客观反映企业所拥有的资产和承担的债务，在实际中采用在月份终了将所购物资和应付账款估计入账，待下月初再用红字予以冲回的办法。

（二）应付账款的入账金额

应付账款按发票上记载的金额入账。若存在折扣，应视下面两种情况做分别处理：

（1）如果存在商业折扣，购货方应根据发票价格即扣除了商业折扣后的金额入账。

（2）如果存在现金折扣，购货方应根据发票上记载的应付金额即未扣除现金折扣的金额入账，待实际发生折扣时，再将折扣的金额计入当期财务费用。

（三）应付账款的账务处理

为了核算企业因购买材料、商品和接受劳务供应等而产生的应付账款及其偿还情况，应设置“应付账款”科目。该科目借方反映已经支付或已转销的款项，贷方反映单位应支付的款项，期末贷方余额反映企业尚未支付的应付账款。

企业购入材料、商品等，待验收入库且款项未支付时，根据有关凭证借记“原材料”“库存商品”等科目，按专用发票上注明的增值税额，借记“应交税费——应交增值税（进项税额）”等科目，按该两项科目的合计金额，贷记“应付账款”科目。

企业接受外单位提供劳务，根据供应单位的发票账单，借记“生产成本”“管理费用”等科目，贷记“应付账款”科目。支付款项时，借记“应付账款”科目，贷记“银行存款”科目。若企业以商业汇票抵付应付账款，则借记“应付账款”科目，贷记“应付票据”科目。

应付账款应在短期内支付，若有些应付账款由于债权单位撤销或其他原因导致无法支付，应转入营业外收入，借记“应付账款”科目，贷记“营业外收入”科目。

为了加强对应付账款的管理，企业应按供货单位设置“应付账款”科目的明细账，进行明细核算。

例8－1：2014年9月30日，荣锦酒店向A公司购入材料一批，价款为50 000元，增值税为8 500元，付款条件为“2/10，1/20，n/90”。材料已验收入库，贷款尚未支付。做会计分录如下：

（1）购入材料时：

借：原材料　　50 000

　　应交税费——应交增值税（进项税额）　　8 500

　　贷：应付账款　　58 500

（2）如果该酒店在10月5日付款，则可享受2%的折扣，只需付款：50 000×（1－2%）+8 500=57 500（元）。

借：应付账款　　58 500

　　贷：银行存款　　57 500

　　　　财务费用　　1 000

（3）如果该酒店在11月15日付款，则不再享受折扣时：

借：应付账款　　58 500

　　贷：银行存款　　58 500

（4）如果A公司在11月13日被撤销，导致该酒店无法支付这笔贷款时：

借：应付账款　　58 500

　　贷：营业外收入　　58 500

二、应付票据

应付票据是由出票人出票、委托付款人在指定日期无条件支付确定的金额给收款人或者持票人的票据。应付票据也是委托付款人允诺在一定时期内支付一定款项的书面证明。

它是一种期票，是延期付款的证明，有承诺付款的票据作为凭据。应付票据分为带息和不带息两种。期限一般较短，一般为3个月、6个月和9个月。企业开出的应付票据按承兑人不同，分为商业承兑汇票和银行承兑汇票。

企业应设置“应付票据”科目，核算企业购买材料、商品和接受劳务供应等而开出、承兑的商业汇票，包括银行承兑汇票和商业承兑汇票。企业应当设置“应付票据备查簿”，详细登记每一应付票据的种类、号数、签发日期、到期日、票面金额、票面利率、合同交易号、收款人姓名或单位名称，以及付款日期和金额等资料。应付票据到期结清时，应当在备查簿内逐笔注销。

企业开出、承兑商业汇票或以承兑商业汇票抵付货款、应付账款等，借记“材料采购”或“在途物资”“库存商品”等科目，按照应交的增值税，借记“应交税费——应交增值税（进项税额）”科目，贷记“应付票据”科目。支付银行承兑汇票的手续费，借记“财务费用”科目，贷记“银行存款”科目。支付票款，借记“应付票据”科目，贷记“银行存款”科目。银行承兑汇票到期，企业无力支付票款的，按照银行承兑汇票的票面金额，借记“应付票据”科目，贷记“短期借款”科目。

例8－2：荣锦酒店于2014年7月31日开出面值58 500元、期限为6个月的商业票据一张，用于购买原材料。贷款50 000元，增值税率为17%。做会计分录如下：

（1）购进材料时：

借：在途物资	50 000	
应交税费——应交增值税（进项税额）	8 500	
贷：应付票据		58 500

（2）票据到期时：

借：应付票据	58 500	
贷：银行存款		58 500

（3）若酒店到期无法支付票款时：

借：应付票据	58 500	
贷：短期借款		58 500

第二节　其他流动负债

企业的流动负债除了应付账款、应付票据、预收账款、应交税费外，还包括短期借款、应付职工薪酬、其他应付款、应付利息、应付利润等。

一、短期借款

短期借款是指企业为了弥补流动资金的不足，向银行或其他金融机构、其他单位或个人借入的期限在 1 年以下的各种借款。短期借款的目的一般是为了维持企业正常的生产经营所需的资金，或者是为了抵偿某项债务。短期借款应按照借款种类、贷款人和币种进行明细核算。

企业借入的各种短期借款，借记“银行存款”科目，贷记“短期借款”科目；归还借款时，做相反的会计分录。发生的短期借款利息应当直接计入当期财务费用，按照短期借款合同利率计算确定的利息费用，借记“财务费用”科目，贷记 “应付利息”等科目。

二、应付职工薪酬

(一)职工薪酬的核算范围

企业职工薪酬通过“应付职工薪酬”科目核算。应付职工薪酬，是指企业为获得职工提供的服务而应付给职工的各种形式的报酬以及其他相关支出。企业的职工薪酬包括：

(1)职工工资、奖金、津贴和补贴。

(2)职工福利费。

(3)医疗保险费、养老保险费、失业保险费、工伤保险费和生育保险费等社会保险费。

(4)住房公积金。

(5)工会经费和职工教育经费。

(6)非货币性福利。

(7)因解除与职工的劳动关系给予的补偿。

(8)其他与获得职工提供的服务相关的支出等。

(二)职工薪酬的确认

企业应当在职工为其提供服务的会计期间，将应付的职工薪酬确认为负债，并根据职工提供服务的受益对象，分别对下列情况进行账务处理：

(1)生产部门(提供劳务)人员的职工薪酬，借记“生产成本”“制造费用”等科目，贷记“应付职工薪酬”科目。

(2)应由在建工程、无形资产开发项目负担的职工薪酬，借记“在建工程”“研发支出”等科目，贷记“应付职工薪酬”科目。

(3)管理部门人员的职工薪酬和因解除与职工的劳动关系给予的补偿，借记“管理费用”科目，贷记“应付职工薪酬”科目。

(4)销售人员的职工薪酬，借记“销售费用”科目，贷记“应付职工薪酬”科目。

(三)职工薪酬的发放

(1)向职工支付工资、奖金、津贴、福利费，同时从应付职工薪酬中扣还的各种款项(代垫的家属药费、个人所得税等)等，借记“应付职工薪酬”科目，贷记“库存现金”“银行存款”“其他应收款”等科目。

(2)支付工会经费和职工教育经费用于工会活动和职工培训，借记“应付职工薪酬”科目，贷记“银行存款”等科目。

(3)按照国家有关规定缴纳的社会保险费和住房公积金，借记“应付职工薪酬”科目，贷记“银行存款”科目。

(4)以其自产产品发放给职工的，借记“应付职工薪酬”科目，贷记“主营业务收入”科目；同时，还应结转产成品的成本。涉及增值税销项税额的，贷记“应交税费——应交增值税(销项税额)”科目。

(5)因解除与职工的劳动关系给予职工的补偿，借记“应付职工薪酬”科目，贷记“库存现金”“银行存款”等科目。

例8－3：荣锦酒店2014年3月将本酒店自制的产品发放给职工作为福利，每件产品成本为1 500元，计税价格(售价)每件产品为2 340元，其中生产工人为200人，管理人员为30人。做会计分录如下：

(1)该酒店决定发放时：

借：生产成本　(2 340×200)468 000

　　管理费用　(2 340×30)70 200

　　贷：应付职工薪酬——非货币性福利　538 200

(2)实际发放时：

借：应付职工薪酬——非货币性福利　538 200

　　贷：主营业务收入　(538 200÷1.17)460 000

　　　　应交税费——应交增值税(销项税额)　78 200

借：主营业务成本　[1 500×(200＋30)]345 000

　　贷：库存商品　345 000

三、应付利润

为反映企业应付给投资者的利润，应设置“应付利润”科目，本科目借方登记已支付利润，贷方登记发生的各类应付利润数，期末贷方余额表示尚未支付的利润。实行股份制的企业，应设置“应付股利”科目进行核算，账户的结构与“应付利润”账户相同。非股份制企业，分给投资者的利润，应在提取盈余公积以后进行分配，按照投资协议、章程或其他约定的办法进行分配。

企业计算出应支付给投资者的利润时，借记“利润分配”科目，贷记本科目；支付利润时，借记本科目，贷记“银行存款”等科目。

四、应付利息

为反映企业应付给债权人的利息，应设置“应付利息”科目，本科目借方登记已支付利息，贷方登记发生的各类应付利息数，期末贷方余额表示尚未支付的利息。

在应付利息日，企业应当按照合同利率计算确定的利息费用，借记“财务费用”“在建工程”等科目，贷记“应付利息”科目。实际支付的利息，借记“应付利息”科目，贷记“银行存款”等科目。

五、预收账款

“预收账款”科目核算企业按照合同规定预收的款项。包括预收的购货款、工程款等。预收账款情况不多的，也可以不设置本科目，将预收的款项直接记入“应收账款”科目贷方。“预收账款”应按照对方单位（或个人）进行明细核算。

企业向购货单位预收的款项，借记“银行存款”等科目，贷记本科目。销售收入实现时，按照实现的收入金额，借记本科目，贷记“主营业务收入”科目。涉及增值税销项税额的，还应进行相应的账务处理。

期末如为贷方余额，反映企业预收的款项；期末如为借方余额，反映企业尚未转销的款项。

六、其他应付款

其他应付款核算企业除应付账款、预收账款、应付职工薪酬、应交税费、应付利息、应付利润等以外的其他各项应付、暂收的款项，如应付租入固定资产和包装物的租金、存入保证金等。具体内容如图 8－1 所示。

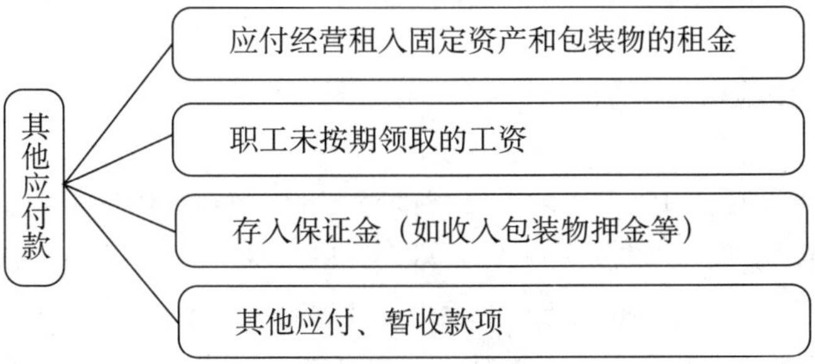

图 8－1　其他应付款

企业应设置“其他应付款”科目进行核算，并按应付和暂收款项的类别和单位或个人设置明细账进行明细核算。企业发生的各种应付、暂收款项，借记“银行存款”“管理费用”等科目，贷记“其他应付款”科目；支付时，借记“其他应付款”科目，贷记“银行存款”等科目。企业无法支付的其他应付款，借记“其他应付款”科目，贷记“营业外收入”科目。

第三节　流动负债涉及的主要税务问题

1. 利用应付账款隐瞒收入的问题

应付账款是企业因购买商品、接受劳务而形成的债务。企业收入应当计入相应的营业收入科目，不能利用“应付账款”科目而隐藏收入。

例 8－4：税务人员对某酒店 2014 年度的营业收入进行检查时，发现本年度的营业收入比上年明显减少，而根据前期调查了解到的情况该酒店本年度营业情况应该是历史上最好的，税务人员感到营业收入的真实性值得怀疑。税务人员抽查了 11、12 月份相关的会计凭证，发现其原始凭证中有开具发票的记账联，而记账凭证中反映的却是“应付账款”科目，共计 60 万元。针对这种情况，税务人员询问了有关的当事人，并向应付账款的对方企业函证，结果发现该酒店是将企业正常的营业收入反映在“应付账款”科目中，作为其他企业的暂存款处理。此外，税务人员还发现有如下的账务处理：借记“应付账款”科目，贷记“库存商品”科目，经追查前期应付账款科目，发现是欠其他公司的货款，企业存在用商品抵顶债务的情况。

分析：应付账款是企业因购买商品、接受劳务而形成的债务，这个案例中的酒店正是利用“应付账款”科目采取收入不入账的方式隐瞒了营业收入。

根据相关法律法规的规定，公司、企业进行会计核算不得有下列行为：虚列或者隐瞒收入，推迟或者提前确认收入。

因此，该酒店应调整账务，确认相关收入，补缴欠缴的各项税款。

2. 利用应付票据截留收入的问题

例 8－5：税务人员 2013 年到某酒店检查时发现，该酒店在被检查年度的 9 月有一笔会计分录：借记“其他应收款——A 公司”科目 150 万元，贷记“应付票据——A 公司”科目 150 万元，再追踪检查这两个账户时，发现在 12 月又因退票如数冲回，两账户同时转平。但是该酒店并不缺少资金，是什么原因从开出票据到退票前后正好 3 个月。到 A 公司实地了解，A 公司从未收到过该酒店的银行承兑汇票，而且也没有与该酒店的任何往来挂账，但其销售部门却在被检查年度的年初与该酒店签订了为 2 位老总各购一套住房的协议，并从该酒店门市部(非独立核算)预付了 80 万元，同时承诺在拿到房后 3 个月内付完剩余款项。该酒店被检查年度的 5 月，A 公司在交付房屋的同时要求该酒店提供担保或抵押。于是，该酒店从本公司账户上开出了上述 150 万元银行承兑汇票。但最后 3 个月到期时，该酒店又从其账户上汇来了 150 万元，A 公司遂将抵押的银行承兑汇票退回给该酒店。审计人员立即请 A 公司财务调出了该酒店为 2 位老总付款买房的会计凭证，发现了并未在账面反映的该酒店另外的银行账户。最终，该酒店隐瞒销售收入的事实暴露。

分析：这个案例说明税务人员在检查工作中，绝不能放过任何疑点，即使是平时作假可能性较小的科目。在日常税收检查中，检查人员往往习惯性地关注与税收有直接关联的收入、成本和费用等成本、损益类科目，而不关注其他会计科目，也不关注表面上看与纳税问题无关的经济事项，这实际上是一个误区。对此，检查人员要注意：

(1)企业的涉税违法问题不可能都通过涉税科目进行核算，所以，仅检查涉税科目往往发现不了问题。

(2)如果出现类似上述企业的情形，即涉税违法问题本身就没有通过账面核算，则企业的涉税违法资金很可能回流到大账或与大账发生收付关系。

检查人员需明白，既然是涉税违法问题，违法行为产生的利益必定会体现为货币资金形态，企业也一定会处置这些资金。正如上述案例中该酒店将截留收入形成的资金用于为老总购买住房，这就使得违规所得的资金产生了流动，而这种流动一旦与大账产生关联，就给检查人员发现问题提供了机会。

第四节　流动负债涉及的主要审计问题

1. 应付账款重复入账的问题

应付账款一般是一项比较大的流动负债，是评价企业短期偿债能力时必须考虑的一个重要因素，与应付票据共同构成了企业主要商业信用形式，成为其重要资金来源渠道之一。在审计中，应注意对应付账款的实质性测试，可通过以下审计程序来完成：

(1)获取或编制应付账款明细表；

(2)对应付账款明细余额进行分析并做必要的重新分类；

(3)函证应付账款；

(4)查找未入账的应付账款；

(5)对抽取未能函证、期末余额变动较大以及函证未果的明细账户进行抽查；

(6)检查应付账款是否已在会计报表及附注中得到恰当披露；

(7)向企业管理当局索取有关负债说明书。

例8-6：2014年1月，审计人员在某酒店进行纳税检查时，从“原材料”账户借方发现两笔日期相近，数量、金额相同的购料。经翻阅有关凭证，审查“应付账款”的明细账目及材料盘点表发现如下问题：该酒店2013年5月从某厂购入原材料一批，材料已验收入库，月末发票尚未到达，按订货合同价入库。账务处理为：借记“原材料”科目5万元，贷记“应付账款”科目5万元。2013年6月，估价的材料费并未冲销，当收到对方结算凭证后，又以发货票为依据，再入一次原材料账，借记“原材料”科目5万元，贷记“银行存款”科目5万元。为掩盖重复记账的事实，该酒店又在年末材料盘点时，以“盘亏”名义将价款列入“管理费用”科目。审计人员采取了函证应付账款的方式，发现了该酒店重复入账虚列应付账款的问题。

分析：该酒店利用“应付账款”科目重复记账，在期末盘点时，以存货盘亏为由计入管理费用，导致公司多计费用，少计利润。

2. 违规使用会计科目的问题

在会计核算中具体发生的业务要计入相应的账户中，这在企业会计准则中有相应规定，企业会计人员不能随意计入不相关账户。

例 8－7：某酒店 2014 年度实现营业收入 90 万元，职工人数 15 人，年工资总额 32 万元，已申报缴纳企业所得税 3 万元，未缴个人所得税。2014 年 3 月，审计人员对该酒店 2013 年地方各税的缴纳情况进行全面检查。通过检查，发现该酒店在 12 月份的会计凭证中，按照自己规定的“全赔全奖制度”计提奖金 5 万元列入“其他应付款——盘亏盘盈奖”科目。经审计人员向该酒店财会人员进行了解后得知，原来是该酒店为了给售货人员进行奖惩制定了一个库存商品盘亏比例，对库存商品盘亏额在规定比例内的售货人员按规定给予一定的奖励。

分析：按照《小企业会计准则》要求，职工工资、资金、津贴、补贴等，应当是企业根据劳动工资制度，依据考勤记录、工时记录、工资标准、资金制度、提成制度等编制出来的，应反映在“应付职工薪酬”等科目，而不应该在“其他应付款”科目中列支。此外，对于在工资科目外发放的职工津贴、补贴等，应与职工工资合并缴纳个人所得税。

工资是企业成本费用的重要组成部分，因此，在这类企业的查账过程中，对于核定企业工资时，一方面应对照应付工资明细账和职工工资表，核实企业职工人数和应付工资提取情况，另一方面要注意对各种费用支出明细账进行审查，防止企业用“应付职工薪酬”以外的会计科目和其他科目发放工资、奖金、实物，从而达到其偷逃国家税款的目的。

第九章
小微酒店餐饮企业税金的会计核算

第一节　营业税

酒店餐饮企业属于传统的服务业，其主要的经营业务均应该缴纳营业税。比如酒店餐饮最主要的客房、餐饮业务均应缴纳营业税。现在，很多酒店餐饮企业开展了多种服务的经营，比如洗衣、健身、美容美发等多种服务，一般也需要缴纳营业税，可以说营业税是酒店餐饮企业的第一大税种。

一、营业税的概念

营业税是对在中国境内提供应税劳务、转让无形资产或销售不动产的单位和个人所取得的营业额征收的一种流转税。对于酒店餐饮企业而言，其主要的业务如客房业务、餐饮业务、以及多种服务业务均属于提供应税劳务的业务。因此，营业税是该类型企业的主要税种。

与其他商品劳务税相比，营业税具有以下特点，如图 9－1 所示。

营业税的特点

- 一般以营业额全额为计税依据。营业税与增值税不同，除一些特殊情况外，其计税依据为营业额全额，税额不受成本、费用高低影响
- 按行业设计税目税率。现行营业税征税范围为增值税征税范围之外的所有经营业务，在税率设计上，按行业划分为建筑业、金融保险业、文化体育业、娱乐业、服务业，以及转让无形资产和销售不动产等七个税目
- 计算简便，便于征管。由于营业税一般以营业收入额全额为计税依据，实行比例税率，税款随营业收入额的实现而实现，因此，计征简便，有利于节省征收费用

图 9－1　营业税的特点

二、营业税的纳税人

《中华人民共和国营业税暂行条例》第一条规定："在中华人民共和国境内提供本条例规定的劳务、转让无形资产或者销售不动产的单位和个人，为营业税的纳税人，应当依照本条例缴纳营业税。"

这就是说，营业税的纳税人，是在中华人民共和国境内提供应税劳务、转让无形资产或者销售不动产的单位和个人。

三、营业税的税目

税目是对征税范围的具体化，营业税的具体征收范围，也就是营业税的税目如表9-1所示。

表9-1 营业税的具体税目

税目	说明
建筑业	建筑业，是指建筑安装工程作业，具体包括：土木工程建筑业；线路、管道和设备安装业；装修装饰业；以及其他工程作业。本税目的征税范围是建筑、安装、修缮、装饰和其他工程作业
金融保险业	金融保险业，即金融业，是货币资金和信用的融通，是以银行为中心的货币和信用的授受及与之相联系的经济活动的总称。本税目征税范围包括金融业、保险业
电信业	本税目的征税范围包括基础电信业务和增值电信业务
文化体育业	本税目征税范围包括文化业和体育业。文化业指从事文化活动的业务，包括表演、播映、其他文化业。经营游览场所的业务，比照文化业征收营业税。体育业指举办各种体育比赛和为体育比赛或体育活动提供场所的业务，以租赁方式为体育比赛提供场所的业务，属于"服务业——租赁业"征税范围
娱乐业	本税目征税范围包括歌厅、舞厅、卡拉OK歌舞厅、音乐茶座、台(桌)球、高尔夫球、保龄球、游艺、网吧
服务业	服务业，指利用设备、工具、场所、信息或技能为社会提供服务的业务。本税目的征税范围包括代理业、旅店业、饮食业、旅游业、仓储业、租赁业、广告业、其他服务业。但是航空勘探、钻井(打井)勘探、爆破勘探，不按本税目征税，属于建筑业征税范围

（续表）

税目	说明
转让无形资产	转让无形资产，指纳税人以取得货币、货物或其他经济利益为前提，转让无形资产的所有权或使用权的行为。本税目的征税范围包括转让土地使用权、转让商标权、转让专利权、转让非专利技术、转让著作权、转让商誉
销售不动产	销售不动产，是指有偿转让不动产所有权的行为。本税目征税范围包括销售建筑物或构筑物、销售其他土地附着物

特别说明的是，正确的给本企业所开展的经济业务划分税目，将直接影响到企业税收负担。就酒店餐饮企业的具体情况而言，它所从事的经济业务主要属于服务业和娱乐业，如房屋家政的中介服务、饮食业、旅游业、房屋租赁业、广告业等均属于服务业；而歌厅、舞厅、卡拉 OK 歌舞厅、音乐茶座、台(桌)球、高尔夫球、保龄球、游艺、网吧等则属于娱乐业。

在划分经济业务所属税务时，一定要分析经济业务的实质。例如，某酒店属于小微企业，利用管理的房屋直接经营一家网吧，和把房屋出租后由另一家企业去经营网吧就有很大的不同，就酒店这一经营主体而言，前者是直接经营网吧，属于娱乐业；而后者则是出租房屋，属于服务业。

四、营业税的税率

现行营业税，区分不同行业和经营业务，设计了三档税率，具体税率如表 9－2 所示。

表 9－2　营业税税目税率表

税目	具体征收范围	税率
建筑业	建筑、安装、修缮装饰及其他工程作业	3%
金融保险业	银行、保险、证券、基金管理等	5%
电信业	公共网络基础设施、公共数据传送、语音通信	3%
文化体育业	演出收入、播映收入、其他文化收入，经营游览场所收入和体育收入	3%
娱乐业	歌厅、舞厅、卡拉 OK 歌舞厅、音乐茶座、台(桌)球、高尔夫球、保龄球、游艺等	5% ~20%
服务业	代理业、旅店业、饮食业、旅游业、仓储业、租赁业、广告业及其他服务业	5%
转让无形资产	转让土地使用权、专利权、非专利技术、商标权、著作权、商誉	5%
销售不动产	销售建筑物及其他土地附着物	5%

五、营业税的计税依据

《中华人民共和国营业税暂行条例》规定，营业税的计税依据是纳税人的营业额，为纳税人提供应税劳务、转让无形资产或者销售不动产向对方收取的全部价款和价外费用。

从上述规定可看出，营业税的计税依据是提供应税劳务的营业额、转让无形资产的转让额或者销售不动产的销售额，统称为营业额。它是纳税人向对方收取的全部价款，包括在价款之外取得的一切费用，如手续费、服务费、基金等。

（一）建筑业的计税依据

税法规定，建筑业的营业额为承包建筑工程、修缮工程、安装工程、装饰工程和其他工程作业取得的营业收入额，即建筑安装企业向建设单位收取的工程价款（即工程造价）及工程价款之外收取的各种费用。

对于纳税人从事建筑、修缮、装饰工程作业，无论与对方如何结算，其营业额均应包括工程所用原材料及其他物资和动力的价款在内。

（二）金融保险业的计税依据

金融业计征营业税的营业额有三种方法：一是对一般贷款、典当、金融经纪业等中介服务，以取得的利息收入全额或手续费收入全额确认为营业额；二是对转贷外汇，按贷款利息收入减去支付境外的借款利息支出后的余额确认为营业额；三是对外汇、证券、期货等金融商品转让，按卖出价减去买入价后的差额确认为营业额。

（三）邮政业的计税依据

邮政业务的营业额，是指提供传递函件或包件、邮汇、报刊发行、邮务物品销售、邮政储蓄、其他邮政业务的收入。

自 2014 年 7 月 1 日开始，原电信行业提供的基础电信服务，增值电信服务均征收增值税，不再属于营业税的征收范围。

（四）文化体育业的计税依据

文化体育业的营业额就是指纳税人经营文化业、体育业取得的全部收入，包括演出收入、播映收入、其他文化收入、经营游览场所收入和体育收入。

单位或个人进行演出，以全部收入减去付给提供演出场所的单位、演出公司或经纪人的费用后的余额为营业额。

（五）娱乐业的计税依据

娱乐业的营业额为经营娱乐业向顾客收取的各项费用，包括门票收费、台位费、点歌费、烟酒和饮料收费及经营娱乐业的其他各项收费。

（六）服务业的计税依据

服务业的营业额是纳税人提供服务性劳务向对方收取的全部价款和价外费用。同时，为了避免某些项目重复征税，《中华人民共和国营业税暂行条例实施细则》等文件对旅游业和广告业的营业额做了特别规定，如表9－3所示。

表9－3　服务业营业额的确定

项目	内容
代理业营业额	代理业营业额，是指经营代购代销货物、代办进出口、介绍服务和其他代理服务取得的手续费、介绍费、代办费等收入
旅店业营业额	旅店业的营业额为提供住宿服务的各项收入
饮食业营业额	饮食业的营业额为向顾客提供饮食消费服务而收取的餐饮收入
旅游业营业额	旅游业务的营业额，按照《营业税暂行条例》规定："旅游企业组织旅游团到中华人民共和国境外旅游，在境外凡改由其他旅游企业接团的，以全程旅游费减去付给接团企业的旅游费后的余额为营业额。"为了公平税负，在《营业税暂行条例实施细则》中又规定，对旅游企业组织旅游团在中国境内旅游的，以收取的旅游费减去替旅游者支付给其他单位的房费、餐费、交通、门票或支付给其他接团旅游企业的旅游费后的余额为营业额。对旅游企业在境内改团接待的业务，可比照境外规定予以扣除
广告业营业额	对广告业务征收营业税，是以广告业务收入作为营业额征税的。广告业务收入是指广告的设计、制作、刊登、广告性赞助收入等，应按全额征收营业税。从事广告代理业务的，以其全部收入减去支付给其他广告公司或广告发布者（包括媒体、载体）的广告发布费后的余额为营业额
租赁业营业额	租赁业务的营业额是经营租赁业务所取得的租金的全额收入，不得扣除任何费用
仓储业营业额	仓储业的营业额为经营仓储业务向顾客收取的全部费用
其他服务业营业额	其他服务业的营业额即为发生其他服务性劳务时，向对方收取的全部费用，包括价外收费。但要注意的是，对于财政部、国家税务总局或者省级财政、地税局不征税名单的收费项目，不征营业税，否则都应该征收营业税，且营业额为收费的全额

（七）转让无形资产的计税依据

纳税人转让无形资产的营业额为纳税人转让无形资产从受让方取得的货币、货物和其他经济利益。

单位和个人转让土地使用权，以全部收入减去土地使用权的购置或受让原价后的余额为计税营业额。单位和个人转让抵债所得的土地使用权，以全部收入减去抵债时该项土地使用权作价后的余额为计税营业额。

（八）销售不动产的计税依据

纳税人销售不动产的营业额为纳税人销售不动产时从购买方取得的全部价款和价外费用（含货币、货物或其他经济利益）。

单位和个人销售或转让其购置的不动产或受让的土地使用权，以全部收入减去不动产或土地使用权的购置或受让原价后的余额为营业额。

单位和个人销售或转让抵债所得的不动产、土地使用权的，以全部收入减去抵债时该项不动产或土地使用权作价后的余额为营业额。

六、营业税的特殊规定

（一）经营不同税率的营业税项目，如何计税

对酒店餐饮企业而言，常会出现同一个企业经营不同税率业务的情况，比如某饭店既有餐饮业务，通常的营业税税率是5%；同时还经营保龄球业务，营业税税率为20%，这种情况下该如何计算营业税税率呢？

一般情况下，要求纳税企业分开核算税率不同的业务，按照各自的税率计算缴纳营业税，如果不能清楚地划分不同税率的经济业务，税务机关将要按照较高的税率计算征收税款，这将给企业带来一定的损失。

（二）既销售商品又提供服务，应该如何纳税

在酒店餐饮企业中，往往存在着既销售商品又提供服务的情况，比如，在一些餐饮企业中，既提供餐饮服务，又销售烟酒；在游泳馆内既提供游泳的服务，也销售泳衣、泳帽等游泳用品。这种在提供无形服务的同时，也销售有形的商品的情况，在酒店餐饮企业中非常的普遍。

在这种情况下，一般的纳税规定是：纳税人既提供应该缴纳营业税的劳务，又提供应该缴纳增值税的货物，应分别核算货物和应税劳务的销售额，对货物销售额按各自适用的税率征收增值税，对应税劳务的销售额（即营业额）按适用的税率征收营业税。如果不分别核算或者不能准确核算货物或应税劳务销售额的，一并征收增值税。

纳税人经营的应税劳务和货物是否应当一并征收增值税，由国家税务总局所属征收机关确定。对兼营应税劳务不分别核算或者不能准确核算的，之所以规定要一并征收增值税，是为了避免将货物与劳务的营业额混在一起都按营业税的低税率计税而少收税款，这是对国家层面来说，而相对于企业来说，只有注重分别核算和准确核算，才能避免多缴税款。

七、营业税的账务处理

(一)营业税的计算

营业税是对提供劳务、转让无形资产或者销售不动产的单位和个人征收的一种税。营业税按照营业额和规定的税率计算应纳税额。营业税采用比例税率，酒店餐饮企业的营业税率为5%。其公式为：

应纳税额 = 营业额 × 税率

这里的营业额是指酒店餐饮企业提供应税劳务、转让无形资产或者销售不动产向对方收取的全部价款和价外费用。价外费用包括向对方收取的服务费、各类基金、开瓶费、代收款项、代垫款项及其他各种性质的价外收费。

(二)营业税应设置的会计科目

对于酒店餐饮企业应该缴纳的营业税，主要通过“应交税费”“营业税金及附加”等科目进行会计核算。

企业按规定应交的营业税，在“应交税费”科目下设置“应交营业税”明细科目核算。“应交营业税”明细科目的借方发生额反映企业已交纳的营业税，贷方发生额反映应交的营业税，期末借方余额反映多交的营业税，期末贷方余额反映尚未交纳的营业税。

企业上交营业税时，借记“应交税费——应交营业税”科目，贷记“银行存款”科目。

(三)应纳营业税的账务处理

对于酒店餐饮企业而言，提供客房、餐饮、以及多种服务是其最主要的业务，这也是企业主要的应纳营业税的行为。酒店餐饮企业发生营业税应税行为时，按其营业额和规定的税率，计算应交纳的营业额，借记“营业税金及附加”科目，贷记“应交税费——应交营业税”科目。也可以在一个营业月份结束时，将本月所提供的全部劳务应该缴纳的营业税一次性计提，这样可以适当减少会计核算的工作量。

待到实际缴纳以上的营业税税金时，借记“应交税费——应交营业税”科目，贷记“银行存款”科目。

例9－1：荣锦酒店2014年5月末，当期取得住宿营业收入150万元，餐饮营业收入100万元，请计算并缴纳当期营业税，该酒店营业税率5%，做会计分录如下：

应纳税额 = 营业收入额 ×5% =2 500 000 ×5% =125 000(元)。

(1)计算应交税费时：

借：营业税金及附加　　125 000

　　贷：应交税费——应交营业税　　125 000

(2)实际缴纳时：

借：应交税费——应交营业税　　125 000

　　贷：银行存款　　125 000

(四)销售不动产的账务处理

酒店餐饮企业销售不动产，应向不动产所在地主管税务机关申报交纳营业税。企业销售不动产按规定应交的营业税，借记“固定资产清理”科目，贷记“应交税费——应交营业税”科目。

例9-2：荣锦酒店2014年5月各种服务收入合计为73 800元，按5%缴纳营业税，按营业税的7%缴纳城市维护建设税，按营业税的3%缴纳教育费附加，其税金及附加的计算和会计分录如下：

(1)计算营业税：

营业税=73 800×5%=3 690.00(元)。

借：营业税金及附加　　3 690.00

　　贷：应交税费——应交营业税　　3 690.00

(2)计算城市维护建设税：

城市维护建设税=3 690×7%=258.30(元)。

借：营业税金及附加　　258.30

　　贷：应交税费——应交城市维护建设税　　258.30

(3)计算教育费附加：

教育费附加=3 690×3%=110.70(元)。

借：营业税金及附加　　110.70

　　贷：应交税费——应交教育费附加　　110.70

第二节　增值税

增值税主要针对生产、销售各类有形的产品的企业征收的，当酒店餐饮企业存在销售行为时，就会出现缴纳增值税的问题。比如，有些酒店为了方便住宿的客人设立商品部等，就需要缴纳增值税。需要说明的是，如果销售烟酒饮料的收入和服务收入一并收取，则一并缴纳营业税。

一、增值税的概念

增值税是以从事销售货物或者提供加工、修理修配劳务以及进口货物的单位和个人取得的增值额为课税对象征收的一种税。

要很好地理解增值税，首先要理解增值额。从理论上讲，增值额是企业在生产经营过程中新创造的那部分价值。在现实的经济生活中，对增值额这一概念可以从以下两个方面理解：

(1)从一个生产经营单位来看，增值额是指该单位销售货物或提供劳务的收入额扣除为生产经营这种货物而外购的那部分货物价款后的余额。

(2)从一项货物来看，增值额是该货物经历的生产和流通的各个环节所创造的增值额之和，也就是该项货物的最终销售价值。

二、增值税的纳税人

什么人需要缴纳增值税，也就是什么人属于增值税的纳税人，根据《中华人民共和国增值税暂行条例》(以下简称《增值税暂行条例》)的规定，凡在中华人民共和国境内销售货物或者提供加工、修理修配劳务以及进口货物的单位和个人都是增值税的纳税人。具体内容如图 9 -2 所示。

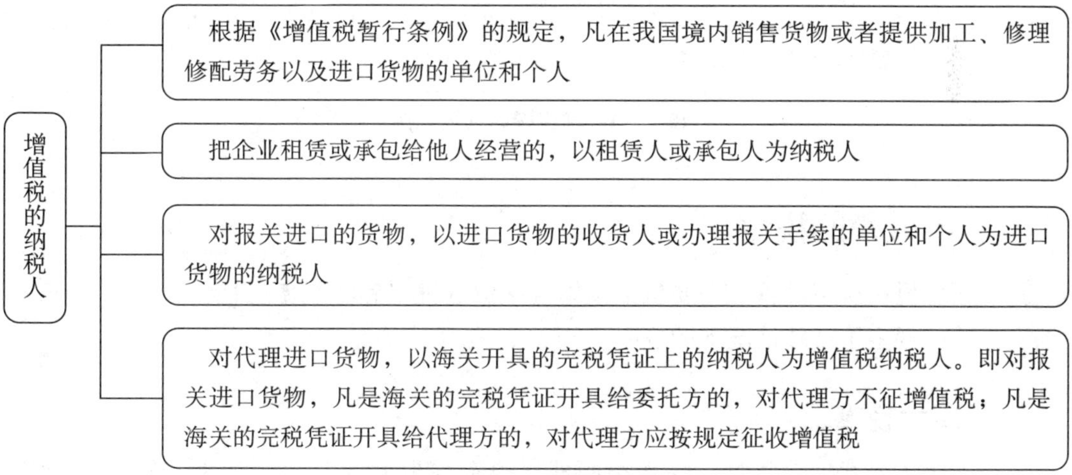

图 9 -2　增值税的纳税人

三、一般纳税人和小规模纳税人的区别

和别的税种不同，增值税的纳税人划分为一般纳税人和小规模纳税人两种，两种纳税人在税收管理上具有明显的区别。主要体现在以下两个方面：

(1)使用增值税专用发票的权限不同。一般纳税人可以开具增值税专用发票，而小规模纳税人只能开具普通销售发票。

(2)应纳增值税的计算方法不同。对一般纳税人而言：

应纳税额 = 销项税额 - 进项税额

而对于小规模纳税人而言：

应纳税额 = 销售总额/(1 + 小规模纳税人的适用税率) × 小规模纳税人的适用税率

根据《增值税暂行条例》和《增值税暂行条例实施细则》的规定，划分一般纳税人和小规模纳税人的基本依据是纳税人的会计核算是否健全，是否能够提供准确的税务资料以及企业规模的大小。

四、增值税的征税范围

凡是在生产、批发、零售和进口等四个环节中销售货物、提供加工和修理修配劳务的，都要按规定缴纳增值税。上述征税范围的具体内容如图 9 - 3 所示。

增值税的征税范围

- 销售货物。这里的“货物”是指除去土地、房屋和其他建筑物等一切不动产之外的有形动产，包括电力、热力和气体在内。销售货物是指有偿转让货物的所有权
- 提供加工和修理修配劳务。加工和修理修配都属于劳务服务性业务
- 进口货物。指申报进入中国海关境内的货物。只要是报关进口的应税货物，均属于增值税征税范围，在进口环节缴纳增值税

图 9 - 3　增值税的征税范围

五、增值税的税率

我国增值税在税率设置上主要包括基本税率、低税率和零税率三档。此外，对于小规模纳税人等还规定了特殊情况下的税率。

(一)基本税率

纳税人销售或者进口货物，除列举的外，税率均为 17%；提供加工、修理修配劳务的，税率也为 17%。

(二)基本税率以外的税率

(1)低税率。纳税人销售或者进口下列货物的，税率为 13%，适用范围如图 9 - 4 所示。

低税率的适用范围

- 粮食、食用植物油
- 自来水、暖气、冷水、热水；煤气、石油液化气、天然气、沼气、居民用煤炭制品
- 图书、报纸、杂志
- 饲料、化肥、农药、农机、农膜
- 国务院规定的其他货物

图 9－4　低税率的适用范围

(2)零税率。纳税人出口货物，税率为零。但是国务院另有规定的除外。

目前出口货物不适用零税率的货物主要包括：出口的原油，援外出口货物；国家禁止出口的货物包括：天然牛黄、麝香、铜及铜基合金、白金等。

(3)工业企业小规模纳税人销售货物或者应税劳务的，按 6% 的征收率征税；商业企业小规模纳税人按 4% 的征收率征税。

(4)纳税人兼营不同税率的货物或者应税劳务的，应当分别核算不同税率货物或者应税劳务的销售额，未分别核算销售额的，从高适用税率。

(5)纳税人销售不同税率货物或应税劳务，并兼营应属一并征收增值税的非应税劳务的，其非应税劳务应从高适用税率。

六、一般纳税人应纳增值税税额的计算

(一)一般纳税人应纳增值税的计算公式

一般纳税人销售货物或者提供应税劳务，应纳税额为当期销项税额抵扣当期进项税额后的余额。应纳税额计算公式：

应纳税额 = 当期销项税额 − 当期进项税额

因当期销项税额小于当期进项税额不足抵扣时，其不足部分可以结转下期继续抵扣。

(二)销项税额的计算

纳税人销售货物或者提供应税劳务，按照销售额和《增值税暂行条例》规定的税率计算并向购买方收取的增值税额为销项税额。销项税额的计算公式：

销项税额 = 销售额 × 增值税税率

如果没有公允的销售额，应由税务机关评定组成计税价格，计算其销项税额：

销项税额 = 组成计税价格 × 增值税税率

（三）销项税额的确定

依据销项税额的计算公式：销项税额 = 销售额 × 增值税税率，在增值税税率一定的情况下，计算销项税额的关键在于正确、合理地确定销售额。

《中华人民共和国增值税暂行条例》第六条规定："销售额为纳税人销售货物或者提供应税劳务向购买方收取的全部价款和价外费用。"具体地说，应税销售额包括以下内容：

（1）销售货物或者提供应税劳务而取自于购买方的全部价款。

（2）向购买方收取的各种价外费用。具体包括手续费、补贴、基金、集资费、返还利润、奖励费、违约金（延期付款利息）、包装费、包装物租金、储备费、优质费、运输装卸费、代收款项、代垫款项及其他各种性质的价外收费。上述价外费用无论其会计制度如何核算，都应并入销售额计税。

（四）进项税额的计算

纳税人购进货物或者接受应税劳务，所支付或者负担的增值税额为进项税额。进项税额的计算公式如表 9 -4 所示。

表 9 -4　进项税额的计算公式

购进货物或应税的劳务	进项税额 = 不含税的货款 × 适用税率
购进免税农业产品	进项税额 = 买价 × 扣除率（当前扣除率为 13%）
购进废旧物资	进项税额 = 买价 × 扣除率（当前扣除率为 10%）
购进货物支付的运费	进项税额 = 运费发票金额 × 扣除率（扣除率为 7%）

七、小规模纳税人应纳增值税税额的计算

（一）小规模纳税人应纳增值税的计算

对增值税小规模纳税人而言，由于其会计核算的能力比较薄弱，很难实施首先计算增值额、再计算应纳增值税税额的计算方法。因此，我国对增值税小规模纳税人采纳了简化的计算方法，就是直接用不含税的销售额乘以相应税率的方法。

小规模纳税人销售货物或者提供应税劳务，实行简易办法，按照销售额和规定的征收率计算应纳税额，不得抵扣进项税额。应纳税额计算公式：

应纳税额 = 销售额（不含增值税）× 征收率

（二）含税销售额怎样换算成不含税销售额

在上面的计算公式中，增值税的计税依据是不含增值税的销售额，但在日常的经济活动中，纳税人总是把增值税额和货款同时收取的。因此，在计算应纳税额时，必须首先把含税销售额换算成不含税销售额，换算的公式如下：

不含税销售额 = 含税销售额/(1 + 适用税率)

八、一般纳税人增值税的账务处理

企业应交的增值税，在“应交税费”科目下设置“应交增值税”和“未交增值税”两个明细科目进行核算。“应交增值税”明细账内，设置“进项税额”“出口退税”“进项税额转出”“出口抵减内销产品应纳税额”“转出多交增值税”等专栏。月份终了，“应交增值税”明细科目的余额转入“未交增值税”明细科目。

(一) 采购物资

企业采购物资等，按照应计入采购成本的金额，借记“材料采购”或“在途物资”“原材料”“库存商品”等科目，按照税法规定可抵扣的增值税进项税额，借记“应交税费——应交增值税(进项税额)”科目，按照应付或实际支付的金额，贷记“应付账款”“银行存款”等科目。购入物资发生退货的，做相反的会计分录。

购进免税农业产品，按照购入农业产品的买价和税法规定的税率计算的增值税进项税额，借记“应交税费——应交增值税(进项税额)”科目，按照买价减去税法规定计算的增值税进项税额后的金额，借记“材料采购”或“在途物资”等科目，按照应付或实际支付的价款，贷记“应付账款”“库存现金”“银行存款”等科目。

例 9-3：荣锦酒店购入一批材料，增值税专用发票上注明的材料价款为 50 000 元，增值税额为 8 500 元。货款已经支付，材料已经到达并验收入库。假定增值税税率为 17%，不缴纳消费税。做会计分录如下：

借：在途物资	50 000	
应交税费——应交增值税(进项税额)	8 500	
贷：银行存款		58 500

(二) 销售商品

销售商品(提供劳务)，按照收入金额和应收取的增值税销项税额，借记“应收账款”“银行存款”等科目，按照税法规定应交纳的增值税销项税额，贷记“应交税费——应交增值税(销项税额)”科目，按照确认的营业收入金额，贷记“主营业务收入”“其他业务收入”等科目。发生销售退回的，做相反的会计分录。

随同商品出售但单独计价的包装物，应当按照实际收到或应收的金额，借记“银行存款”“应收账款”等科目，按照税法规定应交纳的增值税销项税额，贷记“应交税费——应交增值税(销项税额)”科目，按照确认的其他业务收入金额，贷记“其他业务收入”科目。

（三）产品出口

有出口产品的企业，其出口退税的账务处理如下：

(1)实行“免、抵、退”管理办法的企业，按照税法规定计算的当期出口产品不予免征、抵扣和退税的增值税税额，借记“主营业务成本”科目，贷记“应交税费——应交增值税(进项税额转出)”科目。按照税法规定计算的当期应予抵扣的增值税税额，借记“应交税费——应交增值税(出口抵减内销产品应纳税额)”科目，贷记“应交税费——应交增值税(出口退税)”科目。出口产品按照税法规定应予退回的增值税税款，借记“其他应收款”科目，贷记“应交税费——应交增值税(出口退税)”科目。

(2)未实行“免、抵、退”管理办法的企业，出口产品实现销售收入时，应当按照应收的金额，借记“应收账款”等科目，按照税法规定应收的出口退税，借记“其他应收款”科目，按照税法规定不予退回的增值税税额，借记“主营业务成本”科目，按照确认的销售商品收入，贷记“主营业务收入”科目，按照税法规定应交纳的增值税税额，贷记“应交税费——应交增值税(销项税额)”科目。

（四）特殊的账务处理

(1)购入材料等按照税法规定不得从增值税销项税额中抵扣的进项税额，其进项税额应计入材料等的成本，借记“材料采购”或“在途物资”等科目，贷记“银行存款”等科目，不通过“应交税费——应交增值税(进项税额)”科目核算。

(2)将自产的产品等用作福利发放给职工，应视同产品销售计算应交增值税的，借记“应付职工酬薪”科目，贷记“主营业务收入”“应交税费——应交增值税(销项税额)”等科目。

例9－4：荣锦酒店将本酒店的一批库存商品作为集体福利发给职工，该批产品成本5 000元，售价8 000元，增值税税率17%，做会计分录如下：

借：应付职工薪酬	9 360	
贷：主营业务收入		8 000
应交税费——应交增值税(销项税额)		1 360
借：主营业务成本	5 000	
贷：库存商品		5 000

(3)购进的物资、在产品、产成品因盘亏、毁损、报废、被盗，以及购进物资改变用途等原因按照税法规定不得从增值税销项税额中抵扣的进项税额，其进项税额应转入有关科目，借记“待处理财产损溢”等科目，贷记“应交税费——应交增值税(进项税额转出)”科目。

例9-5：荣锦酒店在盘点中盘亏材料一批，经查系管理不善造成材料短缺。该批材料价款为5 000元，增值税为850元。做会计分录如下：

借：待处理财产损溢——待处理流动资产损溢　5 850
　　贷：原材料　5 000
　　　　应交税费——应交增值税(进项税额转出)　850
借：管理费用　5 850
　　贷：待处理财产损溢——待处理流动资产损溢　5 850

(4)由于工程而使用本企业的产品或商品，应当按照成本，借记“在建工程”科目，贷记“库存商品”科目。同时，按照税法规定应交纳的增值税销项税额，借记“在建工程”科目，贷记“应交税费——应交增值税(销项税额)”科目。

(五)缴纳增值税

缴纳的增值税，借记“应交税费——应交增值税(已交税金)”科目，贷记“银行存款”科目。

例9-6：荣锦酒店以银行存款85 000元缴纳本月应交增值税。做会计分录如下：

借：应交税费——应交增值税(已交税金)　85 000
　　贷：银行存款　85 000

九、小规模纳税人增值税的账务处理

国家对于小规模纳税企业销售货物或者提供应税劳务，实行简易办法计算应纳税额，按照销售额和规定的征收率计算应纳税额，不得抵扣进项税额。其应纳税额的计算公式为：

应纳税额 = 销售额 × 征收率

注意，该销售额为不含税的销售额。

小规模纳税企业购入货物及接受应税劳务支付的增值税额，应直接计入有关货物及劳务成本。也就是说，小规模纳税企业对于购入货物或接受应税劳务时向供应方(或应税劳务的提供方)支付增值税额，不能像一般纳税企业那样做抵扣销项税额处理，而应当将其与价款、运杂费等一并计入有关货物、劳务的成本。

小规模纳税企业销售货物或提供应税劳务，应按实现的销售收入和按规定收取的增值税税额，借记“应收账款”“应收票据”“银行存款”等科目，按规定收取的增值税税额，贷记“应交税费——应交增值税”科目，按实现的销售收入，贷记“主营业务收入”“其他业务收入”等科目。

小规模纳税企业在上缴增值税时，应借记“应交税费——应交增值税”科目，贷记“银行存款”科目。

例 9-7：荣锦酒店被当地主管的国家税务局认定为增值税小规模纳税企业，执行3%的增值税税率，该酒店2014年9月份发生的与增值税有关的经济业务如下，请编制其会计分录。

(1)从某供应单位购进材料一批，已验收入库，以银行存款支付材料的价款、运杂费、增值税共计10 000元。做会计分录如下：

借：原材料　　10 000

　　贷：银行存款　　10 000

(2)当月销售肥皂、洗衣粉等日化用品，其价税合计为1 030元，增值税额为1 030÷(1+3%)×3%=30(元)，款项尚未收到。做会计分录如下：

借：应收账款　　1 030

　　贷：主营业务收入　　1 000

　　　　应交税费——应交增值税(销项税额)　　30

(3)本月该酒店以银行存款上缴增值税520元。做会计分录如下：

借：应交税费——应交增值税　　520

　　贷：银行存款　　520

第三节　企业所得税

一、企业所得税的概念

企业所得税是以各类组织取得的生产经营所得和其他所得为征税对象所征收的一种税。从2008年1月1日起，我国实行了合并企业所得税的改革，无论外资企业还是内资企业，均适用统一的企业所得税法。

二、企业所得税的纳税人、征税范围、税率

(一)企业所得税的纳税人

关于企业所得税的纳税人范围，《中华人民共和国企业所得税法》采用了一般减去特殊的原则，除个人独资企业和合伙企业，其他的凡取得收入的各类经济组织，包括依照中国法律、行政法规在中国境内成立的企业、事业单位、社会团体以及其他取得收入的组织。

(二)企业所得税的征税范围

《中华人民共和国企业所得税法》规定："企业以货币形式和非货币形式从各种来源取得的收入，为收入总额。"收入总额的构成如图9-5所示。

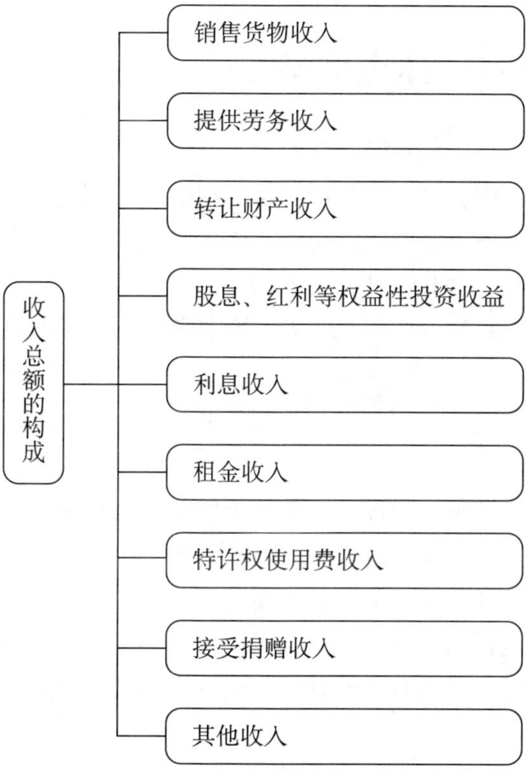

图 9－5　收入总额的构成

依据《中华人民共和国企业所得税法》的规定，不征税的收入有财政拨款，依法收取并纳入财政管理的行政事业性收费、政府性基金，以及国务院规定的其他不征税收入。

另外，企业在清算结算的时候，往往会产生清算所得，所谓清算所得是指企业的全部资产可变现价值或者交易价格减除资产净值、清算费用以及相关税费等后的余额。清算所得也属于企业所得税的征税范围。

（三）企业所得税的税率

当前企业所得税的税率统一为 25%。但在两种情况下，可以享受到 20%、15% 的优惠税率。

（1）对于符合一定条件的小微企业，采用 20% 优惠税率的规定。

（2）对于国家需要重点扶持的高新技术企业，减按 15% 的税率征收企业所得税。

这里所说的高新技术企业，是指拥有核心自主知识产权、符合一定的条件、并经过国家税务机关核准认证的企业。

因此，我国企业所得额税执行的是 25% 的统一税率，并辅以 20%、15% 优惠税率的政策。

三、企业所得税计税依据的确定

(一)企业所得税的计税依据

企业所得税的计税依据，是企业的应纳税所得额。所谓应纳税所得额，是指企业每一纳税年度的收入总额减除不征税收入、免税收入、各项扣除以及允许弥补的以前年度亏损额后的余额。应纳税所得额的基本计算公式为：

应纳税所得额 = 收入总额 − 不征税收入 − 免税收入 − 准予扣除项目 − 允许弥补的以前年度亏损额

(二)企业收入的计算

要正确计算企业的应纳税所得额，首先要正确计算企业的收入总额，企业以货币形式和非货币形式从各种来源取得的收入，为收入总额。企业取得收入的货币形式，包括现金、存款、应收账款、应收票据、准备持有至到期的债券投资以及债务的豁免等。企业取得收入的非货币形式，包括固定资产、生物资产、无形资产、股权投资、存货、不准备持有至到期的债券投资、劳务以及有关权益等。企业以非货币形式取得的收入，应当按照公允价值确定收入额。

1. 企业收入的主要内容

按照现在施行的《中华人民共和国企业所得税法》的规定，企业的各项收入主要包括以下内容，如表 9 − 5 所示。

表 9 − 5　各项收入的内容

收入类型	内容
销售货物收入	是指企业销售商品、产品、原材料、包装物、低值易耗品以及其他存货取得的收入
提供劳务收入	是指企业从事建筑安装、修理修配、交通运输、仓储租赁、金融保险、邮电通信、咨询经纪、文化体育、科学研究、技术服务、教育培训、餐饮住宿、中介代理、卫生保健、社区服务、旅游、娱乐、加工以及其他劳务服务活动取得的收入
转让财产收入	是指企业转让固定资产、生物资产、无形资产、股权、债权等财产取得的收入
股息、红利等权益性投资收益	是指企业因权益性投资从被投资方取得的收入
利息收入	是指企业将资金提供他人使用但不构成权益性投资，或者因他人占用本企业资金取得的收入，包括存款利息、贷款利息、债券利息、欠款利息等取得的收入
租金收入	是指企业提供固定资产、包装物或者其他有形资产的使用权取得的收入

（续表）

收入类型	内容
特许权使用费收入	是指企业提供专利权、非专利技术、商标权、著作权以及其他特许权的使用权取得的收入
接受捐赠收入	是指企业接受的来自其他企业、组织或者个人无偿给予的货币性资产、非货币性资产取得的收入
其他收入	是指企业取得的除《企业所得税法》第六条第（一）项至第（八）项规定的收入外的其他收入，包括企业资产溢余收入、逾期未退包装物押金收入、确实无法偿付的应付款项、已做坏账损失处理后又收回的应收款项、债务重组收入、补贴收入、违约金收入、汇兑收益等

2. 不征税收入的主要内容

《中华人民共和国企业所得税法》规定，收入总额中的下列收入为不征税收入，如表9－6所示。

表9－6　不征税收入的内容

不征税收入	内容
财政拨款	是指各级人民政府对纳入预算管理的事业单位、社会团体等组织拨付的财政资金，但国务院和国务院财政、税务主管部门另有规定的除外
依法收取并纳入财政管理的行政事业性收费、政府性基金	行政事业性收费，是指依照法律法规等有关规定，按照国务院规定程序批准，在实施社会公共管理，以及在向公民、法人或者其他组织提供特定公共服务过程中，向特定对象收取并纳入财政管理的费用。 政府性基金，是指企业依照法律、行政法规等有关规定，代政府收取的具有专项用途的财政资金
国务院规定的其他不征税收入	国务院规定的其他不征税收入，是指企业取得的，由国务院财政、税务主管部门规定专项用途并经国务院批准的财政性资金

（三）准予在税前进行扣除的项目

《中华人民共和国企业所得税法》第八条规定：“企业实际发生的与取得收入有关的、合理的支出，包括成本、费用、税金、损失和其他支出，准予在计算应纳税所得额时扣除”。内容如表9－7所示。

其中，有关的支出，是指与取得收入直接相关的支出。合理的支出，是指符合生产经营活动常规，应当计入当期损益或者有关资产成本的必要和正常的支出。

表9－7　准予在税前扣除的项目

项目	内容
成本	成本是指企业在生产经营活动中发生的销售成本、销货成本、业务支出以及其他耗费等
费用	费用是指企业在生产经营活动中发生的销售费用、管理费用和财务费用，已经计入成本的有关费用除外
税金	税金是指企业发生的除企业所得税和允许抵扣的增值税以外的各项税金及其附加。企业缴纳的增值税因其属于价外税，故不在扣除之列
损失	损失是指企业在生产经营活动中发生的固定资产和存货的盘亏、毁损、报废损失，转让财产损失，呆账损失，坏账损失，自然灾害等不可抗力因素造成的损失以及其他损失。企业发生的损失，减除责任人赔偿和保险赔款后的余额，依照国务院财政、税务主管部门的规定扣除。企业已经作为损失处理的资产，在以后纳税年度又全部收回或者部分收回时，应当计入当期收入
亏损	企业纳税年度发生的亏损，准予向以后年度结转，用以后年度的所得弥补，但结转年限最长不得超过五年。五年内不论纳税人是盈利还是亏损，都应连续计算弥补的年限。先亏先补，按顺序连续计算弥补期。亏损额不是企业利润表中的亏损额，是指企业依照企业所得税法中本条例的规定将每一纳税年度的收入总额减除不征税收入、免税收入和各项扣除后小于零的数额
其他支出	其他支出是指除成本、费用、税金、损失外，企业在生产经营活动中发生的与生产经营活动有关的、合理的支出

四、应纳企业所得税税额的计算

企业所得税实行按年计征、分期预缴、年终汇算清缴、多退少补的办法。其应纳所得税额的计算分为预缴所得税额计算和年终汇算清缴所得税额计算两部分。

（一）按月（季）预缴所得税的计算方法

纳税人预缴所得税时，应当按纳税期限内应纳税所得额的实际数预缴；按实际数预缴有困难的，可按上一年度应纳税所得额的1/12或1/4预缴，或者经当地税务机关认可的其他方法分期预缴所得税。其计算公式为：

月（季）应纳所得税额＝月（季）应纳税所得额×25%

＝上年应纳税所得额×1/12（或1/4）×25%

（二）年终汇算清缴的所得税的计算方法

全年应纳所得税额 = 全年应纳税所得额 × 25%

多退少补所得税额 = 全年应纳所得税额 − 月（季）已预缴所得税额

企业所得税税款应以人民币为计算单位。若所得为外国货币的，应当按照国家外汇管理机关公布的外汇汇率折合人民币缴纳。

例9－8：荣锦酒店2013年全年应税所得额240万元。2014年企业经税务机关同意，每月按2013年应纳税所得额的1/12预缴企业所得税。2014年全年实现利润经调整后的应纳税所得额为300万元。计算该酒店2014年每月应预缴的企业所得税，年终汇算清缴时应补缴的企业所得税。

分析与计算：

（1）2014年1—12月每月应预缴所得税额：

月应纳税额 = 240 ÷ 12 × 25% = 5（万元）。

（2）2014年1—12月实际预缴所得税额：

实际预缴额 = 5 × 12 = 60（万元）。

（3）2014年全年应纳所得税税额：

应纳税额 = 300 × 25% = 75（万元）。

（4）年终汇算清缴时应补缴所得税额：

应补缴所得税额 = 75 − 60 = 15（万元）。

五、企业所得税的缴纳

企业所得税实行按年计算、分月或分季预缴、年终汇算清缴、多退少补的征纳办法。具体纳税期限由主管税务机关根据纳税人应纳税额的大小，予以核定。

（一）企业所得税的缴纳期限

企业所得税分月或者分季预缴，其相应的交纳期限如下：

（1）企业应当自月份或者季度终了之日起十五日内，向税务机关报送预缴企业所得税纳税申报表，预缴税款。

（2）企业应当自年度终了之日起五个月内，向税务机关报送年度企业所得税纳税申报表，并汇算清缴，结清应缴应退税款。企业在报送企业所得税纳税申报表时，应当按照规定附送财务会计报告和其他有关资料。

（3）企业在年度中间终止经营活动的，应当自实际经营终止之日起六十日内，向税务机关办理当期企业所得税汇算清缴。企业应当在办理注销登记前，就其清算所得向税务机关申报并依法缴纳企业所得税。

企业所得税的清缴，由纳税人自行计算年度应纳税所得额和应缴所得税额，根据预缴税款情况，计算全年应缴纳税额，并填写纳税申报表，在税法规定的申报期内向税务机关进行年度纳税申报，经税务机关审核后，办理结清手续。

（二）企业所得税的纳税年度

企业所得税按纳税年度计算。纳税年度自公历 1 月 1 日起至 12 月 31 日止。

企业在一个纳税年度中间开业，或者终止经营活动，使该纳税年度的实际经营期不足十二个月的，应当以其实际经营期为一个纳税年度。

企业依法清算时，应当以清算期间作为一个纳税年度。

六、企业所得税的账务处理

企业的生产、经营所得和其他所得，依照有关《所得税暂行条例实施细则》的规定需要交纳所得税。企业应交纳的所得税，在“应交税费”科目下设置“应交企业所得税”明细科目核算。当期应计入损益的所得税，作为一项费用在净收益前扣除。企业按照一定方法计算计入损益的所得税，借记“所得税费用”科目，贷记“应交税费——应交企业所得税”科目。交纳的企业所得税，借记“应交税费——应交企业所得税”科目，贷记“银行存款”科目。

第四节　其他税种

一、房产税、土地使用税、车船税

房产税是国家以房屋为征税对象，按房屋的计税余额，向产权所有人征收的一种财产税。房产税依照房产原值一次减除 10% ~30% 后的余额计算交纳。没有房产原值作为依据的，由房产所在地税务机关参考同类房产核定；房产出租的，以房产租金收入为房产税的计税依据。

土地使用税是在城市、县城、建制镇和工矿区范围内使用土地的单位和个人，以实际占用的土地面积为计税依据，依照规定税额计算征收的一种税。

车船税由拥有并且使用车船的单位和个人交纳。车船税按照适用税额计算交纳。

企业按规定计算应交的房产税、土地使用税、车船税和印花税时，借记“营业税金及附加”科目，贷记“应交税费——应交房产税（或土地使用税、车船税、印花税）”科目；上交税款时，借记“应交税费——应交房产税（或土地使用税、车船税、印花税）”科目，贷记“银行存款”科目。

例9－9：2014年3月末，荣锦酒店当月按规定税率计算，应交纳房产税2 000元、土地使用税3 200元、车船税6 400元、印花税320元。根据有关凭证做会计分录如下：

借：营业税金及附加　　11 920

　　贷：应交税费——应交房产税　　2 000

　　　　　　　　——应交土地使用税　　3 200

　　　　　　　　——应交车船税　　6 400

　　　　　　　　——应交印花税　　320

二、城市维护建设税和教育费附加

城市维护建设税和教育费附加是国家对缴纳增值税、消费税、营业税的单位和个人，就其交纳的增值税、消费税、营业税税额为计税依据征收的两种税。计算公式为：

应纳税额＝(应交增值税＋应交消费税＋应交营业税)×适用税率

城市维护建设税的税率因纳税人所在地不同，从1%到7%不等：

(1)纳税人所在地为市区的，税率为7%；

(2)纳税人所在地为县城、镇的，税率为5%；

(3)纳税人所在地不在市区、县城或者镇的，税率为1%。

教育费附加的征收率一律为3%。

企业按规定计算出应交纳的城市维护建设税和教育费附加，借记"营业税金及附加"科目，贷记"应交税费——应交城市维护建设税(或应交教育费附加)"科目，交纳的城市维护建设税，借记"应交税费——应交城市维护建设税(或应交教育费附加)"科目，贷记"银行存款"科目。

例9－10：2014年4月末，荣锦酒店当期实际应上交的流转税(营业税、增值税)为75 700元，适用的城市维护建设税税率为7%。根据有关凭证，做会计分录如下：

(1)计算应交的城市维护建设税5 299元(75 700×7%)。

借：营业税金及附加　　5 299

　　贷：应交税费——应交城市维护建设税　　5 299

(2)用银行存款上交城市维护建设税时：

借：应交税费——应交城市维护建设税　　5 299

　　贷：银行存款　　5 299

三、个人所得税

个人所得税是对个人取得的各项所得征收的一种所得税。根据税法规定，个人所得税代扣代缴和纳税人自行申报相结合的征收方式。支付所得的单位或个人为扣缴义务人。企业为核算扣缴职工个人所得税的情况，应在“应交税费”科目下设置“应交个人所得税”明细科目。企业按规定计算应代扣代缴的职工个人所得税，借记“应付职工薪酬”科目，贷记“应交税费——应交个人所得税”科目。交纳的个人所得税，借记“应交税费——应交个人所得税”科目，贷记“银行存款”科目。

四、企业税款的先征后返

企业按照规定实行企业所得税、增值税、消费税、营业税等先征后返的，应当在实际收到返还的企业所得税、增值税(不含出口退税)、消费税、营业税等时，借记“银行存款”科目，贷记“营业外收入”科目。

第五节　税金涉及的主要税务问题

1. 税金长期挂账的问题

例9－11：某酒店在“应交税费——应交个人所得税”科目中核算代扣代缴的个人所得税。税务人员在对科目明细账进行审计时发现，2014年“应交税费——应交个人所得税”科目年初贷方余额为1.2万元，而2014年年末该科目贷方余额为1.8万元，当年借方累计发生额为0.8万元，贷方累计发生额为1.4万元。当年借方累计发生额为什么小于年初贷方余额，是否存在少缴个人所得税的情况。经核实，酒店计提的个人所得税是正确的，但是存在应缴未缴的情况。该酒店老板承认，由于资金比较紧张，每年代扣的个人所得税只有部分上缴，而其余部分则长期挂账。

分析：该酒店存在代扣代缴税金长期挂账不缴的现象。

根据《中华人民共和国个人所得税法》第九条规定：“扣缴义务人每月所扣的税款，自行申报纳税人每月应纳的税款，都应当在次月十五日内缴入国库，并向税务机关报送纳税申报表。工资、薪金所得应纳的税款，按月计征，由扣缴义务人或者纳税义务人在次月十五日内缴入国库，并向税务机关报送纳税申报表。”根据《中华人民共和国税收征收管理法》第三十二条规定：“纳税人未按照规定期限缴纳税款的，扣缴义务人未按照规定期限解缴税款的，税务机关除责令限期缴纳外，从滞纳税款之日起，按日加收滞纳税款0.5‰的滞纳金。”

因此，该酒店不仅应及时缴纳应缴未缴的个人所得税款，而且应就欠缴的税款缴纳相应的滞纳金。

2. 转让无形资产少缴税款的问题

例 9－12：税务人员检查某酒店 2014 年度会计报表时，发现该酒店于当年 6 月与 A 公司签订的无形资产使用权转让协议书，将酒店的专利技术使用权作价 50 万元转让给 A 公司使用；协议规定 A 公司于当年的 6 月 30 日前向该酒店付款 25 万元，余款于次年的年底前付清。无形资产转让手续分两次办理：第一次手续于当年的 11 月 30 日办理完毕；第二次手续仍在办理中。该酒店所做的账务处理为：借记“银行存款”科目 250 000 元，贷记“其他业务收入”科目 250 000 元。税务人员进一步检查了该酒店无形资产使用权有偿转让协议，证实了上述交易确实发生。但查阅该酒店有关纳税申报资料和税务部门汇算清缴确认文件时，发现该酒店没有按税法规定计缴营业税。

分析：该酒店未按税法规定计缴营业税。按照《中华人民共和国营业税暂行条例》的规定，企业转让无形资产应按向对方收取的全部价款和价外费用（包括向对方收取的手续费、基金、集资款、代收款项、代垫款项及其他各种性质的价外收费）乘以税率缴纳营业税。

因此，该酒店应做纳税调整处理，补缴尚未支付款项但已发生的转让行为的营业税、城市维护建设税和教育费附加。

第六节　税金涉及的主要审计问题

1. 隐匿收入偷逃税款的问题

例 9－13：某酒店餐饮企业 2014 年 1—9 月的累计营业额为 100 万元，并据此缴纳营业税 17 万元。税务人员于 2014 年 10 月对其 2014 年 1—9 月的经营收入采取顺查法、比较分析法等进行了核实。税务人员首先根据增值税发票本数及起讫号码，逐月逐本核对其有关丢失、转借、代开、外带等违章行为，检查结果表明未发现有上述发票违章现象。于是，税务人员根据平时掌握的信息迅速到与其经常有业务往来的海鸿公司对其财务情况进行延伸检查。通过审查账簿凭证，从中找出该酒店餐饮企业开具的一张号码为 062940 的收款收据，时间为 2014 年 3 月 12 日，金额 2 800 元，税务人员当即将收据复印。据此，税务人员又赶回该酒店餐饮企业，找企业主谈话询问，在讲明政策、澄清利害关系后，督促其交代是否在使用外购或自制收据代替增值税专用发票的情况。该企业主起先不予交代，在税务人员出示证据后才不得不承认有两本外购的收款收据代替发票使用。最终发现该业主共隐瞒了 24 万元营业收入的事实。

分析：从该案件可以看出，该酒店采取不开具增值税发票、不入账、不纳税申报，从中偷逃税的“三不”现象带有普遍性。在审计过程中应重点关注酒店餐饮企业使用外购或自制发票代替增值税专用发票隐瞒收入的情况，由于酒店的收入基本上都属于账外收入，在账上很难发现问题。因此，尤其要积极开展外调工作，从消费单位原始及记账凭证中寻找蛛丝马迹，对有重大疑问的单据要一查到底，使作弊行为无处藏身。

第十章
小微酒店餐饮企业长期负债的会计核算

第一节　长期借款

长期借款是企业向银行或其他金融机构借入的期限在一年以上(不含一年)的一个营业周期以上的各项借款。为了核算企业借入的长期借款情况，应设置“长期借款”科目，该科目的贷方登记借入长期借款的本金和按期计提的利息，借方登记偿还的本金和支付的利息，期末贷方余额反映尚未偿还的借款本息。该科目按贷款单位设置明细账，并按贷款种类进行明细核算。

在小企业会计准则下，应当按照借款本金和借款合同利率计算利息费用。

企业借入长期借款，借记“银行存款”科目，贷记“长期借款”科目。在应付利息日，应当按照借款本金和借款合同利率计提利息费用，借记“财务费用”“在建工程”等科目，贷记“应付利息”科目。偿还长期借款本金，借记“长期借款”科目，贷记“银行存款”科目。

例10-1：荣锦酒店2014年1月1日从银行取得周转借款1 200 000元，期限3年，年利率8%，每年年底归还借款利息，到期一次还本。款项已存入银行。做会计分录如下：

(1)取得借款时：

借：银行存款　　1 200 000

　　贷：长期借款　　1 200 000

(2)第一年年末计息时：

借：财务费用　　(1 200 000×8%)96 000

　　贷：应付利息　　96 000

(3)偿还借款利息时：

借：应付利息　　96 000

　　贷：银行存款　　96 000

(4)第二年处理同上。

(5)第三年偿还借款本金和最后一期利息时：

借：财务费用　　96 000

　　贷：应付利息　　96 000

借：长期借款　　1 200 000
　　应付利息　　96 000
　　贷：银行存款　　1 296 000

第二节　长期应付款

长期应付款指企业除长期借款以外的其他各种长期应付款。企业的长期应付款主要包括：应付融资租入固定资产的租赁费、以分期付款方式购入固定资产发生的应付款项等。为核算企业偿还期在一年以上的各种长期应付款(除长期借款)应设置“长期应付款”科目。该科目贷方登记应付未付的长期应付款，借方登记已经支付的长期应付款，期末贷方余额反映企业尚未支付的各种长期应付款。该科目应按长期应付款的种类和债权人设置明细账，进行明细核算。

一、融资租入固定资产

融资租入固定资产，应在租赁开始日，按照租赁合同约定的付款总额和在签订租赁合同过程中发生的相关税费等，借记“在建工程”或“固定资产”科目，按应支付的融资租赁费，贷记“长期应付款”科目，按应支付的其他相关费用，贷记“银行存款”“应付账款”等科目。按期支付融资租赁费时，借记“长期应付款”科目，贷记“银行存款”科目。租赁期满，如合同规定将设备所有权转归承租企业，应当进行转账，将固定资产从“融资租入固定资产”明细科目转入有关明细科目。

例 10－2：荣锦酒店融资租入一台机器设备，租期 5 年，该设备价值为 2 000 000 元，租赁合同规定租金分 5 年于每年年末等额支付，该项设备不需安装即可投入使用。设备预计净残值为 40 000 元，采用直线法计提折旧。租赁期满后设备归承租方所有。做会计分录如下：

(1)租赁开始日：

借：固定资产——融资租入固定资产　　2 000 000
　　贷：长期应付款——应付融资租赁款　　2 000 000

(2)每年支付租金时：

借：长期应付款——应付融资租赁款　　(2 000 000 ÷ 5)400 000
　　贷：银行存款　　400 000

(3)每年按期计提折旧时：

借：制造费用　　(400 000 － 40 000 ÷ 5)392 000
　　贷：累计折旧　　392 000

(4)租赁期满后，该项融资租入固定资产转为承租方所有时：

借：固定资产——生产用固定资产　　2 000 000

　　贷：固定资产——融资租入固定资产　　2 000 000

企业长期应付款所发生的借款费用(包括利息、汇兑损益等)比照长期借款费用处理的规定办理。

二、分期付款方式购入固定资产

以分期付款方式购入固定资产，应当按照实际支付的购买价款和相关税费(不包括按照税法规定可抵扣的增值税进项税额)，借记“固定资产”或“在建工程”科目，按照税法规定可抵扣的增值税进项税额，借记“应交税费——应交增值税(进项税额)”科目，贷记“长期应付款”科目。

第三节　长期负债涉及的主要税务问题

1. 长期借款利息错列费用的问题

例 10－3：2014 年，税务人员对某酒店的“财务费用”和“长期借款”账户进行审计时，发现该酒店当年 4—7 月每月预提利息费用 20 000 元，共计 8 万元，记入“财务费用”科目。经询问酒店并无短期借款，调阅记账凭证，发现其摘要注明为 2013 年的基建借款 10 万元，月利率 2%。但税务人员经核实发现，该工程并没有发生中断，工期并未延长。很明显，该酒店人为增加了企业费用，达到减少利润、偷漏所得税的目的。

分析：在这个案例中，酒店为了达到少缴企业所得税的目的，利用长期借款科目调节利润。

根据《小企业会计制度》的规定：“为购建固定资产而发生的专门借款，在满足借款费用开始资本化的条件时至构建的固定资产达到预定可使用状态前发生的借款费用，应计入固定资产成本；在固定资产达到预定可使用状态以后发生的，应于发生时计入当期财务费用。如果固定资产的构建活动发生非正常中断，并且中断时间连续超过 3 个月，应当暂停借款费用的资本化，将其确认为当期费用，直至资产的构建活动重新开始。”

因此，该酒店餐饮企业应调整账务，补交欠缴的所得税。

2. 虚增融资租赁固定资产的问题

例 10－4：某酒店融资租入一台食品加工设备，租赁费 5 万元，租赁期为 3 年。但该酒店实际入账时，人为虚列固定资产 10 万元。审计人员在审计过程中发现该酒店“长期应付款”明细账中有两笔5万元，并且付款日期很接近。经调查，发现第一笔资金5万元是支付给A公司的，而第二笔则是支付给一个名叫张某的人的。该酒店财务人员解释张某就是A公司的人，但是一直联系不上。审计人员函证A公司，只收到5万元，该酒店财务人员不得不承认虚增固定资产，以达到多计固定资产和套取资金的目的。

分析：有些企业在融资租赁付款期满后继续付款，将多余的款项从对方提取，存入部门“小金库”或私分。

根据《中华人民共和国会计法》第二章第九条规定：“各单位必须根据实际发生的经济业务事项进行会计核算，填制会计凭证，登记会计账簿，编制财务会计报告。任何单位不得以虚假的经济业务事项或资料进行会计核算。”

而本例中，该酒店以虚假的经济业务进行会计核算，其结果既虚增固定资产，待摊销时虚减利润，偷逃国家税款，又套取资金形成“小金库”。因此，该酒店不仅应原数交回套取的资金，冲回虚增的固定资产，同时还要补缴所欠的企业所得税，接受必要的罚款。

第四节　长期负债涉及的主要审计问题

1. 融资租入固定资产不计提折旧的问题

例10－5：审计人员对某酒店账务进行审计时，发现该酒店长期应付款账户有大量融资租入固定资产，再检查有关折旧账户，并未有相应的折旧计提。该酒店未计提折旧，实质上是虚减成本、虚增利润，经询问该酒店经理得知，该酒店是某酒店集团的挂靠企业，虽然自负盈亏，但每年都要完成一定的利润考核指标，否则会因达不到加盟条件而退出。因此，该企业为了少计费用，对融资租入固定资产从不计提折旧，从而达到人为调节利润的目的。

分析：根据《小企业会计准则》的规定，融资租入的固定资产，按照租赁协议或者合同确定的价款，加上运输费、保险费、安装调试费以及融资租入固定资产达到预定可使用状态前发生的利息支出和汇兑损益后的金额作为其成本。融资租入的固定资产，应该当采用与自有应计折旧固定资产相一致的折旧政策。

在审计时，应通过查找相关融资租赁合同，计算融资租入固定资产应入账的金额，对比固定资产及长期应付款等账户，将企业融资租赁资产的金额全部进行核实。同时，对累计折旧科目涉及融资租赁的资产应提及已提折旧进行分析归类，查找融资租赁固定资产的入账及折旧计提是否准确。

2. 混淆资本化利息的问题

例10－6：审计人员对某酒店进行审计。该酒店2013年1月1日向银行借入款项60万元，年利率10%，期限2年，用于建造酒楼。酒楼于2013年3月1日动工，2014年8月31日完工。审计人员从中发现，该酒店2013年将当年所发生的利息全部计入财务费用，2014年为了体现利润，又将当年所发生的利息全部计入固定资产，在固定资产支付使用后做“借：固定资产，贷：长期借款”的账务处理，不将利息计入期间费用。审计人员经计算，确定2013年和2014年应计入财务费用的利息各为1万元和2万元。

分析：根据我国《小企业会计准则》的规定，企业长期借款在固定资产建造期间的利息费用应予以资本化，不能计入期间损益；在固定资产支付使用后发生的利息支出，可直接计入当期损益。

在审计中，应注意对企业固定资产资本化利息的核查，可通过以下审计程序来完成：

(1)获取或编制长期借款分类明细台账；

(2)对长期借款明细余额进行分析；

(3)向银行函证借款及应付利息，尤其注意借款本金是否归还和利率是否有调整；

(4)查找未入账的借款；

(5)检查长期借款是否已在会计报表及附注中得到恰当披露。

第十一章
小微酒店餐饮企业所有者权益的会计核算

所有者权益是指企业所有者在企业资产中享有的经济利益。所有者权益在数量上等于全部资产减去全部负债后的余额。从其形成来源看，所有者权益主要来源于企业投资者的初始投资、按合同章程追加的投资以及企业在生产经营期间实现的留存收益。

《小企业会计准则》依据各类所有者权益性质，将企业的所有者权益划分为实收资本、资本公积、盈余公积和未分配利润。其中，盈余公积和未分配利润又统称为留存收益。

第一节　实收资本

一、实收资本的概述

实收资本是指投资者按照企业章程或者合同、协议的约定，作为资本投入企业的各种财产，是企业注册登记的法定资本总额的来源，它表明所有者对企业的基本产权关系。我国法律规定，企业申请设立必须具备一定的资本金，这种由法律规定的企业资本金的最低数额，称为法定资本金。企业实际收到的，并且作为投资人投入资本金的资金，就是实收资本金。

二、我国《公司法》关于注册资本的规定

2013 年 12 月 28 日，第十二届全国人民代表大会常务委员会第六次会议修订通过了新的《中华人民共和国公司法》，新修订的《公司法》自 2014 年 3 月 1 日起施行。在《公司法》中，对有关注册资本的规定进行了比较大的修订。

（一）关于最低注册资本的规定

《公司法》规定："有限责任公司的注册资本为在公司登记机关登记的全体股东认缴的出资额。"取消了之前对具体出资额的明确限定，包括一人有限责任公司。

（二）关于出资限额的规定

《公司法》规定："有限责任公司的注册资本为在公司登记机关登记的全体股东认缴的

出资额。法律、行政法规对有限责任公司资本实缴、注册资本最低限额另有规定的，从其规定。”

三、实收资本的账务处理

根据我国有关法律的规定，投资者投入资本的方式可以有多种，如投资者可以用现金资产投资，也可以用非现金资产投资。在国家规定的比例范围内，还可以用无形资产投资。

（一）企业接受的现金资产投资

投资者以现金投入的资本，应以实际收到或者存入企业开户银行的金额，借记“银行存款”科目，按投资者应享有企业注册资本的份额计算的金额，贷记“实收资本”科目，按其差额，贷记“资本公积——资本溢价”科目。

例 11－1：荣锦酒店注册资本为 150 万元。根据合同约定，该酒店收到 E 投资者投入的资本 100 万元，F 投资者投入的资本 50 万元，款项已全部存入酒店的开户银行。做会计分录如下：

借：银行存款　　1 500 000

　　贷：实收资本——E 投资者　　1 000 000

　　　　　　　　——F 投资者　　500 000

（二）企业接受的非现金资产投资

投资者以非现金资产投入的资本，应按投资各方确认的价值，或合同协议约定的价值，借记有关资产科目，贷记“实收资本”和“资本公积——资本溢价”科目。

例 11－2：荣锦酒店属于小微企业，收到某企业作为资本投入的不需要安装的机器一台，双方确认的价值为 200 万元。做会计分录如下：

借：固定资产　　2 000 000

　　贷：实收资本——某企业　　2 000 000

四、资本变动的账务处理

我国有关法律和《小企业会计准则》规定，企业可以根据有关规定增加或减少注册资本。相应的账务处理如图 11－1 所示。

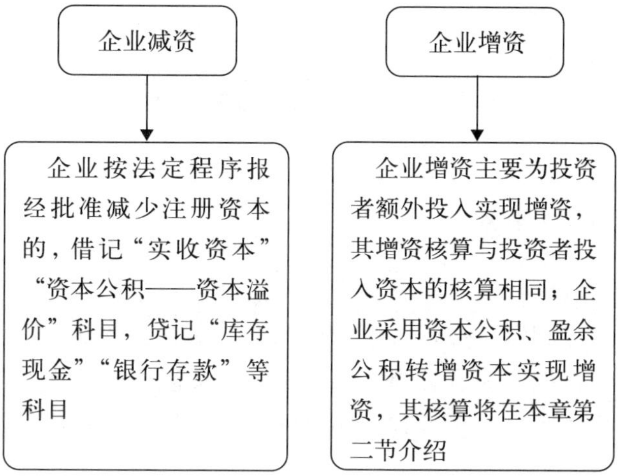

图 11－1　企业资本变动的账务处理

第二节　资本公积

一、资本公积的概述

资本公积是企业从筹资过程中形成的资本增值，将资本公积与实收资本相区分，有利于维护投资人按出资比例分享权益；将资本公积与经营损益相区分，则可以有效地避免将筹资过程中的资本增值当作经营利润分配，有利于资本保全。

资本公积应设置“资本公积”科目进行核算，凡是引起资本公积增加的项目记入贷方，引起资本公积减少的项目记入借方，期末余额在贷方，表示资本公积的结存数。

二、资本公积的账务处理

收到投资者投入的资产，应按实际收到的金额或确定的价值，借记“银行存款”“固定资产”等科目，按其应享有企业注册资本的份额计算的金额，贷记“实收资本”科目，按其差额，贷记“资本公积——资本溢价”科目。

例 11－3：荣锦酒店原来由四个所有者投资组建，每一所有者各投资 25 万元，经营若干年后，有另一投资者加入该酒店，经协商，酒店将注册资本增加到 125 万元，该投资者缴入 35 万元拥有该酒店 20% 的份额。做会计分录如下：

借：银行存款	350 000	
贷：实收资本		250 000
资本公积——资本溢价		100 000

第三节　留存收益

一、留存收益的概述

留存收益是指企业从历年实现的利润中提取或留存于企业的内部积累，它来源于企业生产经营活动所实现的净利润。包括盈余公积和未分配利润两部分。

利润分配是指企业根据国家有关规定和投资者的决议，对企业当年可供分配的利润所进行的分配。可供分配的利润，按下列顺序分配：①弥补以前年度亏损；②提取法定盈余公积。

可供分配的利润减去弥补以前年度亏损的金额和提取的法定盈余公积后，为可供投资者分配的利润。可供投资者分配的利润，按下列顺序分配：①提取任意盈余公积；②应付普通股股利。如有应付优先股股利，应在提取任意盈余公积前分配。如图 11－2 所示。

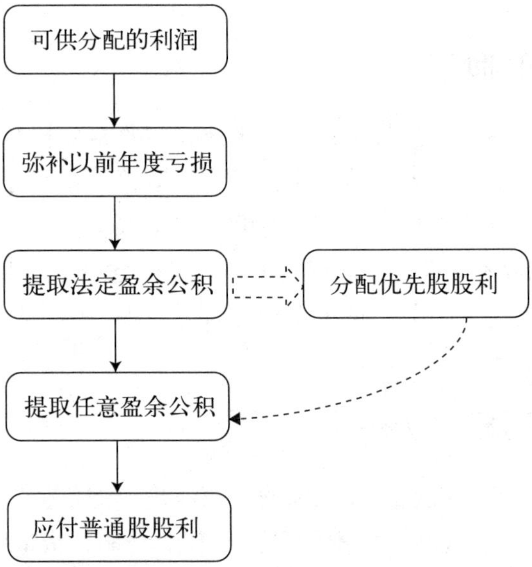

图 11－2　可供分配利润的分配顺序

(一)盈余公积的组成及用途

企业盈余公积包括法定盈余公积和任意盈余公积。如图 11－3 所示。

企业提取的盈余公积可用于弥补亏损、转增资本(或股本)，在符合规定的条件上也可用于扩大生产经营。

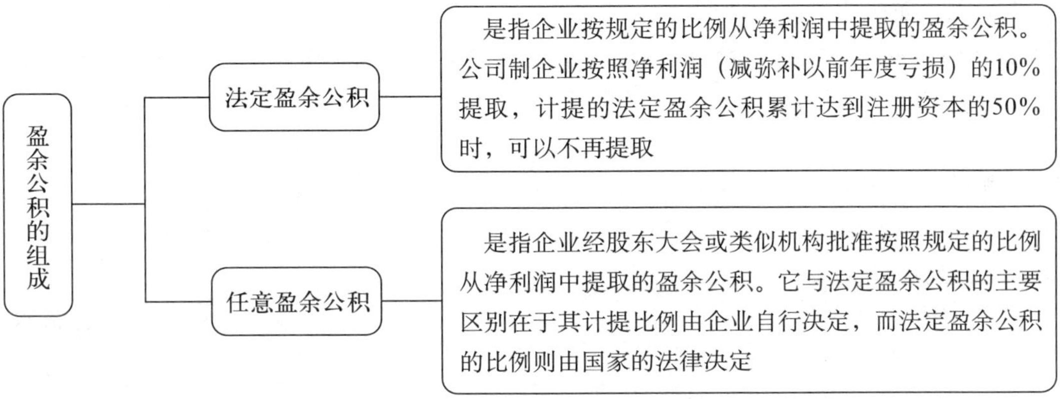

图 11－3　盈余公积的组成

（二）未分配利润的形成和用途

未分配利润是企业实现的净利润经过弥补亏损、提取盈余公积和向投资者分配利润后留存在企业的、历年结存的利润，通常用于留待以后年度向投资者进行分配。

二、留存收益的账务处理

（一）提取盈余公积

企业按规定提取盈余公积时，借记“利润分配——提取法定盈余公积、提取任意盈余公积”科目，贷记“盈余公积——法定盈余公积、任意盈余公积”科目。

例 11－4：荣锦酒店按税后盈利 1 000 000 元的 10% 提取法定盈余公积。做会计分录如下：

借：利润分配——提取法定盈余公积　　100 000
　　贷：盈余公积——法定盈余公积　　100 000

（二）盈余公积弥补亏损

企业经董事会或类似机构决议批准，用盈余公积弥补亏损时，借记“盈余公积”科目，贷记“利润分配——盈余公积补亏”科目。

例 11－5：荣锦酒店上年亏损 150 000 元，从盈余公积中弥补。做会计分录如下：

借：盈余公积　　150 000
　　贷：利润分配——盈余公积补亏　　150 000

（三）盈余公积转增资本

企业经批准用盈余公积转增资本时，应当于实际转增资本时，借记“盈余公积”科目，贷记“实收资本”等科目。

例11-6：荣锦酒店以盈余公积200 000元转作增资，增资后企业盈余公积仍不少于注册资本的25%。做会计分录如下：

借：盈余公积　　200 000

　　贷：实收资本　　200 000

（四）未分配利润

未分配利润是指“利润分配——未分配利润”账户的期末余额。企业为了核算利润的分配（或亏损的弥补）和历年分配（或弥补）后的余额，应设置“利润分配”科目，同时按照“应付利润”“未分配利润”等科目进行明细核算。

年度终了，企业将全年实现的净利润，自“本年利润”账户转入“利润分配——未分配利润”账户贷方，如为净亏损，则做相反的会计分录，同时将“利润分配”内的其他明细账户转入“利润分配——未分配利润”账户的借方，结转后“未分配利润”明细账户的借方余额即为未弥补的亏损；贷方余额为未分配的利润。

例11-7：荣锦酒店2014年年初未分配利润为20万元，2013年年度实现净利润600万元，当年提取法定盈余公积60万元，应付利润170万元。做会计分录如下：

借：本年利润　　6 000 000

　　贷：利润分配——未分配利润　　6 000 000

借：利润分配——未分配利润　　2 300 000

　　贷：利润分配——提取法定盈余公积　　600 000

　　　　　　　　——应付利润　　1 700 000

通过上述账务处理可以得到“利润分配——未分配利润”科目的年末贷方余额为3 900 000元（200 000+6 000 000-2 300 000），即为该酒店2013年年末的未分配利润数额。

第四节　所有者权益涉及的主要税务问题

1. 盈余公积虚列费用的问题

例11-8：某酒店2014年税前利润230万元，据此申报缴纳所得税57.5万元，利润表显示计提法定盈余公积15万元，未分配利润为135万元。税务人员随后检查发现，该酒店直接在成本费用中提取的法定盈余公积，计提盈余公积的账务处理为：借记“管理费用”科目，贷记“盈余公积——法定盈余公积”科目。

分析：以上案例中，该酒店的账务处理存在问题，直接影响了利润和企业所得税。法定盈余公积应在税后利润中进行提取，通过“利润分配”“盈余公积”科目进行处理，借记“利润分配——提取法定盈余公积 ”科目，贷记“盈余公积——法定盈余公积”科目。

因此，该酒店应调整相关账务，补缴欠缴的企业所得税。

2. 盘盈资产未计收入的问题

例 11 –9：某酒店在对自身资产进行盘查时，发现未入账的加工机器设备一台，价值50 000 元。该酒店将未入账固定资产进行了账务处理，借记“固定资产”科目，贷记“资本公积”科目。但税务机关认为其账务处理错误，少缴了企业所得税。

分析：税务机关的认定是有理由的。在这个案例中，酒店盘盈资产已经入账，但账务处理存在问题，少计了营业外收入，以至于少缴企业所得税。

根据《中华人民共和国企业所得税法实施条例》规定，盘盈的固定资产，以同类固定资产的重置完全价值为计税基础入账，并入其他收入(包括企业资产溢余收入、逾期未退包装物押金收入等)，也就是会计上的对营业外收入征收企业所得税。

因此，该酒店应调整相关账务，补缴欠缴的企业所得税。

第五节　所有者权益涉及的主要审计问题

1. 利用盈余公积隐瞒收入的问题

例 11 –10：审计人员对某酒店进行例行检查，在履行了常规的发票核对，账实、账账、账表核实等程序后，没有发现异常情况。但审计人员发现，该酒店生意很好，据推算，每年不应该只有几万元的收入。审计人员初步判断有隐瞒收入的可能，但在往来科目并未发现有价值的线索。审计人员又了解到该酒店现金结算的客户比较少，通过银行存款隐瞒收入的可能性应该比较大。在对调阅的银行对账单与银行存款日记账进行核对后，并未发现账单不符和等额资金进出不符的情况，但审计人员在银行日记账上发现有多笔冲销错账的记录。抽查部分记账凭证发现，贷方科目全部是盈余公积，而所附原始凭证竟然是现金支票。原来该酒店为了隐瞒收入，想到通过盈余公积这个平时很少被关注的科目进行转账，而且对入账的银行存款采取了化整为零的做法，以冲销错账的方式分批取出。

分析：该酒店的做法比较隐蔽，与通过往来款隐瞒收入的方式实质上是一致的。上述案例告诉我们，在进行相关审计时，绝不可遗漏任何应关注的线索，除必要的常规审计外，关注可能隐藏收入的各类往来款项，如应收/应付款项、预收/预付款项、长期应付款、其他应收款等，当然更不能忽视平时很少被用作隐藏收入的资本公积、盈余公积等科目。

因此，当发现这些科目的金额有异常时，一定要进行仔细核查，尤其像本例中采用的错账冲销，而且不能只关注发生额的变化，因为如果是红字冲销，发生额也为零。

2. 违规虚假注册资本的问题

在审计类似问题时，要重点关注企业在成立后，主要是在验资，办理工商营业执照、机构代码证、税务登记证，开设银行基本账户这些必经过程后，是否有将注册资金转出的现象。

例 11 - 11：审计人员在对某酒店 2014 年账务进行审计时发现，该酒店“其他应收款——张某”的账户年初与年末的金额都为 30 万元，经追溯以前年度该账户情况，审计人员又发现这笔资金于 2012 年 2 月开始就一直挂账，原始凭证为张某的一张借条。是什么钱要挂这么长时间？企业财会人员解释是借给老板张某的钱，一直没有归还就挂在账上。但是，细心的审计人员发现，该酒店 2012 年 1 月才成立，注册资本正是 30 万元。由此，该酒店虚假注资的事实被发现。

分析：《公司法》要求注册资本与实缴资本必须一致，这样，公司在成立之初就必须一次性缴清注册资本金，因而许多想开公司而资金不足的，都会想方设法虚假注资，待注册成功后再把资金抽走，钻法律的空子。因为企业只有在银行基本账户批下来后才能将投资款转到基本账户，这时候钱才可以动用。否则投资人的款是不能被转走的。一些企业投资者投入的货币资金待验资后，反而以借款等名义达到变相抽走资本的目的。

第十二章
小微酒店餐饮企业收入、费用、利润的会计核算

第一节　收入

一、收入的概念

收入，是指企业在销售商品、提供劳务等日常活动中形成的经济利益的总流入。收入具有的基本特征如图 12－1 所示。

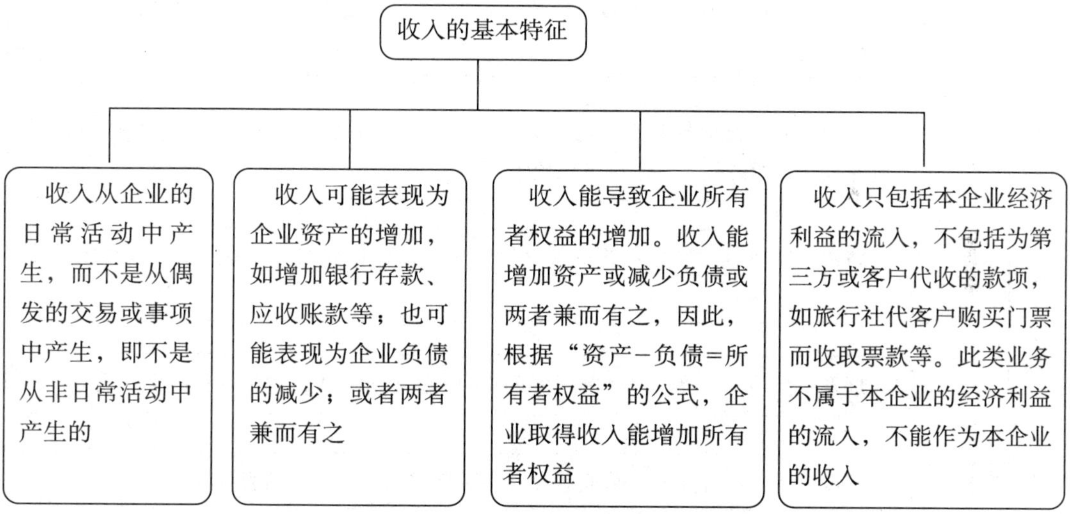

图 12－1　收入的基本特征

二、收入的分类

由于酒店餐饮企业是以提供劳务为主的综合性服务企业，因此，其收入范围非常广泛。酒店餐饮企业可按不同的分类标准，对收入进行不同的分类，以便加强管理与核算。如表 12－1 所示。

表 12－1　收入的分类

分类	内容
按收入的经济内容分类	销售商品收入
	提供劳务收入
按收入在企业生产经营活动中的主次程度分类	主营业务收入。主营业务收入一般占企业收入的比重比较大，相应地对企业经济利益产生的影响也较大
	其他业务收入。其他业务收入一般占企业收入的比重比较小，对企业经济利益产生的影响也较小

酒店餐饮企业因其经营的业务范围不同，主营业务收入的内容也就不同，可分为以下几类，如图 12－2 所示。

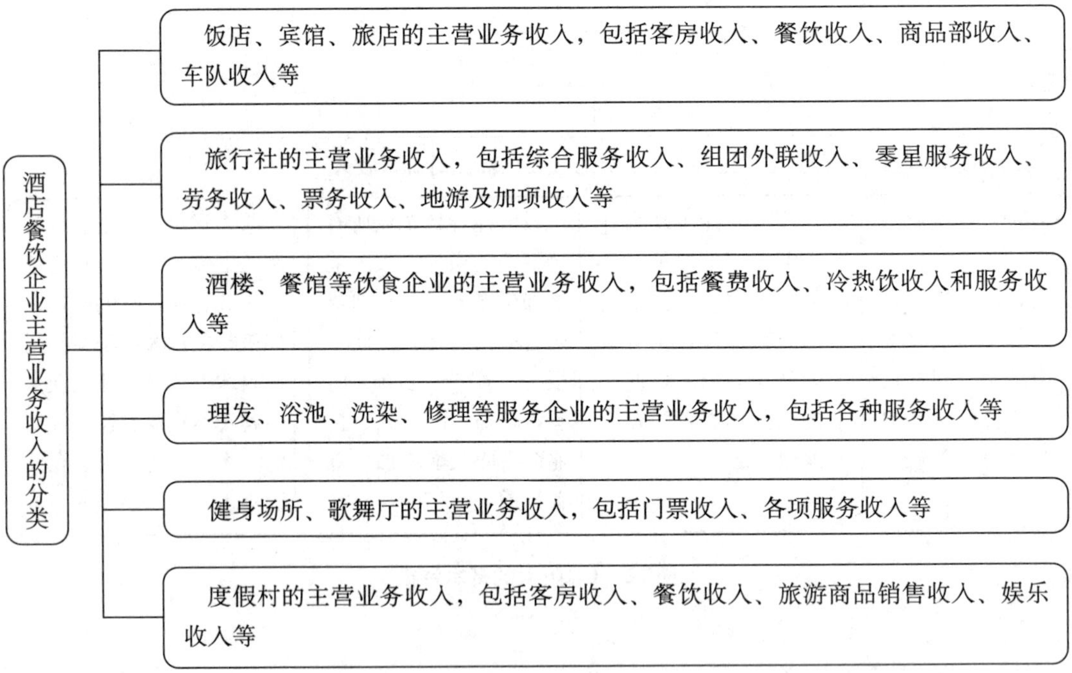

图 12－2　酒店餐饮企业主营业务收入的分类

酒店餐饮企业的其他业务收入主要包括提供咨询、提供复印、电传等服务的零星收入等。

三、收入的确认原则

收入的确认是一个非常重要的问题，它不仅关系到流转税纳税时间的确定，还会影响成本、费用的正确结转，以至于影响利润和应纳税所得额及应纳所得税额计算的正确性。同时，还应注意区分会计核算上的收入确认与税法上作为纳税依据的收入确认，二者不能混为一谈。

收入的确认实际上是指收入在什么时候入账，并在利润表上反映。《小企业会计准则》根据销售商品、提供劳务分别规定了收入的确认原则。

（一）销售商品收入的确认

1. 销售商品收入的确认条件

企业应当在发出商品且收到货款或取得收款权利时，确认销售商品收入。具体内容如图 12－3 所示。

企业销售商品收入的确认条件

- 销售商品采用托收承付方式的，在办妥托收手续时确认收入
- 销售商品采取预收款方式的，在发出商品时确认收入
- 销售商品采用分期收款方式的，在合同约定的收款日期确认收入
- 销售商品需要安装和检验的，在购买方接受商品以及安装和检验完毕时确认收入。安装程序比较简单的，可在发出商品时确认收入
- 销售商品采用支付手续费方式委托代销的，在收到代销清单时确认收入
- 销售商品以旧换新的，销售的商品作为商品销售处理，回收的商品作为购进商品处理
- 采取产品分成方式取得的收入，在分得产品之日按照产品的市场价格或评估价值确定销售商品收入金额

图 12－3　企业销售商品收入的确认条件

2. 销售商品收入的金额

企业应当按照从购买方已收或应收的合同或协议价款，确定销售商品收入金额。在商品销售的过程中还会涉及现金折扣与商业折扣。

（1）现金折扣。现金折扣，是指债权人为鼓励债务人在规定的期限内付款而向债务人提供的债务扣除。销售商品涉及现金折扣的，应当按照扣除现金折扣前的金额确定销售商品收入金额。现金折扣应当在实际发生时，计入当期损益。

（2）商业折扣。商业折扣，是指企业为促进商品销售而在商品标价上给予的价格扣除。销售商品涉及商业折扣的，应当按照扣除商业折扣后的金额确定销售商品收入金额。

3. 销售退回与销售折让

(1)销售退回。销售退回，是指企业售出的商品由于质量、品种不符合要求等原因发生的退货。企业已经确认销售商品收入的售出商品发生的销售退回(不论属于本年度还是属于以前年度的销售)，应当在发生时冲减当期销售商品收入，同时冲减退回当期的销售成本。

(2)销售折让。销售折让，是指企业因售出商品的质量不合格等原因而在售价上给予的减让。企业已经确认销售商品收入的售出商品发生的销售折让，应当在发生时冲减当期销售商品收入。

4. 同时销售商品与提供劳务

企业与其他企业签订的合同或协议包含销售商品和提供劳务时，销售商品部分和提供劳务部分能够区分且能够单独计量的，应当将销售商品的部分作为销售商品处理，将提供劳务的部分作为提供劳务处理。销售商品部分和提供劳务部分不能够区分，或虽能区分但不能够单独计量的，应当作为销售商品处理。

(二)提供劳务收入的确认和计量

企业提供劳务的收入，是指企业从事建筑安装、修理修配、交通运输、仓储租赁、邮电通信、咨询经纪、文化体育、科学研究、技术服务、教育培训、餐饮住宿、中介代理、卫生保健、社区服务、旅游、娱乐、加工以及其他劳务服务活动取得的收入。

企业对外提供劳务，如属于企业的主营业务，所实现的收入应作为主营业务收入处理，结转的相关成本应作为主营业务成本处理；如属于主营业务以外的其他经营活动，所实现的收入应作为其他业务收入处理，结转的相关成本应作为其他业务成本处理。

企业在对提供劳务收入进行会计核算时，如果提供劳务的时间较长，企业在进行收入的确认时应区分劳务的提供是否跨年度：

(1)在同一会计年度开始并完成的劳务，应当在提供劳务交易完成且收到款项或取得收款权利时，确认提供劳务收入。提供劳务收入的金额为从接受劳务方已收或应收的合同或协议价款。

(2)如果劳务的开始和完成分属不同的会计年度，应当按照完工进度确认提供劳务收入。企业在年度资产负债表日，按照提供劳务收入总额乘以完工进度扣除以前会计年度累计已确认提供劳务收入后的金额，确认本年度的提供劳务收入；同时，按照估计的提供劳务成本总额乘以完工进度扣除以前会计年度累计已确认营业成本后的金额，结转本年度营业成本。

在第(2)种情况下，收入确认一般采用完工百分比法，包括两个步骤：

首先是确定劳务的完成程度。一般可以采用以下方法确定：

①已完工作的测量。这是一种比较专业的测量法，由专业测量师对已经完成的工作或工程进行测量，并按一定方法计算劳务的完工程度。

②已经提供的劳务占应提供劳务总量的比例。这种方法主要以劳务量为标准，确定劳务的完工程度。

③已经发生的成本占估计总成本的比例。

其次就是计算。本期应确认的劳务收入和劳务成本应按以下公式计算：

本期确认的收入＝劳务总收入×本期末止劳务的完成程度－以前期间已确认的收入

本期确认的成本＝劳务总成本×本期末止劳务的完成程度－以前期间已确认的成本

其中，劳务总收入是指劳务关系双方签订的劳务合同中注明的交易总金额或协议约定的交易总金额。劳务总成本是指至资产负债表日已发生的成本和完成整个劳务还需发生的成本之和。

四、收入的账务处理

(一)主营业务收入

企业应设置"主营业务收入"科目核算主营业务收入的增减变动情况。"主营业务收入"科目的贷方登记企业取得的各项主营业务收入；借方登记期末结转"本年利润"科目的数额，期末结转后，该科目应无余额。其明细账应按主营业务的种类设置。

企业销售商品或提供劳务实现的收入，应当按照实际收到或应收的金额，借记"银行存款""应收账款"等科目，按照税法规定应交纳的增值税额，贷记"应交税费——应交增值税(销项税额)"科目，按照确认的销售商品收入，贷记"主营业务收入"科目。

发生销货退回(不论属于本年度还是属于以前年度的销售)，按照应冲减销售商品收入的金额，借记"主营业务收入" 科目，按照实际支付或应退还的金额，贷记"银行存款""应收账款"等科目。涉及增值税销项税额的，还应进行相应的账务处理。

(二)其他业务收入

企业应设置"其他业务收入"科目核算除主营业务活动以外的其他日常生产经营活动实现的收入。包括：出租固定资产、出租无形资产、销售材料等实现的收入。"其他业务收入"账户的结构与"主营业务收入"账户相同，贷方登记各项其他业务收入的发生数，借方登记期末结转"本年利润"账户的数额，期末结转后，该账户亦无余额。该科目应按其他业务的种类设置明细账，进行明细核算。

企业确认的其他业务收入，借记"银行存款""其他应收款"等科目，贷记"其他业务收入"科目。涉及增值税销项税额的，还应进行相应的账务处理。

第二节　期间费用

期间费用，亦称期间成本，与一定期间相联系，是指直接从企业当期销售收入中扣除的费用。从企业的损益确定来看，期间费用与产品销售成本、产品销售税金及附加一起从产品销售收入中扣除后作为企业当期的营业利润。当期的期间费用是全额从当期损益中扣除的，其发生额不影响下一个会计期间。期间费用包括管理费用、销售费用和财务费用等。

一、管理费用

（一）管理费用的概述

管理费用是指企业行政管理部门为组织和管理企业生产经营活动所发生的各项费用，管理费用包括的内容较多，以酒店餐饮企业为例，具体包括如表12－2所示。

表12－2 管理费用的内容

项目	具体内容
企业经费	即企业管理人员工资、福利费、差旅费、办公费、折旧费、修理费、物料消耗、周转材料摊销和其他经费
劳动补偿费	因解除与职工的劳动关系给予的补偿
董事会费	即企业董事会或最高权力机构及其成员为执行职能而发生的差旅费、会议费等
审计费	即企业聘请注册会计师进行查账、验资、资产评估等发生的费用
诉讼费	即企业因起诉或应诉而支付的各项费用
长期待摊费用摊销	即企业对已提足折旧的固定资产的改建支出、经营租入固定资产的改建支出、固定资产的大修理支出和其他长期待摊费用等按月进行摊销的费用
财产保险费	即企业参加商业保险时缴纳的保险费
业务招待费	即企业为业务经营的合理需要在年销售净额一定比例之内支付的费用
咨询费	即企业向有关咨询机构进行经营管理咨询所支付的费用
筹建期间发生的开办费	即企业在筹办期间发生的相关人员的职工薪酬、办公费、培训费、差旅费、印刷费、注册登记费以及不计入固定资产成本的借款费用等费用

（二）管理费用的账务处理

企业应设置“管理费用”科目，反映管理费用的发生及结转。发生管理费用时，应分情况处理：

（1）企业在筹建期间内发生的开办费在实际发生时，借记“管理费用”科目，贷记“银行存款”等科目。

（2）行政管理部门人员的职工薪酬，借记“管理费用”科目，贷记“应付职工薪酬”科目。

（3）行政管理部门计提的固定资产折旧费和发生的修理费，借记“管理费用”科目，贷记“累计折旧”“银行存款”等科目。

(4)行政管理部门发生的办公费、水电费、差旅费，借记“管理费用”科目，贷记“银行存款”等科目。

(5)企业发生的业务招待费、相关长期待摊费用摊销、技术转让费、财产保险费、聘请中介机构费、咨询费(含顾问费)、诉讼费等，借记“管理费用”科目，贷记“银行存款”“长期待摊费用”等科目。

(6)企业自行研究无形资产发生的研究费用，借记“管理费用”科目，贷记“研发支出”科目。

例12－1：荣锦酒店于2014年6月份发生的管理费用及会计分录如下：

(1)开出支票，支付本月业务招待费等费用6 900元：

借：管理费用　　6 900

　　贷：银行存款　　6 900

(2)按规定计提行政管理部门固定资产折旧费2 500元，结算行政管理部门人员工资8 000元，结转领用周转材料实际成本300元：

借：管理费用　　10 800

　　贷：累计折旧　　2 500

　　　　应付职工薪酬　　8 000

　　　　周转材料　　300

(3)期末结转管理费用17 700元：

借：本年利润　　17 700

　　贷：管理费用　　17 700

二、销售费用

(一)销售费用的概念

销售费用是指企业销售商品或提供劳务过程中发生的费用，包括销售人员的职工薪酬、商品维修费、运输费、装卸费、包装费、保险费、广告费、业务宣传费、展览费等费用。

(二)销售费用的账务处理

企业应设置“销售费用”科目，核算企业发生的各项销售费用。该科目的借方登记发生的销售费用，贷方登记期末转入“本年利润”科目的销售费用，“销售费用”科目结转“本年利润”科目后无余额。企业发生各项销售费用时，借记“销售费用”科目，贷记“库存现金”“银行存款”“应付职工薪酬”等科目，期末将归集的销售费用全部转入本年利润时，借记“本年利润”科目，贷记“销售费用”科目。“销售费用”科目应按费用项目设置明细科目，进行明细分类核算。

例12-2：荣锦酒店于2014年5月份发生的销售费用及会计分录如下：

(1)开出转账支票，支付运输费、装卸费、广告费等8 760元：

借：销售费用　　8 760

　　贷：银行存款　　8 760

(2)根据发料凭证汇总表，登记产品销售领用包装材料5 830元：

借：销售费用　　5 830

　　贷：原材料　　5 830

(3)结转本月专设销售机构职工工资及福利费11 200元，其中：工资8 000元，福利费3 200元：

借：销售费用　　11 200

　　贷：应付职工薪酬　　11 200

(4)期末结账销售费用：

借：本年利润　　(8 760+5 830+11 200)25 790

　　贷：销售费用　　25 790

三、财务费用

(一)财务费用的概念

财务费用，指企业筹集生产经营所需资金而发生的各项费用，包括利息支出(减利息收入)、汇兑净损失、银行相关手续费、企业给予的现金折扣(减享受的现金折扣)等费用。应注意的是，企业为购建固定资产、无形资产和经过一年期以上的制造才能达到预定可销售状态的存货发生的借款费用，在“在建工程”“研发支出”“制造费用”等科目核算，不在本科目核算。

(二)财务费用的账务处理

企业应设置“财务费用”科目核算企业发生的各项财务费用。该科目的借方登记发生的财务费用，贷方登记期末转入“本年利润”科目的财务费用，“财务费用”科目结转“本年利润”科目后无余额。

(1)企业发生的利息费用、汇兑损失、银行相关手续费、给予的现金折扣等，借记“财务费用”科目，贷记“应付利息”“银行存款”等科目。

(2)持未到期的商业汇票向银行贴现，应当按照实际收到的金额(即减去贴现息后的净额)，借记“银行存款”科目，按照贴现息，借记“财务费用”科目，按照商业汇票的票面金额，贷记“应收票据”科目(银行无追索权情况下)或“短期借款”科目(银行有追索权情况下)。

(3)发生的应冲减财务费用的利息收入、享受的现金折扣等，借记“银行存款”等科目，贷记“财务费用”科目。

例 12-3：荣锦酒店于2014年6月份发生的财务费用及会计分录如下：

(1)用银行存款支付短期借款利息支出2 530元：

借：财务费用	2 530	
贷：银行存款		2 530

(2)用银行存款支付银行手续费360元：

借：财务费用	360	
贷：银行存款		360

(3)银行通知，第四季度银行存款利息收入530元：

借：银行存款	530	
贷：财务费用		530

(4)期末结转财务费用2 360元：

借：本年利润	2 360	
贷：财务费用		2 360

第三节 利润与利润分配

利润是企业在一定会计期间的经营成果，表现为企业净资产的增加，是反映企业经济效益的一个重要指标。

一、利润的构成

利润是由一定会计期间内生产经营活动所获得的各项收入抵减各项支出后形成的。相抵后若为正数，表示盈利；若为负数，则表示亏损。按其来源及构成的不同层次，可以将其分为营业利润、利润总额和净利润。

营业利润是指营业收入减去营业成本、营业税金及附加、销售费用、管理费用、财务费用，加上投资收益(或减去投资损失)后的金额。其中投资收益，由企业股权投资取得的现金股利(或利润)、债券投资取得的利息收入和处置股权投资、债券投资取得的价款扣除成本或账面余额、相关税费后的净额三部分构成。利润总额是指营业利润加上营业外收入，减去营业外支出后的金额。净利润是指利润总额减去所得税费用后的净额。

企业的上述利润构成可用公式表示如下：

营业利润 = 营业收入 - 营业成本 - 销售费用 - 管理费用 -
财务费用 - 营业税金及附加 + 投资收益(或减投资损失)

利润总额 = 营业利润 + 营业外收入 − 营业外支出

净利润 = 利润总额 − 所得税费用

二、本年利润的账务处理

上述利润构成中的主营业务收入、主营业务成本、营业税金及附加、其他业务收入、其他业务成本、投资收益等内容，其核算方法大多已在前面有关章节中做过介绍，这里主要介绍营业外收入、营业外支出、所得税费用和本年利润等的核算。

(一)营业外收入

营业外收入是指与企业生产经营活动无直接关系的各项非经常性收入，包括非流动资产处置净收益、政府补助、捐赠收益、盘盈收益、汇兑收益、出租包装物和商品的租金收入、逾期未退包装物押金收益、确实无法偿付的应付款项、已做坏账损失处理后又收回的应收款项、违约金收益等。

企业应设置“营业外收入”科目，核算企业发生的与其生产经营无直接关系的各项收入，期末应将该科目的余额转入“本年利润”科目，结转后该科目应无余额。该科目应按收入种类设置三栏式明细账，若企业营业外收入种类不多也可设置多栏式明细账，并按业务种类设置专栏进行明细分类核算。

根据《小企业会计准则》的规定，营业外收入的核算应按照如下几项处理。

(1)企业在生产经营期间，报废、转让固定资产所取得的收益，应借记“固定资产清理”科目，贷记“营业外收入”科目。

例 12－4：荣锦酒店 2014 年 4 月，某项固定资产进行报废清理，固定资产原价 50 000 元，累计折旧 48 000 元，发生清理费用 1 500 元，残余材料变价收入4 000 元。则结转固定资产清理收益的会计分录如下：

借：固定资产清理	2 000	
累计折旧	48 000	
贷：固定资产		50 000
借：固定资产清理	1 500	
贷：银行存款		1 500
借：银行存款	4 000	
贷：固定资产清理		4 000
借：固定资产清理	(4 000 − 2 000 − 1 500)500	
贷：营业外收入		500

例 12－5：荣锦酒店 2014 年 4 月转让一项固定资产，其原价为 40 000 元，已提折旧为 28 000 元，取得转让收入为 18 000 元，发生清理费用和上缴税金共 2 500 元。则结转净收益的会计分录如下：

借：固定资产清理　　12 000
　　累计折旧　　28 000
　　贷：固定资产　　40 000
借：银行存款　　18 000
　　贷：固定资产清理　　18 000
借：固定资产清理　　2 500
　　贷：银行存款　　2 500
借：固定资产清理　　(18 000－12 000－2 500)3 500
　　贷：营业外收入　　3 500

(2)确认的政府补助收入，借记“银行存款”或“递延收益”科目，贷记“营业外收入”科目。政府补助，是指企业从政府无偿取得货币性资产或非货币性资产，但不含政府作为企业所有者投入的资本。

①政府补助的分类。政府补助包括与资产相关的政府补助和与收到的其他政府补助。

与资产相关的政府补助，是指企业取得的、用于构建或以其他方式形成长期资产的政府补助。企业收到与资产相关的政府补助，应当确认为递延收益，并在相关资产的使用寿命内平均分配，计入营业外收入。

其他政府补助，是指除与资产相关的政府补助之外的政府补助。企业收到的其他政府补助，用于补偿本企业以后期间的相关费用或亏损的，确认为递延收益，并在确认相关费用或发生亏损的期间，计入营业外收入；用于补偿本企业已发生的相关费用或亏损的，直接计入营业外收入。

②政府补助的计量。政府补助为货币性资产的，应当按照收到的金额计量。政府补助为非货币性资产的，政府提供了有关凭据的，应当按照凭证上标明的金额计量；政府没有提供有关凭证的，应当按照同类或类似资产的市场价格或评估价值计量。

(3)企业按照规定实行企业所得税、增值税(不含出口退税)、消费税、营业税等先征后返的，应当在实际收到返还的企业所得税、增值税、消费税、营业税等时，借记“银行存款”科目，贷记“营业外收入”科目。

(4)确认的捐赠收益，借记“银行存款”“固定资产”等科目，贷记“营业外收入”科目。

(5)确认的盘盈收益，借记“待处理财产损溢——待处理流动资产损溢、待处理非流动资产损溢”科日，贷记“营业外收入”科目。

例 12-6：荣锦酒店于2014年4月盘盈一项固定资产，同类固定资产的市场价格为50 000元，按新旧程度估计其价值损耗为27 000元。做会计分录如下：

借：固定资产　　(50 000-27 000)23 000

　贷：待处理财产损溢——待处理非流动资产损溢　　23 000

借：待处理财产损溢——待处理非流动资产损溢　　23 000

　贷：营业外收入　　23 000

(6)出售无形资产净收益。企业出售无形资产，按实际取得的转让收入，借记“银行存款”等科目，按无形资产的账面余额，贷记“无形资产”科目，按应支付的相关税费，贷记“应交税费”等科目，按实际取得的转让收入大于无形资产账面余额与相关税费之和的差额，贷记“营业外收入”科目。

例 12-7：荣锦酒店于2014年4月转让一项无形资产，其账面余额为120 000元，取得转让收入为160 000元，按规定应交营业税8 000元、城市维护建设税400元、教育费附加240元。做会计分录如下：

借：银行存款　　160 000

　贷：无形资产　　120 000

　　应交税费——应交营业税　　8 000

　　　　——应交城市维护建设税　　400

　　　　——应交教育费附加　　240

　　营业外收入　　31 360

(7)确认的出租包装物和商品的租金收入、逾期未退包装物押金收益、确实无法偿付的应付款项、违约金收益等，借记“其他应收款”“应付账款”“其他应付款”等科目，贷记“营业外收入”科目。

(8)确认的已做坏账损失处理后又收回的应收款项，借记“银行存款”等科目，贷记“营业外收入”科目。

(二)营业外支出

营业外支出是与企业正常经营活动无直接关系的各项非经常性支出。包括存货的盘亏、毁损、报废损失，非流动资产处置净损失，坏账损失，无法收回的长期债券投资损失，无法收回的长期股权投资损失，自然灾害等不可抗力因素造成的损失，税收滞纳金，罚金，罚款，被没收财物的损失，捐赠支出，赞助支出等。

企业应设置“营业外支出”科目，核算所发生的营业外支出，并在发生该类支出时借记本科目，期末应将该科目的余额转入“本年利润”科目，结转后该科目应无余额。该账户应按具体的支出项目设置明细账，进行明细核算。

(1)企业确认存货的盘亏、毁损、报废损失，非流动资产处置净损失，自然灾害等不可抗力因素造成的损失，借记“营业外支出”“生产性生物资产累计折旧”“累计摊销”等科目，贷记“待处理财产损溢——待处理流动资产损溢、待处理非流动资产损溢”“固定资产清理”“生产性生物资产”“无形资产”等科目。

例12－8：2014年3月5日，荣锦酒店(一般纳税人)有一批正在运输途中的材料发生非正常损失，其实际成本为50 000元，增值税进项税额为8 500元。做会计分录如下：

借：营业外支出　　58 500
　　贷：在途物资　　50 000
　　　　应交税费——应交增值税(进项税额转出)　　8 500

例12－9：荣锦酒店2014年12月进行财产清理，查明盘亏机器设备一台，原价22 000元，已提折旧15 000元。做会计分录如下：

借：待处理财产损溢——待处理非流动资产损溢　　22 000
　　贷：固定资产　　22 000
借：营业外支出　　7 000
　　累计折旧　　15 000
　　贷：待处理财产损溢——待处理非流动资产损溢　　22 000

(2)根据《小企业会计准则》规定，确认实际发生的坏账损失、长期债券投资损失，应当按照可收回的金额，借记“银行存款”等科目，按照应收账款、预付账款、其他应收款、长期债券投资的账面余额，贷记“应收账款”“预付账款”“其他应收款”“长期债券投资”等科目，按照其差额，借记“营业外支出”科目。

(3)根据《小企业会计准则》规定，确认实际发生的长期股权投资损失，按照可收回的金额，借记“银行存款”等科目，按照长期股权投资的账面余额，贷记“长期股权投资”科目，按照其差额，借记“营业外支出”科目。

(4)支付的税收滞纳金、罚金、罚款，借记“营业外支出”科目，贷记“银行存款”等科目。

例12－10：荣锦酒店2014年4月因排污不达标，被有关部门处以3 500元罚款，以银行存款支付。做会计分录如下：

借：营业外支出　　3 500
　　贷：银行存款　　3 500

(5)确认被没收财物的损失、捐赠支出、赞助支出，借记“营业外支出”科目，贷记“银行存款”等科目。

(三)本年利润

企业本年利润的计算和结转方法有表结法和账结法两种，目前，企业的本年利润一般采用账结法。

账结法的具体做法是：每期期末结出损益类科目的本月发生额和余额，然后编制记账凭证，将损益类科目的余额结转到“本年利润”科目，结转后损益类科目均无余额，最后利用“本年利润”科目计算确定本期利润和本年利润。

在期末结转利润时，应将“主营业务收入”“其他业务收入”“营业外收入”等科目的期末余额，分别转入“本年利润”科目，借记“主营业务收入”“其他业务收入”“营业外收入”等科目，贷记“本年利润”科目。将“主营业务成本”“营业税金及附加”“其他业务成本”“销售费用”“管理费用”“财务费用”“营业外支出”“所得税费用”等科目的期末余额，分别转入“本年利润”科目，借记“本年利润”科目，贷记“主营业务成本”“营业税金及附加”“其他业务成本”“销售费用”“管理费用”“财务费用”“营业外支出”“所得税费用”等科目。将“投资收益”科目的净收益，转入“本年利润”科目，借记“投资收益”科目，贷记“本年利润”科目；如为净亏损，做相反会计分录。

年度终了，企业应将本年收入和支出相抵后结出的本年实现的净利润，转入“利润分配”科目，借记“本年利润”科目，贷记“利润分配——未分配利润”科目；如为净亏损，做相反会计分录。结转后“本年利润”科目应无余额。

例 12－11：荣锦酒店 2014 年年末，各损益类科目的期末余额如表 12－3 所示。

表 12－3　损益类科目期末余额表

单位：元

科目名称	借方	贷方
主营业务收入		300 000
主营业务成本	150 000	
营业税金及附加	9 700	
其他业务收入		17 500
其他业务成本	9 800	
销售费用	8 600	
管理费用	9 300	
财务费用	6 700	

（续表）

科目名称	借方	贷方
投资收益		13 500
营业外收入		5 000
营业外支出	2 300	
所得税费用(税率25%)	34 900	

(1)结转各项收入和利得：

借：主营业务收入　300 000
　　其他业务收入　17 500
　　投资收益　13 500
　　营业外收入　5 000
　　贷：本年利润　336 000

(2)结转各项费用和损失：

借：本年利润　231 300
　　贷：主营业务成本　150 000
　　　　营业税金及附加　9 700
　　　　其他业务成本　9 800
　　　　销售费用　8 600
　　　　管理费用　9 300
　　　　财务费用　6 700
　　　　营业外支出　2 300
　　　　所得税费用　34 900

(3)结转本年利润至利润分配：

借：本年利润　(336 000 - 231 300)104 700
　　贷：利润分配——未分配利润　104 700

三、利润分配的一般顺序

对于所取得的利润，企业均需按一定的程序进行分配。企业当年实现的净利润，加上年初未分配利润(或减去年初未弥补亏损)和其他转入后的余额，为可供分配的利润。可供分配的利润，按下列顺序分配，如图 12－4 所示。

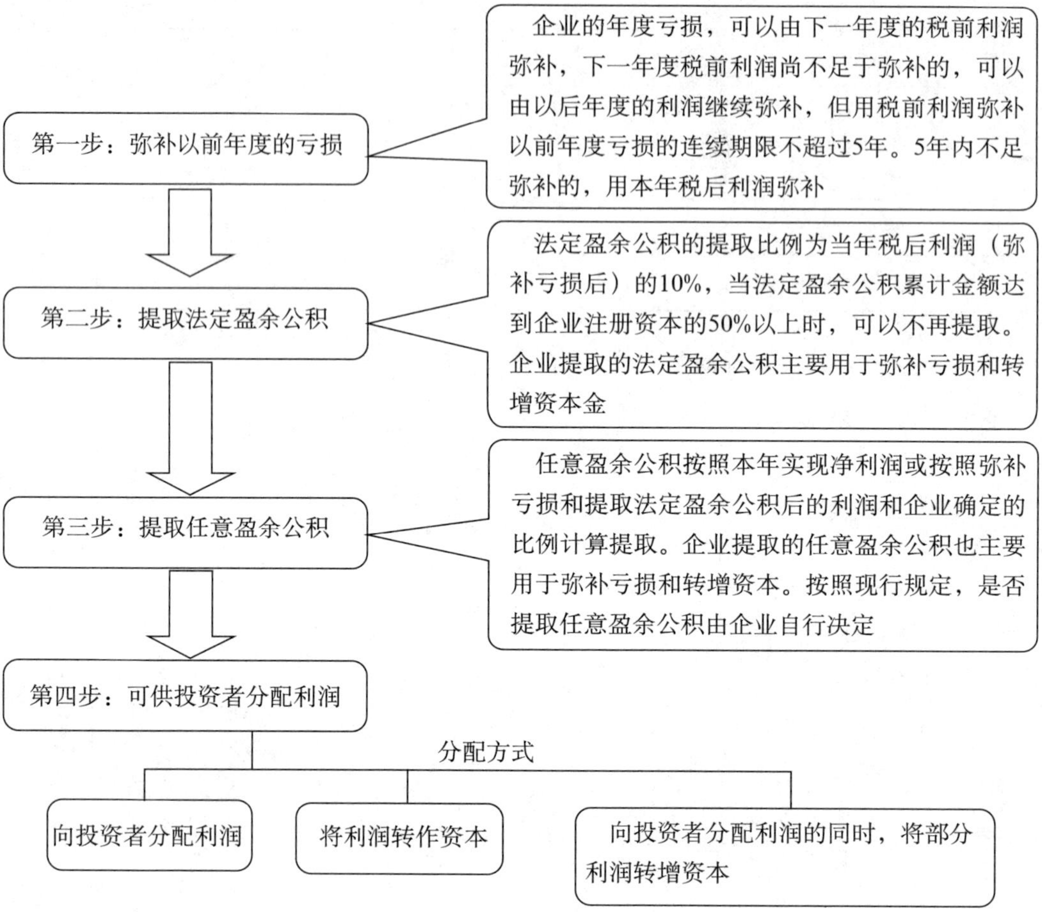

图 12－4　利润分配的一般顺序

可供分配的利润减去弥补的亏损、提取的法定盈余公积和任意盈余公积后，为可供投资者分配的利润。可供投资者分配的利润一般有以下几种分配方式：一是向投资者分配利润；二是将利润转作资本；三是向投资者分配利润的同时，将部分利润转增资本。

可供投资者分配的利润减去应付利润和转增资本的利润，为未分配利润。

未分配利润可留待以后年度进行分配。企业如发生亏损，可以按规定由以后年度利润进行弥补。按现行税收政策规定，企业发生经营亏损，可以在以后的五年内，用实现的利润在交纳所得税前进行弥补，在五年内弥补不完的部分应用交纳所得税后的利润再行弥补，或者用提取的盈余公积进行弥补。

四、利润分配的账务处理

企业应当按照利润分配的去向设置如下明细科目，进行明细核算。如表 12－4 所示。

表 12－4　利润分配应设置的明细科目

明细科目名称	核算内容
盈余公积	用盈余公积弥补亏损时，借记“盈余公积”科目，贷记本科目
提取法定盈余公积（任意盈余公积）	按规定从净利润中提取盈余公积时，借记本科目（提取法定盈余公积、提取任意盈余公积），贷记“盈余公积——法定盈余公积、任意盈余公积”科目
应付利润	应当分配给投资者的利润，借记本科目，贷记“应付利润”科目
未分配利润	年度终了，将“本年利润”科目转入本科目，借记“本年利润”科目，贷记本科目，如为净亏损，做相反会计分录；同时，将“利润分配”科目下的其他明细科目的余额转入本科目

例 12－12：荣锦酒店 2014 年实现净利润为 600 000 元，根据国家有关规定，首先按净利润提取 10% 的法定盈余公积，再根据董事会决定，按提取法定盈余公积后的利润提取 10% 的任意盈余公积，最后确定应分配给投资者利润 100 000 元。有关会计分录如下：

（1）结转本年净利润时：

借：本年利润　　600 000

　　贷：利润分配——未分配利润　　600 000

（2）提取法定盈余公积时：

借：利润分配——提取法定盈余公积　　（600 000 × 10%）60 000

　　贷：盈余公积——法定盈余公积　　60 000

（3）提取任意盈余公积时：

借：利润分配——提取任意盈余公积　　（60 000 － 60 000 × 10%）54 000

　　贷：盈余公积——任意盈余公积　　54 000

（4）应分配给投资者的利润：

借：利润分配——应付利润　　100 000

　　贷：应付利润　　100 000

（5）结转“利润分配”中除“未分配利润”明细科目外的其他明细科目的余额：

借：利润分配——未分配利润　　214 000

　　贷：利润分配——提取法定盈余公积　　60 000

　　　　　　　　——提取任意盈余公积　　54 000

　　　　　　　　——应付利润　　100 000

经上述结转后，“利润分配——未分配利润”科目的贷方余额为：600 000 － 214 000 ＝386 000（元），为年末未分配利润。

例12－13：荣锦酒店2014年发生经营净亏损160 000元，经董事会批准，用提取的法定盈余公积100 000元弥补部分亏损。有关会计分录如下：

(1)结转本年净亏损时：

借：利润分配——未分配利润　　160 000

　　贷：本年利润　　160 000

(2)用法定盈余公积弥补亏损时：

借：盈余公积　　100 000

　　贷：利润分配——盈余公积补亏　　100 000

(3)将“利润分配”科目中的“盈余公积补亏”明细科目余额转入“未分配利润”明细科目：

借：利润分配——盈余公积补亏　　100 000

　　贷：利润分配——未分配利润　　100 000

结转后，“利润分配——未分配利润”科目的借方余额为：160 000－100 000＝60 000(元)，为年末未弥补亏损。

第四节　收入、费用、利润涉及的主要税务问题

1. 推迟确认收入偷逃税款的问题

例12－14：某酒店为了达到少缴税款的目的，将2013年12月份的一笔50万元的收入未入账，而是在2014年年初确认收入。这样在2013年就达到了少缴税的目的。

2. 不得扣除的支出未进行纳税调整的问题

例12－15：某酒店餐饮企业2014年1月由于使用假发票被当地税务机关查出，被罚款20 000元；8月因为非法经营，被工商机关没收价值20 000元的物品；由于出纳失误，将本应在10月份缴纳的营业税拖至11月份才缴纳，同时补交滞纳金12 000元。该酒店将上述资金全部记入“营业外支出”科目，年终则按实现的利润总额进行纳税申报并计缴所得税。

分析：在这个案例中，酒店为了少缴所得税，将罚款、滞纳金及被没收的财物损失直接记入了“营业外支出”科目，而申报所得税也未做纳税调整。酒店盘盈资产已经入账，但账务处理存在问题，少计了营业外收入，以至于少缴企业所得税。

根据《中华人民共和国企业所得税法》第十条规定，在计算应纳税所得额时，下列支出不得扣除：

(1)向投资者支付的股息、红利等权益性投资收益款项；

(2)企业所得税税款；

(3)税收滞纳金；

(4)罚金、罚款和被没收财物的损失；

(5)本法第九条规定以外的捐赠支出；

(6)赞助支出；

(7)未经核定的准备金支出；

(8)与取得收入无关的其他支出。

因此，该酒店应调增应纳税所得额，补缴欠缴的所得税。

3. 跨年度费用支出纳税调整的问题

例12－16：某酒店在12月份发生费用支出，由于发票和出差等特殊情况不能在12月31日前取得并报销入账，对于这部分费用该如何进行会计处理和所得税处理呢？

分析：税法对费用列支期间的要求跨越年度取得发票入账，在税收方面主要影响企业所得税。由于企业所得税按年计算，分期预缴，在纳税年度内发票跨月入账，并不影响当年度所得税的计算。对跨越年度取得发票入账，虽然不过是时间性差异，但影响不同纳税年度的配比和应纳所得税额的计算，有关税法的要求如下。

(1)费用税前列支的一般原则：

①权责发生制原则。即纳税人应在费用发生时而不是实际支付时确认扣除。

②配比原则。即纳税人发生的费用应在费用应配比或应分配的当期申报扣除。纳税人某一纳税年度应申报的可扣除费用不得提前或滞后申报扣除。

(2)以前年度应计未计费用的处理：企业纳税年度内应计未计扣除项目，包括各类应计未计费用、应提未提折旧等，不得移转以后年度补扣(是指年度终了，纳税人在规定的申报期申报后，发现的应计未计、应提未提的税前扣除项目)。

(3)所得税汇算清缴期间发现漏记费用的处理：企业在所得税汇算清缴期限内，发现当年度所得税申报有误的，可在所得税汇算清缴期限内向主管税务机关重新办理年度所得税申报和汇算清缴。

(4)对广告费扣除的限制。内资企业申报扣除的广告费支出，必须符合的条件包括：已实际支付费用，并已取得相应发票。即广告费支出没有取得发票一律不允许在所得税前列支。

从以上规定可以看出：

(1)按税法的要求，费用只能在所属年度扣除，不能提前或结转到以后年度扣除。

(2)当年的费用当年没有取得发票，并不意味着这笔费用就不能在当年的所得税前列支。

第五节　收入、费用、利润涉及的主要审计问题

1. 隐匿收入的问题

在实务中，往往有很多企业为了各种各样的目的少计收入，为企业或者个人谋取私人利益。

例 12－17：A 企业被举报隐瞒收入，偷逃税款。税务机关根据举报，立即对问题进行了调查核实。税务人员发现，该企业费用水平比较均衡，都是每月 10 万元左右，而收入却呈现出前高后低的走势，即上半年和下半年收入差距比较明显，下半年根本没有收入。税务人员开始怀疑是否隐瞒收入，但经询问企业财会人员，得知企业下半年房屋会装修，又核对了相关票据和账务后，排除了怀疑。税务人员要求企业提供装修合同，合同显示工期为 6 月 25 日至 1 月 25 日，整整 7 个月，装修款分 3 笔支付，最后一笔应在工程验收完后 10 天支付。但税务人员核对了付款凭据，发现其中最晚一笔在 10 月 5 日支付。装修没有完成，为什么要提前付款？税务人员又在企业每月的工资清单上发现，10 月份人员与 9 月份的相比，发生了很大变化，出现了许多新名字。面对种种疑问，该企业不得不承认，装修实际早在 9 月 20 日就已经完工，人员也是全部重新招聘的，10 月 1 日重新开工生产，并且销售货物不给客户提供发票，只提供收据。该企业提供的真正合同显示，工期为 6 月 25 日至 9 月 25 日，共计 3 个月。针对发现的问题，税务机关下达了处罚决定，要求企业补缴税款，并给予罚款。

分析：从该案件可以看出，该企业采取真装修、假工期的方式，利用假合同隐瞒真正工期，偷逃收入。采用这种方式的企业虽然不多，但是很有典型性。由于审计人员都是事后审计，企业完全有作弊的时间和空间，这就对审计人员提出了比较高的要求。在类似以人为延长工期隐瞒收入的审计中，应重点关注小微企业在此期间相关费用的支出情况，尤其要仔细核对货币资金的变动，有无在工期内支付所有款项的依据。同时，要重视对人工薪酬的核实，尤其是采取提成工资的企业，一般工期内不可能有效益，如果在工期内发放高额的工资就要引起足够的重视。

2. 销售收入计入应付账款的问题

企业将正常的销售收入反映在应付账款中作为其他企业暂存款处理，将记账联单独存放，造成收入减少以达到少交税的目的。

例 12－18：审计人员对 A 企业 2014 年度的销售收入进行分析性复核，发现本年度的销售收入比上年明显减少，对照在前期调查中的了解，A 企业本年度生产销售情况是历史上最好的，审计人员感到销售收入的真实性值得怀疑，于是抽查了 8 月份、10 月份的会计凭证，发现其原始凭证中有发票的记账联反映的“应付账款”科目，共计 120 万元。审计人员针对这种情况，询问了当事人，并向应付账款的对方企业函证，结果发现 A 企业是将企业正常的销售收入反映在“应付款项”科目中，作为其他的暂存款处理。

分析：被审计单位的做法是错误的。审计人员应当要求被审计单位及时进行改正。

3. 期间费用核算不正确的问题

期间费用包括管理费用、财务费用和销售费用。企业应当将发生的每笔与期间费用相关的事项及时计入当期的期间费用。

例 12－19：审计人员在审计中发现 A 企业 2014 年 2 月份向银行借款 500 万元建设办公楼，应当资本化的借款费用记入了财务费用科目，导致当年的费用增加，利润减少。

分析：该企业向银行借款 500 万元的利息费用应当予以资本化，计入固定资产的成本。

4. 成本核算的问题

企业生产产品的成本要及时正确地分配入账。

例 12－20：审计人员在审计 A 企业的产品成本时，发现该企业产品成本核算有问题，把生产车间应当费用化的费用计入成本中，导致成本升高。

分析：企业应当正确归集产品成本。把生产车间费用不经分摊直接计入某一类产品的成本中，必然导致此类产品成本过高，不利于进行准确的经济决策。

审计小贴士之四：虚增收入的审计

一、虚增收入的表现形式

虚增收入，是指被审计单位为了"实现"或"超额"完成既定的经济效益指标，有意违反企业会计准则、制度所规定的收入确认原则，虚拟经济业务以多计算收入、虚增利润、粉饰财务状况的一种舞弊行为。

企业虚增收入主要有以下几种表现形式，如图 12－5 所示。

虚增收入的表现形式

- 虚计主营业务收入：企业虚记主营业务收入的主要形式有：编造假客户，虚开发票，多计收入；企业之间，尤其是关联企业之间，相互串通，未做商品交易却相互开销货发票，以达到双方多计算收入的目的，等等
- 提前确认主营业务收入：指违反《企业会计准则》规定的收入确认原则，把应反映在以后会计期间的收入计入当期。如将本应计入"预收账款"科目的未实现的主营业务收入提前计入当期收入；在采用分期收款方式销售产品时，违反应按合同约定的收款日期分期确认收入的规定，在发出商品当期或第一次收款时，便确认商品的全部收入；将委托代销发出的商品，在未收到受托单位的代销清单之前即确认收入
- 发生销售退回、折让和折扣时，不冲减当期主营业务收入
- 虚计其他业务收入：在未发生材料销售、代购代销及包装物出租等业务时，虚造单据，确认相关业务收入
- 虚计投资收益：在被投资单位未宣告发放股利、分配利润的情况下，便确认投资收益
- 虚计营业外收入：通过虚构固定资产盘盈和非货币性交易等以多计算营业外收入，无任何依据将应付账款转作收入处理，等等
- 其他

图 12－5　虚增收入的表现形式

二、虚增收入的审计方法

一般来说，被审计单位虚增收入都会有明显的动机，且会在账内留有线索。审计过程中，如果发现被审计单位有虚增收入、虚报利润的动机，审计人员即可在简单了解和评价被审计单位相关内部风险控制之后，直接从相关账面记录入手，采用分析性复核、审阅和函证等方法查找账内的不实收入。

一般来说可采用以下审计方法：

1. 对于编造假客户，虚开发票，以及企业间没有交易的发生却相互开发票的舞弊行为，可通过主营业务收入明细账追查至原始凭证，将销售发票与库存商品或产成品的发货记录相核对，检查其有无未销售商品或产品而虚开发票、多计收入的问题。必要时，也可通过向有关业务员和库房保管员进行调查询问来发现线索。同时，结合对应收票据和应收账款审计，采用函证等方法，通过证实应收票据和应收账款的真实性来查明有无虚拟客户、虚记收入的情况。

2. 对违反收入确认原则，利用预收账款、分期收款发出商品和委托代销发出商品虚增收入的舞弊行为，审计人员应当进行以下具体检查，如表 12 –5 所示。

表 12 –5　违反收入确认原则虚增收入的审计检查

检查项目	具体内容
检查预收账款	首先应根据企业签订的销货合同确定被审计单位收取的款项是否为预收货款，将合同中规定的预收款金额与预收账款账户记录金额相核对，如果发现金额不相符，应进一步审查有关发票、提货单等原始凭证，查明是否将应记入预收账款账户的预收款直接记入销售收入账户中
检查分期收款发出商品	首先，应审查分期收款发出商品的销售合同、协议，以确定被审计单位此项销售业务是否真实存在；其次，将合同中规定的各期收款额与产品(商品)销售收入明细账记录相核对，如果发现金额不符，则应进一步查证，必要时可向购货单位进行调查或函证
检查委托代销发出商品	首先应查明被审计单位确认的代销收入是否以受托单位转来的销售清单为依据；如果有疑问，应直接到代销点实地察看和检查受托单位的相关记录，确定是否有虚增的销售量进而虚增收入的情况

3. 审查发生的销售退货、折让和折扣。通过审阅双方签订的合同、出入库记录、询问当事人、审查产品(商品)销售收入账户及有关的会计凭证等，查明是否有发生销货退回、折让和折扣等不冲减销售收入的问题，应注意审查年初或年末结账时的退货记录，查看其是否存在着年终虚列销售，次年初作假退货用红字发票冲回的舞弊行为。

4. 审查来料加工业务。根据其他业务收入明细账记录，追查至来料加工业务的合同、协议、收料单及有关的原始凭证，查明来料加工业务的真实性。必要时，可以到生产车间调查了解来料加工业务的情况，以验证来料加工业务是否确实存在。

5. 检查投资收益。通过向被投资方函证或查阅相关资料以及检查被投资方会计报表等，查明被审计单位对投资收益的确认是否正确。

6. 检查营业外收入。取得固定资产盘盈清单以及有关非货币性交易的协议和合同等，从账面记录追查至原始凭证，查明被审计单位对营业外收入的确认是否正确。

审计小贴士之五：隐瞒收入的审计

一、隐瞒收入的表现形式

隐瞒收入，是指企业违反有关收入确认、计量的规定，采用违纪手法故意将本期已实现的各种收入隐匿起来，逃避财政、银行等部门的监督，致使国家资产、税收流失，造成企业财务状况失真的舞弊行为。

隐瞒收入因手法和隐蔽程度不同，有两种不同的表现形式：一种是取得收入不入账，如将取得的各种收入不记账而采取公款私存或另外开设银行存款账单独存放；另一种是取得收入虽然入账，但记入往来等其他科目，或直接冲减成本费用。

（一）取得各种收入不入账

取得各种收入不入账的情况如图 12－6 所示。

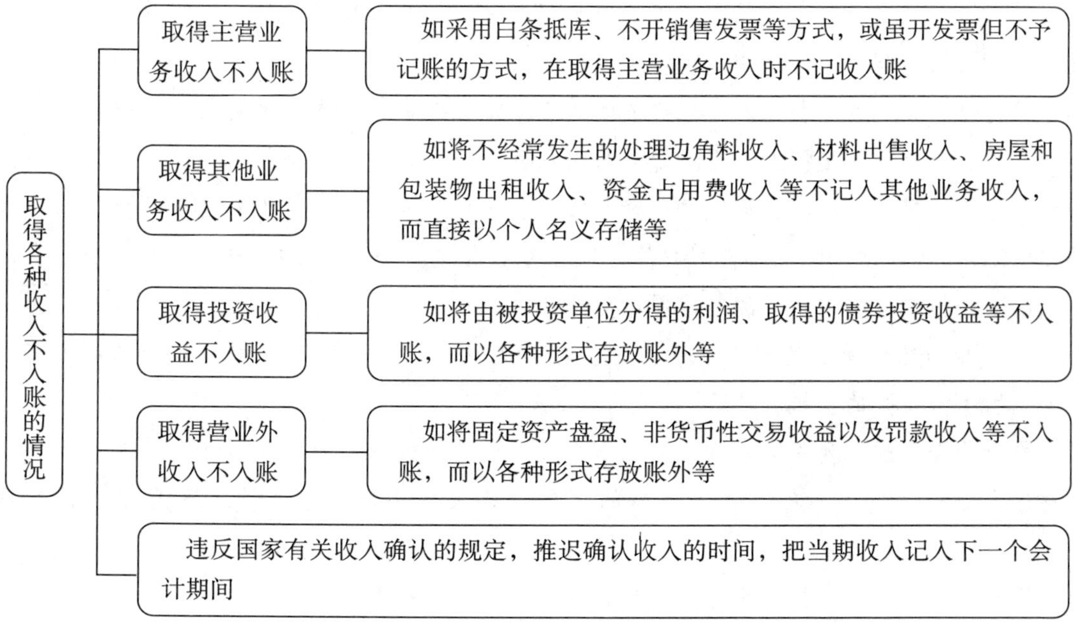

图 12－6　取得各种收入不入账的情况

(二)将收入挂在其他账户上，不作为企业的收入进行记录

将收入挂在其他账户上的情况如图 12－7 所示。

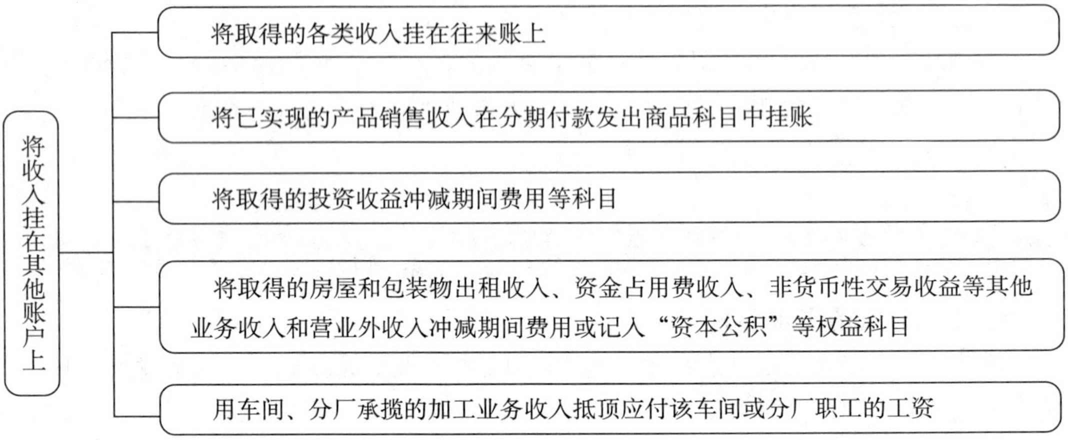

图 12－7　将收入挂在其他账户上

二、隐瞒收入的审计方法

被审计单位隐瞒收入的动机主要有：收入不入账，将收入款项存放账外，逃避财务监督，为个别人或少数人谋取利益，或列支不便在财务账中列支的支出；将收入挂在往来科目或记入“资本公积”等科目，或干脆推迟记账时间，把当期收入记入下一个会计期间，以调节利润水平，少交税金等。审计人员应加强对被审计单位高层领导的观察和了解，分析被审计单位的利润水平，从中发现审计线索。

隐瞒收入有不入账和记入其他账户两种表现形式，审计人员应区别对待，采用不同的审计方法。对于不入账情况，更多地应采用从明细账之外的其他资料入手的方法，如外围调查、分析性复核、观察、询问和检查与收入相关的其他原始资料(如销售发票存根、货物发出记录)等。对于记入其他账户的，则应结合相关账户的审计，采用分析性复核、函证、询问和检查与收入相关的其他原始资料等。

1. 了解被审计单位的基本情况，分析存在隐瞒收入舞弊行为的固有风险，判断有无发生隐瞒收入舞弊的动机。

采用调查了解、观察询问的方法，掌握被审计单位的基本情况。应了解的情况有：该企业生产的产品、产品的成本、产品的销售价格及各个服务项目的收费标准、销售情况等。

根据掌握情况，分析被审计单位存在隐瞒收入舞弊行为的固有风险。一般而言，以下类型的企业存在隐瞒收入舞弊行为的固有风险较高：

(1)实行计税工资的企业。实行计税工资的企业，工资总额不与实现利税、实现利润、上缴利税等经济指标挂钩。只要企业有钱，对超额发放的工资性支出进行纳税调整，就可

以发放。这些企业负责人，为了满足自己或极少部分人的私欲，有可能隐瞒收入，用于乱分乱发。

(2)实行经理任期责任制的企业。新任经理为了降低任期内年度经济责任考核指标，往往在有关考核指标尚待确定的年份采取隐瞒收入的方法，降低利润，欺骗上级主管部门。待经济责任考核指标确定后，再将隐瞒的收入分期分批、全部或部分转作收入。最终达到完成任期经济责任指标、为个人职务升迁创造条件的目的。

(3)已完成上级下达利润指标的企业。这些企业已完成上级下达的利润指标，如果近期新开发产品的销路好、附加值高、供不应求，企业负责人就有可能指使财会、销售及有关人员采用销售收入不及时入账的手法，将当期实现的销售收入在下期入账，或采用另开银行账户单独存储或存放在关联企业等多种手段的收入不入账，并将企业资金据为己有，随意支配。

(4)母公司下属的独立核算子公司是享受税收优惠政策的企业。这类母公司有可能为了偷逃税金，将自己的收入转移到子公司以享受税收优惠政策。

(5)销售额大，但税负高、资金紧张的企业。

(6)享受国家政策性亏损补贴的企业。

2. 了解被审计单位相关内部风险控制情况，必要时进行符合性测试，分析和评价内部风险控制的弱点。

3. 进行分析性复核，了解被审计单位各类收入及其他相关账户有无异常变动情况。

(1)运用对比、分析、复核的方法，对主营业务收入、其他业务收入、营业外收入等金额、相关往来账及资本公积账目的增减变动幅度、变动趋势进行分析，判断企业是否有可能存在隐瞒收入舞弊行为。

(2)若企业出现主营业务收入逐年降低的情况，则应查看企业主要产品的年生产量、销售量、销售价格是否同比降低，如果企业的年生产量与前期持平或变化不大，库存量又无显著增长，企业则有可能存在隐瞒收入的舞弊问题。

(3)分析被审计单位其他业务收入、营业外收入列示的内容、范围、金额的变动情况，找出增加、减少的原因，结合掌握的相关资料，对出现的异常情况做进一步审查。

(4)如果资本公积、往来账等的年初、年末增减变动异常，应逐笔查明原因。

4. 根据了解的情况做出分析，估计可能发生的隐瞒收入领域和期间，确定审计方式。

5. 根据分析所获得的审计线索，实施实质性测试，以收集充分确凿的审计证据。

一般来说可采用以下审计方法，如图 12－8 所示。

隐瞒收入的审计方法

- 与销售人员、库房管理人员、设备负责人员、工程项目负责人员座谈，分析座谈结果，以确定审计重点
- 利用审阅、核对、盘点的方法，从货物发运凭证、销售合同、销售发票入手，对照检查被审计单位的收入明细账，检查相关收入的明细账记录是否完整。同时，注意检查是否有价格奇低的情况以及不按照销售合同规定的品种、单价、数量进行销售的业务，确定是否存在转移收入或企业基建、福利部门等领用产品不记收入的舞弊行为
- 对主营业务收入实施截止测试。取得各银行账户期末的余额调节表，查明银行已收、企业未收的未达账项中是否有应记收入的项目；取得被审计单位次年的若干月份的收入账，追查至原始凭证，查明是否有应记入被审计期间而记入次年的收入
- 审查发票号是否连续，各联是否一次书写完成，字迹是否为同一人书写，有无涂改痕迹，查明被审计单位是否存在少开发票、隐藏发票，从而隐瞒收入的问题
- 通过计算，复核企业单位产品所需原材料、辅助材料的品种、数量。如存在单位产品材料消耗量过高、消耗材料品种异常的情况，则应结合存货盘点结果，追查是否存在出售材料不计收入的问题
- 盘点固定资产，检查闲置资产、报废资产的处置情况，对照营业外收入账户，核实企业出租、出售、报废资产的各项收入的入账情况
- 结合往来账款、资本公积和期间费用等科目的审计，采用函证、检查原始凭证等方法，查明是否存在将收入挂入往来账、记入资本公积和冲减期间费用的情况

图 12-8 隐瞒收入的审计方法

6. 对审计工作底稿进行综合分析与评价，形成初步审计结论。
7. 与被审计单位有关人员进行沟通，征求他们对初步审计结论的意见。
8. 做出审计结论与审计决定。

审计小贴士之六：少列成本费用的审计

一、少列成本费用的主要表现形式

少列成本费用是被审计单位为了夸大成绩、窃取荣誉、骗取信赖、粉饰财务状况，少计当期生产成本、财务费用、管理费用，少结转主营业务成本的舞弊行为。

少列成本费用的表现形式主要包括以下几种情形，如表 12-6 所示。

表 12－6　少列成本费用的表现形式

表现形式	具体说明
少列生产成本	如将应列入生产成本的项目记入长期待摊费用、固定资产成本及在建工程等科目，或直接挂入往来账
少结转完工产品成本	如产品完工入库后，采用改变产品成本计算方法等方式，少结转完工产品成本
少结转主营业务成本	如不与主营业务收入配比，少结转或不结转主营业务成本
少列其他业务成本	如在发生材料销售或提供劳务时，不与其他业务收入相配比，少结转或不结转相关的成本与费用
少列销售费用	如将销售商品过程中发生的费用，记入长期待摊费用、冲减权益类项目或直接挂在往来账中
少列管理费用	如将管理费用资本化，记入固定资产、在建工程、长期待摊费用等科目，或在应付职工薪酬及权益类项目中列支，有的还直接挂在往来项目
少列财务费用	如将财务费用资本化，记入固定资产、在建工程、长期待摊费用等科目，或冲减资本公积等权益类项目
其他	如将已交付使用的固定资产仍挂在在建工程上而不予结转，从而达到少提固定资产折旧，少列生产成本、销售费用和管理费用的目的等

二、少列成本费用的审计方法

一般来说，被审计单位少列成本费用都有很明确的动机，且会在账内留有线索。审计过程中，如果发现被审计单位有少列成本费用、虚报利润的动机，审计人员即可在简单了解和评价被审计单位相关内部风险控制之后，直接从相关账面记录入手，采用分析性复核、审阅和盘点等方法来查找账内少列的成本费用。

1. 了解被审计单位基本情况，分析少列成本费用的固有风险，判断有无少列成本费用的动机。

审计人员应了解被审计单位所处的环境和经营状况，尤其对以下几类企业予以重点关注：

(1) 实行经营承包责任制的企业。这类企业易发生少列成本费用的原因有两个：一是有些承包人在人、财、物、产、供、销上大权独揽，企业内部缺乏必要的约束机制，凡事一个人说了算；二是一些承包人为了自己的名誉、地位、兑现承包奖金等个人利益，不惜弄虚作假，掩盖企业经济效益的真实情况，欺骗国家和企业职工。

(2) 实行经理任期责任制的企业。这类企业的经理为了完成自己任期内的各项经济考核指标，往往在账面上有意造假少列成本费用，夸大任期内的业绩以欺骗有关部门，从而达到窃取荣誉、骗取职务或地位的目的。

(3)有减亏或盈利压力的其他企业。如有些企业迫于上级主管部门下达的利润指标或减亏指标，不得不虚增收入；有些企业实行工资与效益挂钩，为使工资上浮或不下浮，只得多报利润或少报亏损；有些企业为获得贷款，骗取金融机构的信赖，少列成本费用，虚报利润；有些企业为了骗取上市资格，少列成本费用，以满足连续三年以上盈利的要求；上市公司怕因效益不好影响企业形象，少列成本费用，虚报利润等。

2. 了解被审计单位有关成本核算和成本费用管理方面的内部风险控制制度及成本核算方法，必要时进行符合性测试，分析和评价内部风险控制的弱点及其可能存在的少列成本费用的环节。

为了查明被审计单位是否存在少列成本费用问题，不管其内部风险控制程度与否，审计人员都应采用调查询问和观察等方法，熟悉被审计单位产品的生产过程和费用的归集分配、成本计算、完工产品成本结转等业务及与之相关的内部控制，了解被审计单位产品生产过程中，原材料、半成品每经过一个工序后，其实物形态的变化，产品生产过程需要的时间以及每个工序所需要的时间等。这不仅是舞弊审计所需要的，也是常规的财务审计所必要的。

3. 进行分析性复核，确认成本费用的异常变化。

审计人员可结合对收入的审计，判断被审计单位是否存在少列费用问题，一个单位如果存在虚增收入舞弊，往往可能同时存在少列成本费用问题。在进行分析性复核时，可采用将各类成本费用水平与上年度、计划、历史平均水平相比较，以判断有无异常的变化；将年度内各月份的成本费用水平进行比较，检查有无某些月份突增或突减的现象，以缩小审计范围；将各批或不同时期各种产品成本的构成进行对比，分析某成本项目占全部成本的比重有无不正常的情况。

(1)分析被审计单位的各期产品的销售利润率，分析销售利润率有无突增现象。如果本期销售利润率突增，而价格没有明显变化，则可能存在少计成本费用的问题。此方法是根据会计资料中的记录，计算某种产品的销售利润与销售收入之比。如果计算结果是销售利润率突增，则可能存在少计产品的销售成本、少结转完工产品成本以至于少计产品原材料成本等问题，可以进一步分析产品成本构成的变化情况。

(2)分析产品成本构成的变化情况。某种产品成本的组成，一般地说有原材料、燃料、自制半成品、制造费用等。引起产品销售利润增加的原因，可能是组成产品成本的某一部分减少造成的，如果产品成本构成中的某一项或多项变化异常，而且是减少的，则应当作为少计成本的线索。如果某成本项目占全部成本的比重有不正常的降低，应当进一步检查是否是由于少计成本费用造成的。

4. 根据了解的情况做出分析，确认可能发生少列成本费用的领域和期间，确定审计方式。

5. 根据所获的审计线索，实施详细测试，以收集充分确凿的审计证据。

一般来说，可采用以下审计方法，如表 12－7 所示。

表 12-7　少列成本费用的审计方法

审计方法	具体说明
审查生产成本和完工产品成本结转	利用审阅法检查被审计单位的成本计算资料，检查在产品的数量、完工程度与其发生的成本的配比情况。重点是： (1)观察每期投入的产品数量与其发生的成本是否配比，注意有无投入产品数量很多，相应的原材料、自制半成品、制造费用却很少的现象。如果有，则可能存在少计原材料、自制半成品领用，少计制造费用问题。 (2)检查在产品结存数量与其成本是否配比，如果在产品结存的数量很少，结存的在产品成本却很多，则可能存在少计完工产品成本问题。 (3)检查完工产品转出的数量与其成本是否配比，如果完工产品转出的数量很多，而转出的成本却很少，则也会造成少计完工产品成本，在销售产品时少计销售成本。 (4)检查在产品中有成本而无实物对应问题，长时间少计完工产品成本，往往导致在产品有成本而无实物与之对应
审查主营业务成本的结转	对照主营业务收入明细账，检查主营业务成本的结转是否与之配比，查明有无已计收入而没有结转成本的情况；对照产成品明细账，根据被审计单位确定的成本结转方法，复算其成本的结转，查明是否有少结转主营业务成本的情况；检查成本结转方法是否一贯，查明是否存在故意改变成本结转方法以少结转主营业务成本的情况
审查其他业务成本	对照其他业务收入，检查其他业务成本是否与其收入相配比，查明是否存在少结转或不结转相关成本与费用的情况
结合科目审计	结合长期待摊费用、固定资产、在建工程、应付职工薪酬、往来款项和权益内科目的审计，检查是否存在把应在销售费用、管理费用、财务费用和营业外支出等列支的成本费用及其他支出列入这些科目
检查长期挂账的待处理财产损溢和待摊费用	查明是否有该处理不处理、该摊销而不摊销，从而少计成本费用的情况
结合固定资产、无形资产和在建工程的审计	检查相关减值准备的计提是否充足；是否存在应结转固定资产而不结转，从而未计提折旧的情况
审核年底的会计事项（异常、大额）	因少列成本费用的舞弊行为往往较多发生在年底，审计人员应关注对被审计单位年底的会计事项，特别是一些异常的和大额的账务处理。如： 借：材料成本差异 　　贷：本年利润 或者， 借：生产成本——基本生产成本 　　贷：本年利润

6. 对所获取的审计证据进行综合分析与评价，形成初步审计结论，并记录在审计工作底稿中。

7. 与被审计单位有关人员进行沟通，征求他们对初步审计结论的意见。

8. 做出审计结论与审计决定。

审计小贴士之七：虚列成本费用的审计

一、虚列成本费用的表现形式

费用，是指企业为销售商品、提供劳务等日常活动所发生的经济利益的总流出；成本，是指企业为生产产品、提供劳务而发生的各种耗费。

虚列成本费用，是指企业违反国家有关规定，故意混淆成本费用核算的界限，虚增成本费用的舞弊行为。

虚列成本费用主要有以下表现形式，如图 12－9、图 12－10、图 12－11、图 12－12、图 12－13 所示。

（一）虚列直接材料费用

虚列直接材料费用的表现形式如图 12－9 所示。

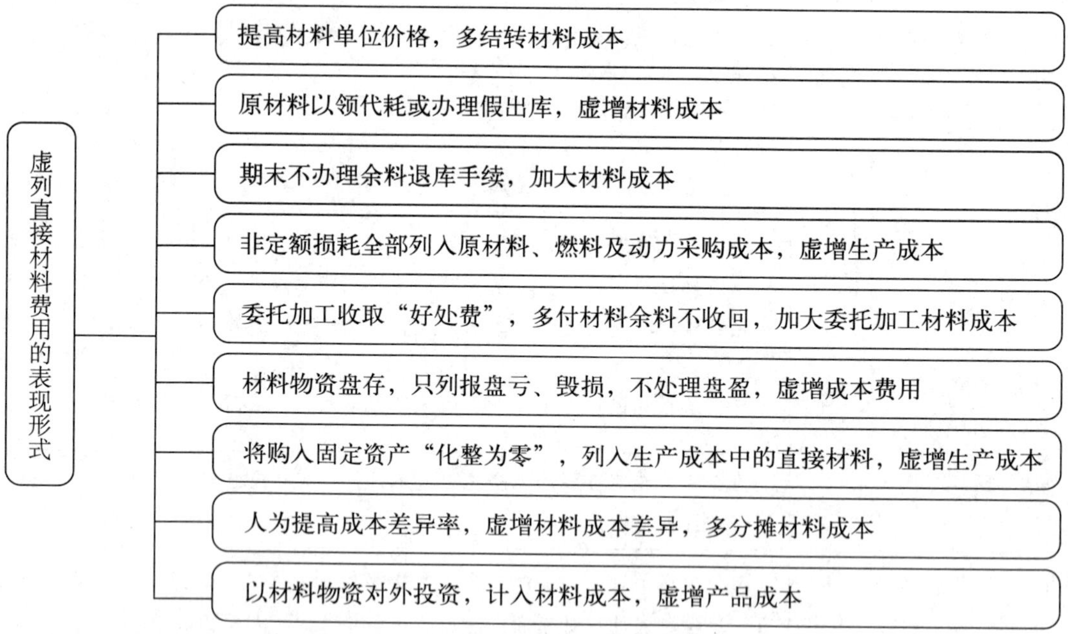

图 12－9　虚列直接材料费用的表现形式

（二）虚列直接人工费用

虚列直接人工费用的表现形式如图 12－10 所示。

虚列直接人工费用的表现形式

- 多计生产工时、虚报生产工人数，虚增直接人工费用
- 任意突破工资增加成本额度，加大人工成本费用
- 以各种补贴的名义，额外列支工资性费用，加大工资成本费用
- 任意扩大工资总额，多提福利费，虚列人工费用
- 福利性支出挤入成本费用，虚增成本

图 12－10　虚列直接人工费用的表现形式

(三)虚增制造费用

虚增制造费用的表现形式如图 12－11 所示。

虚增制造费用的表现形式

- 自制设备用料，不计入工程项目，全部计入制造费用，增加制造成本
- 任意扩大折旧范围，缩短折旧年限，提高折旧率，多提折旧，加大制造费用
- 将应由制造费用列支的开支计入期间费用
- 固定资产大修理费用一次计入制造费用，已预提的修理费结转下年，虚增制造费用
- 将实际发生的制造费用全部计入完工产品，不在完工与未完工产品之间进行分配，加大生产成本

图 12－11　虚增制造费用的表现形式

(四)虚转完工产品成本、销售成本

虚转完工产品成本、销售成本的表现形式如图 12－12 所示。

虚转完工产品成本、销售成本的表现形式

- 任意改变生产费用在完工产品与在产品间的分配方法，多计完工产品成本
- 利用分步法少留在产品成本，虚转完工产品成本
- 随意改变产品销售成本结转方法，虚转销售成本
- 分期收款销售产品，不按比例结转已售产品成本，多结转销售成本
- 任意提高商品削价比率，虚增当期销售成本
- 采用其他形式虚转完工产品成本和销售成本

图 12－12　虚转完工产品成本、销售成本的表现形式

（五）虚计期间费用

虚计期间费用的表现形式如图 12－13 所示。

虚计期间费用的表现形式

- 巧立名目，超标准列支业务招待费，虚计销售费用
- 将固定资产改良支出列入管理费用
- 购置交通、通讯工具、照相器材，列入管理费用，实物据为己有，虚转销售成本
- 为控制利润增长，将应分期摊销的开支，一次计入管理费用
- 任意改变低值易耗品摊销的方法，增加摊销额，加大管理费用
- 未经批准，擅自核销坏账及其他损失，多列费用，少报利润
- 将自创无形资产价值一次计入管理费用
- 以送客户“样品”为名，虚增产品的销售费用，私分实物
- 虚列广告费、展览费，套取现金、私设“小金库”
- 虚列产品订货会议费，加大销售费用，损公肥私
- 工程项目完工前利息支出挤占财务费用
- 只结汇兑损失，不结汇兑收益，虚增财务费用
- 多预提流动资金贷款利息，虚计财务费用
- 以其他形式虚列期间费用

图 12－13　虚计期间费用的表现形式

二、虚列成本费用的审计方法

产生虚列成本费用舞弊行为的动机主要有两类：一是从局部利益出发，虚列成本费用，少报利润，“以丰补歉”；或为满足本企业流动资金周转的需要，虚列成本费用，减少利润，从而少缴或不缴企业所得税。二是在虚列成本费用行为掩盖下，变企业财产为个人所有，利用经营管理存在的“漏洞”，吞噬企业财产、中饱私囊，从而加大成本费用。审计人员应加强对被审计单位高层领导的了解和观察，分析被审计单位的利润水平，从中发现审计线索。

虚列成本费用主要集中在生产成本和期间费用核算中，手法较多、隐蔽性强，但在账务上都会留有痕迹，审计人员应从账面记录入手，采用分析性复核、审阅、询问等多种审计方法来查找账内虚列的成本费用。

1. 了解被审计单位基本情况，分析形成虚列成本费用的固有风险，判断有无形成虚列成本费用的动机。了解被审计单位所处环境和经营状况，寻找蛛丝马迹。一般而言，以下类型的企业存在虚列成本费用舞弊行为的固有风险较高：

(1) 实行经理任期经济责任制的企业。新任经理为了降低任期内年度经济责任考核指标，往往在有关考核指标尚待确定的年份采取虚列成本费用的方法，降低利润，欺骗上级主管部门。

(2) 已完成上级下达利润指标的企业。这些企业已完成上级下达的利润指标，如果近期新开发产品的销路好、附加值高、供不应求。企业负责人就有可能指使财会、销售及有关人员采用虚列成本费用的手法，将虚列成本费用而形成的资金作为单位或个人的“小金库”，随意支配。

(3) 享受国家政策性亏损补贴的企业。

2. 了解被审计单位相关内部控制制度情况，必要时进行符合性测试，分析和评价内部控制制度存在的问题。

3. 进行分析性复核，了解被审计单位的异常变动情况。

审计人员可从以下几个方面，分析被审计单位有无异常变动情况，如图 12－14 所示。

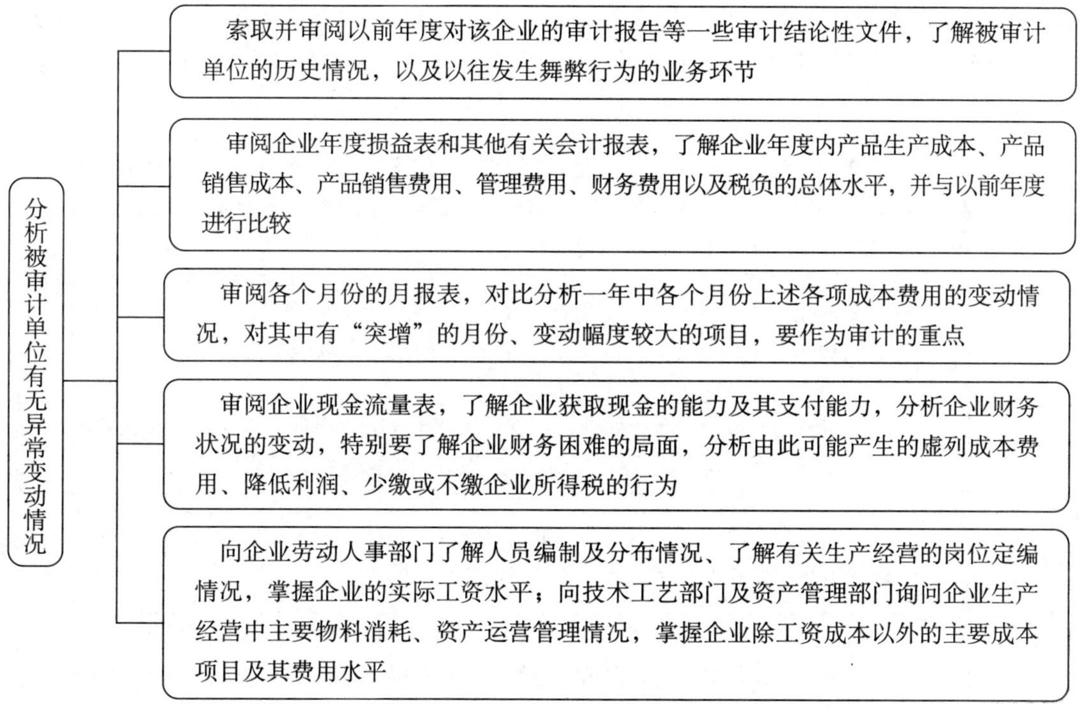

图 12－14　分析被审计单位有无异常变动情况

4. 根据了解的情况做出分析，估计可能产生虚列成本费用的领域和期间，确定审计方式。

5. 根据所获的审计线索，实施详细测试，以收集充分确凿的审计证据。

(1) 运用询问、复核等方法检查被审计单位成本结转、费用摊销方法是否符合财务会计制度，执行中是否前后一致。具体审核项目是：材料成本的核算、低值易耗品及包装物的摊销、工资费用的分摊、固定资产折旧的提取、产品生产成本的结转、产品销售成本的结转等。检查中，对企业无原因的任意变更成本核算办法的行为，比如将材料成本、主营业务成本结转由先进先出法变为加权平均法、将固定资产折旧计提由直线法变为加速折旧法、将低值易耗品和包装物摊销方法由分次摊销变为一次摊销、将在产品计价方法由按完工产品成本计算变为不计算在产品成本等要作为复算核实的重点，以查找虚列成本费用的舞弊行为。

(2)对核算中发现的非正常现象，比如无原始凭证或原始凭证短缺和伪造的核算行为、费用报销凭据无审批或“白条”报销行为、同一成本项目一年内忽高忽低、费用发生额忽多忽少等，应根据审计人员所掌握的企业有关成本费用水平情况，并结合对内部控制系统中无效、失控环节的检查结果，针对具体项目进行对比、复核、分析，寻找线索和疑点，查证舞弊行为。

(3)对虚列成本费用将财产物资转到账外、或据为已有的，如将应属于固定资产范围的交通、通讯工具，摄影、音像器材等通过“解体”发票进入成本费用核算，实物转到账外、或据为已有；原材料以领代耗、低值易耗品及包装物一次摊销出账，出售后形成“小金库”被小团体私分；利用产品销售费用、管理费用等账户，虚报各种费用支出，损公肥私；变卖追回或罚没的财产物资形成“小金库”等，审计人员应采用以下具体方法予以审查，如图12－15所示。

审计方法

- 根据审计人员所掌握的企业生产经营及物料消耗的主要项目，对列入物资采购核算的陌生项目、奇异项目，应审阅记账凭证及原始凭证；对照有关采购合同，查看是否属于生产经营所耗用的物资
- 对非企业生产经营所耗用物资，并已列入采购核算的项目，应追踪检查其是否进入成本费用核算及实物的去向，查找是否被少数人据为已有
- 审阅领料单和相关账务处理，特别是生产车间的领料单。查找是否存在以领代耗情况，如果发现有以领代耗情况，应追查相关材料物资的去向
- 追踪检查一次摊入成本费用的低值易耗品、包装物及工装模具的账务处理、实际耗用及相关管理程序，重点了解已出账物资的去向
- 逐项检查管理费中核销损失的内容，向被审计单位索取核销损失的审批文件，查找擅自核销损失、加大费用的行为，并追踪检查已核销的损失是否有诸如继续追索债权等后续行为
- 对产品销售费用及管理费用中列支的会议费、展销会费及展销品等核算内容，应逐项审阅记账凭证及原始凭证，必要时应向有关主办单位调查了解会议收费标准，向企业参加会议人员了解展销品的处理情况，查找虚列会议费和私分展销品或变卖后形成“小金库”行为的线索和疑点

图12－15　审计方法

6. 对审计工作底稿进行综合分析与评价，形成初步审计结论。
7. 与被审计单位有关人员进行沟通，征求他们对初步审计结论的意见。
8. 做出审计结论与审计决定。

第十三章
小微酒店餐饮企业客房业务的会计核算

第一节　客房业务收入的确认

一、客房业务收入时间的确认

客房业务就其实质而言，就是出售客房及其附属生活设施在一定期间的使用权。客房业务收入是通过出租客房而取得的。因此，客房一经出租，不论房租收到与否，都作为已销售处理，确认相应的客房业务收入，也就是客房销售收入的入账确认时间以客房实际出租的时间为准。

二、客房业务收入金额的确认

尽管客房的价格都有挂牌价，但在确认收入时，应该以实际收取的客房收入作为确认收入的金额。由于旅店业务有淡旺季之分，往来的客人也有团队和个人之分，因此，实际收取的客房价格都是在挂牌价的基础上减去一定的折扣。按照客房实际出租的价格才是客房出租收入的入账金额。

客房租金收入通常按天数分时段计算，自旅客入住客房之日起，至次日中午 12 时止，收取一天租金；至次日中午 12 时以后，傍晚 6 时以前止，加收 1/2 天租金；至次日傍晚 6 时以后，则加收一天租金。

三、客房业务的收款形式

酒店的客房业务是由总台办理的，消费的款项也一般在总台进行计算和结清。总台通常设在酒店的大堂内，负责办理客房的预订、接待、入住登记、查询、退房、结账及营业日记簿的登记等工作。

酒店的收款方式有先收款后住店以及先住店、定期或离店时结算收款两种方式。无论采用哪种方式收款，旅客住店首先在总台登记“旅客住宿登记表”，第一联留存总台，第二联交服务员安排床位。

第二节　不同收费模式的客房收入

一、先收款后住店

这种收款方式是指酒店在为客人提供服务前，根据其准备住店的天数，预收部分或全部房费。采用预收款方式，财会部门根据结账组报来的客房营业日报表及相关凭证，按预收数，借记“库存现金”或“银行存款”科目，贷记“预收账款”或“应收账款”科目；按客房营业日报表中客人每日应付的房费数确认主营业务收入时，借记“预收账款”或“应收账款”科目，贷记“主营业务收入”科目。营业日记簿和营业收入日报表的格式如表 13－1 所示。

表 13－1　营业日记簿

×年×月×日

单位：元

房号	房客姓名	入住日期		已住天数	本日营业收入					预收房金				备注
		月	日		房金	加床	饮料	食品	合计	上日结存	本日应收	本日交付	本日结存	
合计														

在“营业日记簿”中，存在着以下的关联关系，“上日结存”栏中的数额为上一日“营业日记簿”中的本日结存数；“本日结存”＝“上日结存”＋“本日交付”－“本日应收”；“本日营业收入合计”栏中的数额，应与“本日应收房金”栏中的数额相等。

总台应在每日业务终了时，将“营业日记簿”各栏加计“本日合计数”。将收进现金和房金收据的存根与“本日交付”栏内数额相核对，并编制“营业收入日报表”，连同现金送交财会部门入账。

例 13－1：荣锦酒店采用先收款后住店的核算方式，2014 年 6 月 7 日，财会部门收到服务总台交来现金等有关结算单据及当日“营业收入日报表”，如表 13－2 所示。

表 13－2　营业收入日报表

2014 年 6 月 7 日　　单位：元

营业收入					预收房金		备注
项目	单人间	标准间	套房	合计			
房金	1 800	6 200	3 000	11 000	上日结存	26 000	
加床				0	本日应收	11 250	
饮料	36	92	22	150	本日实收	8 000	
食品	24	58	18	100	其中：现金	5 800	
其他				0	支票		
				0	银行卡	2 200	
合计	1 860	6 350	3 040	11 250			
出租客房间数：58 间					本日结存	22 750	
空置客房间数：23 间					长款：	短款：	

(1)根据“营业收入日报表”预收房金栏“本日实收”中各项目的数额，对当日收取的房金记账。做会计分录如下：

借：库存现金　　5 800

　　银行存款　　2 178

　　财务费用　　22

　　贷：预收账款——预收房金　　8 000

因为，使用银行卡结算，银行要扣除 1% 的手续费，银行在将上述款项打入酒店的账户之时，已扣除了上述费用。

(2)根据“营业收入日报表”中“营业收入合计”栏的数额，这个数额和“本日应收”栏的金额应该是一致的，做会计分录如下：

借：预收账款　　11 250

　　贷：主营业务收入——房金　　11 000

　　　　　　　　　　——饮料　　150

　　　　　　　　　　——食品　　100

二、先住店后结算

先住店后结算方式的核算是指客人入住酒店时，先不支付房费；定期或离店时再结算房款。采用这种收款方式，财会部门每日根据总服务台结账组编制的“客房营业日报表”，按实际应收的房款借记“应收账款——客房欠款”科目，贷记“主营业务收入——客房收入”科目；实际结算房款时，借记“库存现金”或“银行存款”科目，贷记“应收账款——客房欠款”科目。

采用先住店后结算的方式核算客房收入，可采用相应的“营业日记簿”，其格式如表13－3所示。

表13－3　营业日记簿

×年×月×日　　　　单位：元

房号	房客姓名	入住日期		已住天数	本日营业收入					预收房金				备注
		月	日		房金	加床	饮料	食品	合计	上日结欠	本日应收	本日交付	本日结欠	
合计														

在上表中，存在着以下的关系，“上日结欠”表示截止到上日房客累计拖欠房款的数额；“本日应收”表示当日实际实现的客房收入、零售用品等收入；“本日交付”表示于当日结算的客户实际缴纳的资金；“本日结欠”表示截止到当天(含当日)客户所欠的房款等的总额。“本日结欠”＝“上日结欠”＋“本日应收”－“本日交付”。当天总台根据“营业日记簿”填列“营业收入日报表”与现金一并送交财会部门入账。

例13－2：荣锦酒店采用先住店后结算的核算方式，2014年6月7日，财会部门收到服务总台交来现金等有关结算单据及当日“营业收入日报表”，如表13－4所示。

表13－4　营业收入日报表

2014年6月7日　　　　单位：元

营业收入					预收房金		备注
项目	单人间	标准间	套房	合计			
房金	2 700	12 000	3 600	18 300	上日结存	43 220	
加床				0	本日应收	18 845	

（续表）

营业收入					预收房金		备注
项目	单人间	标准间	套房	合计			
饮料	20	300	30	350	本日实收	18 810	
食品	25	120	50	195	其中：现金	12 310	
其他				0	支票	3 000	
				0	银行卡	3 500	
合计	2 745	12 420	3 680	18 845			
出租客房间数：58 间					本日结存	43 255	
空置客房间数：23 间					长款：	短款：	

（1）根据“营业收入日报表”中“营业收入合计”栏的数额，做会计分录如下：

借：应收账款　18 845

　　贷：主营业务收入——房金　18 300

　　　　——饮料　350

　　　　——食品　195

（2）根据“营业收入日报表”中旅客结欠房金栏的“本日实收”各项目中的数额和进账单回单，银行对以银行卡进行结算要收取1%的手续费，做会计分录如下：

借：库存现金　12 310

　　银行存款　6 500

　　财务费用　（3 500×1%）35

　　贷：应收账款　18 845

大家应该注意到，在先住店后收款的结算方式下，“应收账款”科目替代了原来的“预收账款”科目，该科目是资产类科目，用以核算企业销售商品、提供劳务等业务，应向消费者收取的款项。企业经营收入发生应收款项时，记入借方；企业收回应收账项及发生坏账损失时，记入贷方；余额在借方，表示企业尚未收回款项的数额。

三、提供服务同时收取房费

提供服务同时收取房费是指饭店在向客人提供服务的同时收取房费，也可以理解为一天一结，采用这种收款方式，财会部门根据总服务台结账组转来的“客房营业日报表”，按实际收款数，借记“库存现金”或“银行存款”科目，贷记“主营业务收入”科目。

第十四章
小微酒店餐饮企业餐饮业务的会计核算

第一节　餐饮业务的概述

一、餐饮业务的生产加工过程

从饮食制品的生产过程看，一般要经过原材料的采购、生产加工、制成成品等环节。这个程序和工业企业的生产加工过程基本类似，但餐饮业的生产加工过程又不同于工业企业：首先，工业企业生产的产品一般不直接与消费者见面，而是出售给批发商，再通过零售商出售给消费者，而饮食制品则是产销直接见面；其次，工业企业的产品是成批生产的，其机械化、电气化、自动化程度高，而餐饮业务的产品是单件、小批生产的，且大多是手工操作，对制作者的技艺要求高。

二、餐饮业务的营销特点

对餐饮业务而言，它不像专门的食品加工业务（像方便面厂等，属于工业企业），它直接把产品销售给前来就餐的消费者，这一点，和零售类业务是一样的，但又不同于零售业务。餐饮业务的营销特点，如图 14－1 所示。

餐饮业务的营销特点

- 首先，餐饮业务当场制作和销售的是能直接食用的商品，对饮食制品的质量标准和技艺要求高
- 其次，零售业务只提供商品，餐饮业务既要提供商品又要提供顾客消费的场所，以及就餐相应的服务
- 第三，餐饮业务还需提供必要的服务，而且随着消费层次的提高，服务的规格正逐步走向高档化、规范化。在欧美国家，在餐厅就餐一般是要收服务费用的，当前我国的一些酒店餐饮业务，也已开始就服务收费

图 14－1　餐饮业务的营销特点

显然，餐饮业务具有生产、零售和服务三种职能，但又明显区别于工业加工业务、零售业务和服务业务。

由于餐饮业务具有它独自的经营特点，相应地，在会计核算上也具有与生产、零售、服务业务不同的特点。餐饮业务饮食制品的价格，一般要求根据配料定额成本和规定的毛利率自行制定价格，并且，随着季节的变化、采购成本的不同，同一品种不同时令价格变化也较大；饮食制品质量、规格复杂，技艺要求不一，不能像工业加工业务那样，按产品逐次逐件进行完整的成本计算；另外，由于产销直接见面，饮食制品生产周期短，其生产成本与销售费用划分不清，因此，不要求掌握每种产品成本，一般只要求核算经营单位或经营类别耗用的原材料成本以及营业收入和各项费用支出；餐饮业务经营过程短，投入产出快，产品一般不需要入库管理，因此，资金周转也快。餐饮业务的营业收入大多是一手钱、一手货的现金收入，这样就形成了对餐饮业务核算上的特殊要求。

第二节　饮食制品的原材料

一、原材料的分类和计价

（一）原材料的分类

餐饮业务的原材料可以按材料性质分类，又可以按其存放地点分类，以下将分别予以阐述。

(1)原材料按材料性质分为以下四类。如图 14－2 所示。

原材料按材料性质分类

- 副食类。指肉、禽、蛋、水产、豆制品及各种蔬菜等原材料。副食类的品种繁多，价格高低悬殊。由于副食类材料属鲜活商品，容易变质，应做到随时采购，随时消耗
- 干货类。指木耳、香菇、贡菜、发菜、干鱼翅、干海参、干贝、红枣、听装食品等。它们一般不易变质可以储存，采购时可适当考虑一定的库存
- 其他类。指除粮食类、副食类、干货类以外的各种材料。如食油、盐、酱、醋、糖、味精、香料等

图 14－2　原材料按材料性质分类

(2)原材料按其存放地点可分为以下两类。如图 14－3 所示。

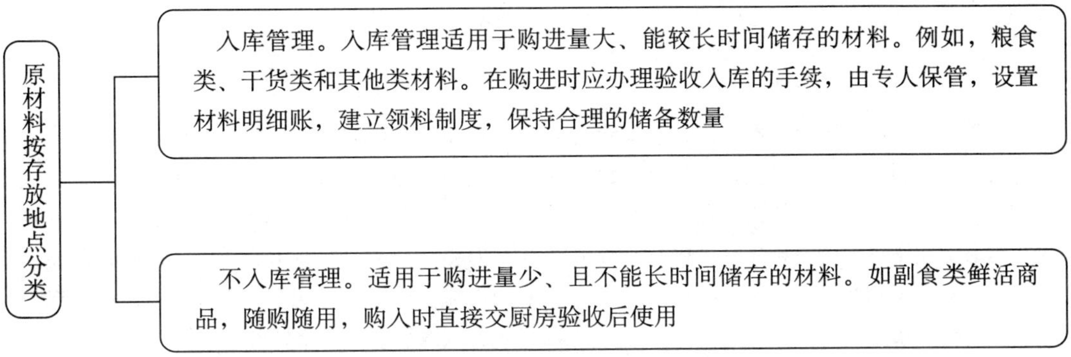

图 14－3　原材料按存放地点分类

(二)原材料的计价

为了正确计算原材料的成本，必须对原材料进行合理的计价，原材料的计价分外购原材料的计价和自制原材料的计价两种。如图 14－4 所示。

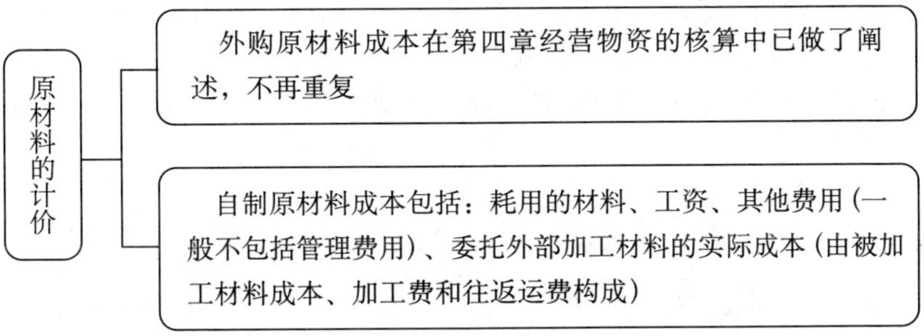

图 14－4　原材料的计价

二、原材料的明细分类核算

对原材料进行明细分类核算，这有利于对原材料进行管理，可以使管理者清楚地了解、掌握各种原材料的收入、发出和结存情况，便于进行账实核对，保证原材料的安全。因此，各酒店餐饮企业餐饮业务无论其规模大小或采取何种管理方式，都必须设置一套既有数量又有金额的明细账。

根据各酒店餐饮企业餐饮业务的自身条件，材料明细账的设置可分为两种。如图 14－5 所示。

材料明细账的设置

一种是将整套明细账设置在仓库，由仓库保管员根据材料出入库单登记材料收发的数量和金额，并负责在月底结出各种材料的余额。财会部门则可按仓库设立的原材料二级明细账，对仓库的数量、金额明细账起到控制和监督的作用

另一种是因条件限制，仓库仅设置原材料数量明细账，而不设原材料金额明细账。采用这种方法同样由保管员登记材料收发数量账，并结出库存数量，同时由财会部门平行地设置一套原材料数量、金额明细账。但因为是两个部门共同完成材料明细账，故而账簿重叠，手续繁琐，一般不宜采用

图 14－5　材料明细账的设置

三、原材料的内部调拨和委托加工

（一）原材料的内部调拨

企业内部不独立核算的单位之间原材料的调拨是原材料的内部移库，在核算上原材料总账的金额不发生增减变动，仅在明细账上反映为此增彼减的会计分录。

（1）内部仓库之间的调拨。内部仓库之间的调拨，只需要对原材料的二级科目进行调整即可。

例 14－1：荣锦酒店拥有快餐厅仓库和大堂餐厅仓库两个库房，2014 年 6 月 10 日，将大堂餐厅仓库的 10 袋大米转往快餐厅仓库，账面成本为 600 元，供快餐厨房使用，待填写了出入库单，并把大米运到快餐厅仓库之后，根据内部调拨单，应做会计分录如下：

借：原材料——快餐厅（大米）　600

　　贷：原材料——大堂餐厅（大米）　600

（2）由于餐饮业务的原材料由库房进入厨房操作间之后，很快就能制成产品销售给消费者，因此，对于原材料由库房进入厨房之后，就将其确认为成本。对于独立核算成本的内部厨房之间的调拨原材料，因为厨房的原材料已从“原材料”科目转入“主营业务成本”科目，因此，对“原材料”科目所属明细账户不做调整，仅调整“主营业务成本”科目所属明细账。

例 14－2：由快餐厅厨房操作间拨给大堂餐厅厨房已水发好的海参一批，计 700 元。根据内部调拨单，应做会计分录如下：

借：主营业务成本——大堂餐厅厨房　700

　　贷：主营业务成本——快餐厅厨房　700

（二）委托的加工材料

在餐饮业务中，对于大宗的食品，出于降低成本的需要，常常以提供原材料，并支付加工费用的形式，委托专业厂家进行加工，委托加工材料的所有权仍属企业所有，加工时暂时由加工单位负责保管，加工完毕后再运回本企业验收入库。因而健全委托加工材料的交接手续，是保证委托加工材料安全完整的重要步骤。

委托外单位加工材料时，要由业务部门与加工单位签订合同，填制委托加工发料单。委托加工发料单一式数联，一联交仓库据以发料和登记保管账，其余各联随加工材料送交委托单位签收，签收后退回两联：一联由业务部门留存据以对委托加工材料进行管理；一联交财会部门进行核算。

例 14－3：荣锦酒店由于对宽粉的需求量很大，委托华龙淀粉制品厂为其加工宽粉，共发出马铃薯 1 000 千克，每千克 2 元，开出委托加工发料单，进行账务处理如表 14－1 所示。

表 14－1　委托加工发料单

发料单位：甲仓库　　　　　　　　　　　　　　　　　　　　发料编号：304

接受加工单位：华龙淀粉制品厂　　　　2014 年 6 月 10 日　　　　金额单位：元

材料编号	材料名称及规格	单位	数量	单价	金额	加工后产品		
						名称	单位	数量
	马铃薯	千克	1 000	2	2 000	宽粉	千克	300
	合计				2 000			300

（1）根据委托加工发料单，做会计分录如下：

借：委托加工物资——宽粉　　　　　　　　　　2 000

　　贷：原材料——蔬菜类（马铃薯）　　　　　　2 000

（2）以现金 100 元支付运费时，做会计分录如下：

借：委托加工物资——宽粉　　　　　　　　　　100

　　贷：库存现金　　　　　　　　　　　　　　100

（3）以转账支票支付宽粉加工费用 600 元，做会计分录如下：

借：委托加工物资——宽粉　　　　　　　　　　600

　　贷：银行存款　　　　　　　　　　　　　　600

委托加工材料收回时，由业务部门填制“委托加工材料入库单”一式两联，一联由仓库验收后留存；另一联交由财会部门入账。

（4）宽粉 300 千克已加工完成并已验收入库，收到委托加工材料入库单（见表 14－2 所示），宽粉的加工总成本为 2 700 元，做会计分录如下：

表 14－2 委托加工材料入库单

收料部门：甲仓库　　2014 年 6 月 20 日　　金额单位：元

收回原材料名称	单位	数量	耗用原材料				加工费用	往返用费	总成本
			名称	单位	数量	金额			
宽粉	千克	300	马铃薯	千克	1 000	2 000	600	100	2 700
合计									2 700

借：原材料——干货类(宽粉)　　2 700

　贷：委托加工物资——宽粉　　2 700

四、原材料的发出

就餐饮业务的实际情况而言，一般原材料由库房进入操作间后，很快就能加工成食品，并出售给销售者，因此，一般不需要通过“生产成本”等科目进行产品成本的归集，餐饮业务发出原材料时，借记“主营业务成本”科目；贷记“原材料”科目。由于各种材料一般都是多批购进，每批购进的单价常会因季节、调价等原因而各不相同，因此，在发出原材料时应先确定其单价。通常发出材料的计价方法有个别计价法、加权平均法、先进先出法等。这些方法已经在“经营物资”一章中进行了详细的讲解，本处不再重复。

第三节　饮食制品的成本

一、饮食制品成本的核算方法

从理论上讲，餐饮产品的成本应是餐饮产品制作过程中人力成本、各种原材料成本以及水、电、燃气费用的总和。但由于餐饮产品的种类多、数量零星，生产、销售和服务功能通常融为一体，因此在实务中，很难将所发生的成本费用严格地“对象化”，而是将餐饮产品加工制作过程中耗费的人工费、固定资产折旧费、企业管理费用等作为期间费用分别计入销售费用或管理费用中。因而餐饮产品的成本仅指饭店一定时期内耗用的原材料、调料和配料的总成本。

由于餐饮产品具有种类多和数量零星的特点，因此在实际工作中，如果按每一菜(或主食品)核算其单位成本，成本计算的工作将十分繁重。为了减轻成本计算的工作量，餐饮产品的成本通常按总成本或大类成本计算。其总成本的计算与结转可分别采用永续盘存法和实地盘存法。

（一）永续盘存法

永续盘存法是指按厨房实际领用的原材料数额计算与结转已销餐饮产品总成本的一种方法。采用这种方法，计算出已销产品成本时，应借记“主营业务成本”科目，贷记“原材料”科目。

需要注意的是：若当月领用的原材料厨房全部耗用，产品也全部售出，则领用原材料的合计金额（即“主营业务成本”科目的借方发生额）即为本月已销餐饮产品的总成本；若当月领用的原材料在月份内未用完，那么在计算已销餐饮产品的总成本时，必须将未用完的材料成本扣除。在这种情况下，已销餐饮产品的总成本可采用下列公式计算：

已销餐饮产品的总成本＝月初“主营业务成本”＋

本月“主营业务成本”科目的发生额－月末厨房剩余原材料的盘存额

按规定，厨房对于当月已领未用的原材料成本可保留在“主营业务成本”科目；对于材料应办理退库手续，但如果下月继续耗用，为了简便起见，可办理“假退料”手续。

例 14－4：荣锦酒店厨房 6 月 30 日编制“月末剩余原材料、半成品和待售产成品盘存表”如表 14－3 所示。

表 14－3　月末剩余原材料、半成品和代售产成品盘存表

编制部门：厨房　　2014 年 6 月 30 日　　单位：元

原料名称	单位	单价	剩余数量	半成品及未出售的产成品						合计	
				甲产成品			乙产成品			材料数量	金额
				数量	单位消耗定额	定额消耗量	数量	单位消耗定额	定额消耗量		
		1	2	3	4	3×4	5	6	5×6	7	7×1
猪肉	千克	18.00	50			0			0	50	900.00
面粉	千克	3.00		32	6	192		0	0	192	576.00
鸡蛋	千克	5.20				0	120	3	360	360	1 872.00
合计											3 348.00

（1）根据“月末剩余原材料、半成品和待售产成品盘存表”做会计分录如下：

借：主营业务成本　　3 348

　　贷：原材料　　3 348

（2）下月初根据“月末剩余原材料、半成品和待售产成品盘存表”再填制领料单，做会计分录如下：

借：主营业务成本　　3 348

　　贷：原材料　　3 348

（二）实地盘存法

实地盘存法是按照实际盘存原材料的数额。累计本期已销餐饮产品所消耗原材料成本的一种方法。这种方法适用于小微酒店餐饮企业。

采用这种方法，平时领用原材料时，不办理领料的核算手续，也不做领料的账务处理。月终，通过盘点库存原材料和厨房已领未用的原材料，计算出月末原材料的实际结存数额，然后“以存计销”。计算公式为：

本期已销餐饮产品的总成本＝期初原材料的结存金额＋本期原材料的购进金额－期末原材料的盘存金额

财会部门根据计算出的本期已销餐饮产品所耗用的原材料成本后，应借记“主营业务成本”科目，贷记“原材料”科目。

例 14－5：荣锦酒店“原材料”账户的月初余额为 3 800 元，本月购进原材料总额为 24 000 元，月末根据盘存表计算仓库和厨房结存总额为 4 000 元。采用实地盘存法计算耗用的原材料成本。

耗用材料成本＝3 800＋24 000－4 000＝23 800（元）。

根据计算结果，做会计分录如下：

借：主营业务成本	23 800	
贷：原材料		23 800

采用这种方法，虽手续简便但因平时材料出库无据可查，会将一些材料的丢失、浪费、非正常损耗计入主营业务成本，不利于加强企业管理、降低成本和维护消费者利益。相比之下，采用“永续盘存制”计算产品成本，虽然手续烦琐，却因材料出库有据可查，对耗费材料的成本计算相对准确，从而有利于加强企业管理、降低产品成本和维护消费者的利益。

二、主配料的成本计算

在餐饮业务中，经常有对一些生鲜食品买回来进行加工后，作为多种食品的主配料。所谓主配料是指在加工完成的食品中所占成本比例较高，一般构成食品的主要成分。

原材料经初加工后，如果只形成一种半成品，如将大蒜挑选、剥皮之后形成做菜用得蒜米，就属于一料一档；原材料经初加工后，按照品质、用途等产生几种半成品的，即称为一料多档，如一整块猪肉，可以加工成肥、瘦两种肉馅等。

（一）一料一档的计算方法

一料一档的下脚料分为两种：一种是不可作价利用的；另一种则是可作价利用的。

1．下脚料不可作价利用的半成品

下脚料不可作价利用的半成品单位成本等于购进原材料的总成本除以加工后半成品的总重量。其计算公式如下：

单位半成品成本＝购进原材料总成本/加工后半成品总重量

例 14－6：荣锦酒店购进核桃200千克，每千克18元，加工成了核桃仁，共得到核桃仁120千克，核桃壳等下脚料由于没什么用处，作为厨房垃圾处理。

核桃仁单位成本＝(200×18)/120＝30(元/千克)。

2．下脚料可作价利用的半成品

若有可作价利用的下脚料，则其半成品的单位成本计算公式如下：

单位半成品成本＝(购进原材料总成本－下脚料金额)/加工后半成品重量

例 14－7：荣锦酒店购进新鲜海虾60千克，每千克购进价为20元，总计1 200元，经加工后得净虾仁30千克。剥虾仁过程中产生的虾头、虾皮等下脚料出售给虾酱制作厂，得款150元。求净虾仁的单位成本。

净虾仁单位成本＝(60×20－150)/30＝35(元/千克)。

（二）一料多档的计算方法

原材料经初加工后，产生几种半成品，即称为一料多档，需分别计算各半成品的价格。各半成品价格的总和应等于加工前原材料购进的总价。其中质量好的成本较高，质量较差的成本略低。其计算公式如下：

某未定价半成品单位成本＝[原材料购进总值－其他半成品价值之和(包括下脚料价款)]/该项半成品重量

例 14－8：火腿一只重5千克，每千克40元，经处理得：脚爪和脚圈0.8千克，每千克8元；下方1.4千克，每千克16元；中方1.6千克，每千克52元，求上方的单位成本。

上方单位成本＝5×40－0.8×8－1.4×16－1.6×52/(5－0.8－1.4－1.6)＝73.33(元/千克)。

三、饮食制品的定价方法

对于酒店餐饮企业而言，每推出一道菜品，首先要为其制定合理的价格，常见的定价方法主要有成本毛利率法和销售毛利率法两种。

（一）成本毛利率法

成本毛利率法亦称外加毛利率法，这种定价方法首先需要计算这种食品的成本价格，然后按确定的成本毛利率，在成本价的基础上加成计算出销售价格的方法。其计算公式如下：

饮食制品单价 = 成本价 ×（1 + 成本毛利率）

成本毛利率 =（食品单价 − 成本价）/成本价 ×100%

例 14 −9：荣锦酒店推出一款清蒸鲈鱼的菜品，其成本价为 30 元。按照行业经验，需要定价达到 50% 的成本毛利率，请计算清蒸鲈鱼的单价。

每盆清蒸鲈鱼的单价 =30.00 ×（1 +50%）=45.00（元）。

（二）销售毛利率法

销售毛利率法又称内扣毛利率法。它是以零售价为基数，先确定每种饮食制品的毛利率，也就是零售价减去成本之后的毛利润额占零售价的百分比，再用内扣方式确定饮食制品的售价。其计算公式如下：

售价 = 原材料成本/（1 − 销售毛利率）

例 14 −10：荣锦酒店推出一款清蒸鲈鱼的菜品，其成本价为 30 元。按照行业经验，需要定价达到 40% 的销售毛利率，请计算清蒸鲈鱼的单价。

每盆清蒸鲈鱼的单价 =30.00 ÷（1 −40%）=50.00（元）。

第四节　饮食制品的销售

一、餐饮业务销售货款的结算方式

（一）柜台统一售票

顾客在用餐前先到账台购买专用的定额小票，其格式如表 14 −4 所示。或者购买固定品名的筹码，然后凭筹码或专用定额小票领取食品，也可由服务员根据小票的编号和顾客手中的副联票签对号后送至桌上。定额小票系一次性使用，而筹码可循环使用，因此，要加强回收和领用手续的完善。营业结束后，账台收款员要填制售货日报表，经服务员核对签章后，连同营业款一齐交财会部门。

表 14－4 主副食小票

2014 年 6 月 20 日

桌号：18 号			单号：000158
品名	单价	数量	金额
蘑菇肉片	18.00	1	18.00
酸辣汤	8.00	1	8.00
米饭	1.00	2	2.00
合计			28.00
实收现金：50.00	找零：22.00 元		
收款人：李平			

(二)服务员开票收款

服务员到桌边，先由顾客点菜，再开票、收款，然后由服务员负责到账台结算，收款员在小票上签章后，一联由服务员送至厨房领菜，另一联留存。待营业结束后，服务员与收款员分别统计所收的金额，核对无误后，由服务员在收款员的“收款核对表”上签字证明。收款核对表的格式如表 14－5 所示。

表 14－5 收款核对表

2014 年 6 月 20 日

工号	服务员姓名	收到金额	服务员签字	备注
1	李雅	1 100.00		
2	张强	2 000.00		
3	王娟	870.00		
合计		3 970.00		
实收金额(大写)：叁仟玖佰柒拾元整			长/短款： 元	收款人：李娜

(三)先就餐后结算

顾客入座点菜后，由服务员填写小票一式两联，顾客不立即付款。小票的第一联交厨房作为取菜凭证留存，顾客进餐后，服务员按小票算账，然后凭第二联向顾客收款。营业结束后，收款台、厨房、服务员分别结算销售额和发菜额，三方核对相符共同在汇总表上签字证明。

(四)一手钱一手货

顾客直接以货币到柜台购买饮食制品。此法适用于经营品种简单且规格化的产品。这种方式手续简便，但必须进行数量登记，食品交服务员销售时，由产销双方登记数量；业务终了时，由服务员进行盘存核对。其计算公式如下：

销售数量 = 上班结存 + 本班生产或提货 − 班末结存

应收回的销售金额 = 销售数量 × 单价

应收回的销售金额应与实收金额进行对比，确定盈亏并编制产销核对表，其格式如表14－6所示。

表14－6　产销核对表

2014年6月25日

品名	应收钱款(元)	实收钱款(元)	盈(+)亏(−)	备注
桃酥	1 800	1 820	20	
蛋挞	2 000	1 980	−20	

生产人员：李元　　　　销售人员：张林

二、餐饮业务销售收入的主要类别

餐饮业务销售收入是指酒店为宾客提供餐饮、酒席、宴会等而取得的收入。如图14－6所示。

餐饮业务收入的主要类别：

- 食品收入，是指餐厅酒吧及宴会厅销售各种菜、汤、主食、水果等而取得的收入
- 饮料收入，是指餐厅酒吧及宴会厅销售各种酒类和饮料而取得的收入
- 香烟收入，是指餐厅酒吧及宴会厅销售各种香烟的收入
- 服务费收入，是指餐厅酒吧及宴会厅接待客人按消费标准的一定比例收取的服务费收入

图14－6　餐饮业务收入的主要类别

三、餐饮业务销售收入的账务处理

(一)一般销售收入

餐饮业务在当天营业结束后，由收款员根据“收款核对表”“收款登记表”和“产销核对表”等凭证，汇总编制“营业收入日报表”(格式如表14－7所示)与所收现金一并交财会部门。或由收款人自行填写现金解款单存至银行，凭银行解款单回单向财会部门报账。销售收入的现金，不得用于坐支其他开支，如有长短款，应在“营业收入日报表”中分别填列，不得以长补短。

例 14－11：营业部门转来“营业收入日报表”，列明应收金额 3 752 元，实收现金 3 751 元，现金已解存银行，短缺现金 1 元，原因待查。

表 14－7　营业收入日报表

2014 年 6 月 28 日

项目	应收金额	实收金额	溢款(＋)缺款(－)	备注
门市收入	3 180.00	3 180.00	－	
外卖收入	572.00	571.00	－1.00	
合计	3 752.00	3 751.00	－1.00	－

(1)根据“营业收入日报表”，做会计分录如下：

借：库存现金　3 751

　　待处理财产损溢——待处理流动资产损溢　1

　　贷：主营业务收入　3 752

(2)根据解款单回单联，做会计分录如下：

借：银行存款　3 751

　　贷：库存现金　3 751

(3)今查明短缺 1 元，系工作中差错，经批准由企业列支，做会计分录如下：

借：管理费用　1

　　贷：待处理财产损溢——待处理流动资产损溢　1

(二)宴会销售收入

酒店餐饮企业承办宴席，先要填制定单，注明时间、人数和桌数，并应附上菜单。订单一式两份，餐厅与顾客双方签字后各执一份。预订宴席一般要预先收取定金，以免顾客取消宴席时，遭受不必要的损失，以维护企业的权益。

由于烟、酒、饮料等价格差异较大，而且顾客需求的差异较大，有时候在订餐时并不预订，而是就餐时单点，这种情况下就需要按实用数量另行收费。

例 14－12：荣锦酒店接受李先生预订了 4 桌生日宴席，每桌价款 1 200 元(不含酒水饮料)，预定时先交 20% 的定金，余款待消费之后再结清。

(1)预收定金 960 元，收到现金后，做会计分录如下：

借：库存现金　960

　　贷：预收账款——宴席定金(李先生)　960

(2)宴席结束，4桌宴席共计4 800元，外加烟、酒、饮料款500元，共计5 300元，扣除定金后，补交现金4 340元，做会计分录如下：

借：库存现金　　4 340

　　预收账款——宴席定金　　960

　　贷：主营业务收入——宴席收入　　4 800

　　　　　　　　　——酒水收入　　500

第十五章 小微酒店餐饮企业多种服务业务的会计核算

第一节　美容美发业务

一、美容业务

随着人民生活水平的不断提高和科学技术水平的进步，美容消费日渐普及。美容业务是指通过服务人员使用美容设备工具，为满足消费者美容需要而收取一定费用的服务业务。其服务项目主要有脸部护理、纹眼线、纹眉、修指甲等。随着科技水平的进一步提高，美容的服务项目正在不断扩展。

美容业务的会计核算与前述酒店业务的会计核算一样，不核算成本，只核算期间费用。本节只介绍其营业收入的核算。

二、理发业务

理发业务是为顾客进行修剪、烫发、磨修和制作各式新颖发型等的服务业务。其业务收入的内容如表 15 –1 所示。

表 15 –1　理发业务收入的内容

男发收入	指美发部为男顾客提供洗、剪、吹、烫等所取得的服务收入
女发收入	指美发部为女顾客提供洗、剪、吹、烫等所取得的服务收入
其他收入	指美发部为顾客提供上述以外的其他服务所取得的收入。如代售产品收入等

三、美容美发业务的收款方式

美容美发业务一般有三种收费方式。

(一)先收款后服务

一般美容美发部均设有统一收款台，由收款员专门负责收款。顾客来做美容美发时，先到收款台按自己要求服务的项目交款，收款员收款后，发给小票(小牌)，顾客凭票

(牌)按顺序美容美发；也可按顾客意愿挑选服务人员进行美容美发。营业终了，收款员收到的现金与各个服务人员收到的票(牌)核对无误后，填制“营业收入日报表”。营业收入日报表一般一式两份，一份留底，一份连同现金送交财会部门记账。

在这种收费的模式下，财会部门按照“营业收入日报表”中记录的“当日营业收入合计”确认当天的主营业务收入。

(二)先预缴费用，消费时扣减余额

很多美容美发部，为了及时收回投资，均发行了消费卡，持卡的客户先预缴一定款项，每次消费时，从其消费卡中减去相应的消费金额即可。由于持有消费卡的客户一般可以享受较大幅度的折扣，发卡的单位又可以及时收回投资，因此，这种结算方式发展很迅速。

在实行这种收款模式的情况下，售出消费卡时，借记“库存现金”科目，贷记“预收账款——消费卡”科目；当顾客消费之后，按照实际应该收取的款项，借记“预收账款——消费卡”科目，贷记“主营业务收入”科目。

(三)先服务后收款

有的美容美发部不专设收款台，而由美容美发服务人员先为顾客服务，服务完毕后再根据服务项目按标准收费。

采用这种收款方式，服务人员收费后应及时登记“营业收入台账”，分别登记每一服务人员服务项目的收费数。每日营业终了，有专人负责根据台账统计每一服务人员服务的人次及收入金额，经与现金核对无误后，填制“营业收入日报表”。

不论采用哪种收款方式，财会部门根据业务部门交来的“营业收入日报表”入账。

例 15－1：2014 年 6 月 25 日，美容美发部前台向荣锦酒店财会部门交来现金和“营业收入日报表”(如表 15－2 所示)。当天的营业收入中，收取现金 7 200 元，消费卡刷卡 4 250 元，应该进行以下的账务处理。

表 15－2　营业收入日报表

2014 年 6 月 25 日

项目	服务人次	单价	金额	备注
一、美容部收入			5 580	
其中：面部护理	42	100	4 200	
纹眼线	3	160	480	
修指甲	15	40	600	
按摩	6	50	300	

（续表）

项目	服务人次	单价	金额	备注
二、美发部收入			5 870	
其中：剪发	100	22	2 200	
吹风	28	10	280	
染发	16	100	1 600	
焗油	9	110	990	
其他	10	80	800	
当日营业收入合计			11 450	

收取现金：7 200 元　　消费卡：4 250 元

根据“营业收入日报表”，做会计分录如下：

借：库存现金	7 200	
预收账款——消费卡	4 250	
贷：主营业务收入——美容部收入		5 580
——理发部收入		5 870

第二节　洗浴业务

洗浴业务是服务业务的重要组成部分，它是以服务人员的辛勤劳动、特种技艺，应用各种服务设备，为人们提供洁身、健身、治病等综合服务的业务。洗浴业务的服务项目有蒸气浴、热水澡、助浴、修脚、捏脚、头部护理等。

一、洗浴业务的收入类别

洗浴业务是向顾客提供洗浴设备以及进行服务性劳务的业务。其业务收入内容如图 15－1 所示。

洗浴业务收入的类别

- 浴池收入，是指为顾客提供洗浴设备并进行服务性劳动，包括洗澡、搓澡、修脚、理发和洗衣等所取得的收入；也包括兼营旅店业务、附设小卖部、经营杂品等所取得的收入
- 洗澡收入，是指为顾客提供池塘、盆塘、淋浴等所取得的收入

图 15－1　洗浴业务收入的类别

二、洗浴业务的收款方式

洗浴业务的收款方式一般是先收款后服务的方式。在浴室入门处设立售票间(台)，由专人负责售票。顾客根据自己需要服务的项目，付清浴资；收款员根据不同的服务项目、服务等级给顾客以不同的浴筹。

业务部门根据售筹和收款情况，在营业终了时与回收的浴资核对无误后填写“营业收入日报表”。财会部门以业务部门交来的“营业收入日报表”为核算依据，分服务项目核算服务收入。洗浴业务收入的会计核算与美容美发业务相似，在此不再赘述。

例 15－2：2014 年 6 月 10 日，洗浴部前台向荣锦酒店财会部门交来现金和“营业收入日报表”，如表 15－3 所示。

表 15－3　营业收入日报表

2014 年 6 月 10 日

项目	服务人次	单价	金额	备注
一、洗浴收入			4 500	
(一)男部			2 300	
洗浴	100	15	1 500	
搓澡	40	20	800	
(二)女部			2 200	
洗浴	75	20	1 500	
搓澡	35	20	700	
二、大厅收入			3 060	
其中：休息	156	10	1 560	
香烟			650	
饮料			550	
茶水			300	
三、按摩收入			8 120	
其中：足部按摩	73	40	2 920	
全身按摩	65	80	5 200	
当日营业收入合计			15 680	

假设当日全部为现金结算，根据当日的营业状况，应做会计分录如下：

借：库存现金　15 680

　贷：主营业务收入——洗浴收入　4 500

　　　　　　　　——大厅收入　3 060

　　　　　　　　——按摩收入　8 120

第三节　洗染业务

洗染业务是从事服装、被褥及纺织品的洗烫、染色、织补、干洗、印字、去渍等服务业务。由于服务项目种类繁杂，数量又多，为完善管理、防止差错，应建立严格的收发、核对制度。

洗染业务的收款办法一般是先服务后收款的方式。营业员在接收来件时，填写一式三联的“取衣凭单”，凭单上注明衣物的品名、颜色、质地、数量、送件人的姓名、地址、送取件日期等。该凭单一联交顾客作取件凭证，另一联由业务部门保存并据以登记“营业日记簿”，其格式如表 15 –4 所示。营业日记簿是由营业员根据“取衣凭单”存根逐笔序时登记，计算出逐日营业额和累计营业额的簿籍。根据它可以检查到期衣服是否完工，记载取件及收款日期，并作为月终盘点衣物的主要依据。每日营业终了，营业员根据营业日记簿和取衣凭单存根编制“营业收入日报表”，一式两联：一联留底，一联连同现金送财会部门。

洗染业务有时由于管理和技术操作的失误，发生衣物损坏或差错，需要做减免收费的或作价赔偿的，应在收衣凭单上注明原因，请顾客签字证明。需要减免收费的由负责人审批签字后在当日“营业收入日报表”抵减当天收入数；需要作价赔偿的，应由负责人签字后列入“营业外支出”科目。

表 15 –4　营业日记簿

月	日	顾客	单号	品名	数量	加工种类					金额	取衣时间
						干洗	水洗	织补	上光	其他		
本月数量												

例 15 -3：2014 年 6 月 27 日，洗衣房向荣锦酒店财会部门交来现金和“营业收入日报表”，如表 15 -5 所示。

表 15 -5　营业收入日报表

2014 年 6 月 27 日

项目	本日发生		本月累计		备注
	件数	金额	件数	金额	
营业收入合计	307	6 076	654	18 100	
其中：干洗	130	2 560	269	9 720	
水洗	140	2 870	320	6 260	
熨烫	35	356	60	1 250	
皮衣保养	2	290	5	870	
其他					
收回金额		6 076			

假设当日全部为现金结算，根据当日的营业状况，应做会计分录如下：

借：库存现金　　6 076

　贷：主营业务收入——干洗收入　　2 560

　　　　　　　　——水洗收入　　2 870

　　　　　　　　——熨烫收入　　356

　　　　　　　　——皮衣保养　　290

第十六章 小微酒店餐饮企业的财务会计报告

第一节　财务会计报告的概述

一、财务会计报告的意义

财务会计报告是反映企业某一特定日期财务状况和某一会计期间经营成果及资金变动情况的总结性书面文件。它以账簿记录为依据，利用统一的货币计量单位，按照统一规定的格式、内容和编制方法，定期编制。

财务会计报告对于企业的管理者、投资者和潜在的投资者、债权人、国家税务机关等了解企业的财务经营状况等都具有重要的意义。

二、财务会计报告的构成

（一）按时间顺序编报

企业的财务会计报告从编报的时间上看，包括年度、半年度、季度和月度报告。

月度、季度财务会计报告是指月度和季度终了提供的财务会计报告，通常仅指会计报表；半年度财务会计报告是指在每个会计年度的前六个月结束后，对外提供的财务会计报告，半年度、季度和月度财务会计报告统称为中期财务会计报告，年度财务会计报告是指年度终了对外提供的财务会计报告。

（二）按内容编报

企业财务会计报告从内容上看是由会计报表和附注组成。如图 16－1 所示。

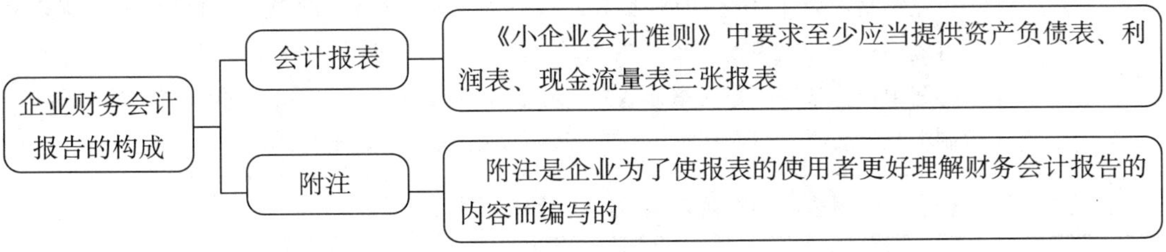

图 16－1　企业财务会计报告的构成

鉴于企业自身的特点，对于其提供的财务会计报告有特殊的规定，主要体现了务实、从简的原则。根据我国《小企业会计准则》的规定，企业的财务会计报告至少应当包括资产负债表、利润表、现金流量表和附注。而且按照编报的不同，企业只需编制年度和月度财务会计报告，对半年度和季度财务会计报告没有硬性要求。具体的企业财务会计报告体系如表 16－1 所示。

表 16－1　企业财务会计报告体系

编号	会计报表名称	编报期
会小企 01 表	资产负债表	月度报告、年度报告
会小企 02 表	利润表	月度报告、年度报告
会小企 03 表	现金流量表	月度报告、年度报告

三、财务会计报告的编制要求

为充分发挥财务会计报告的作用，达到利用财务会计报告有效地管理经济的目的，编制财务会计报告要做到“数字真实、计算准确、内容完整、报送及时”。如表 16－2 所示。

表 16－2　财务会计报告的编制要求

要求	说明
数字真实	为了保证会计报表的数字真实、准确，应做到以下几点： (1)报告期内所有的经济业务必须全部登记入账，应根据真实的交易事项和完整、准确的账簿记录编制会计报表，要按照规定的结账日进行结账，不得提前或者延迟。 (2)在编制会计报表之前，应认真核对账簿记录，做到账证相符、账账相符、账实相符。发现有不符之处，应先查明原因，加以改正，再据以编制会计报表。 (3)在编制会计报表时，要核对会计报表之间的数字。各种会计报表之间，以及同一会计报表各项目之间，凡有对应关系的数字都要核对相符；本期会计报表与上期会计报表之间有关的数字应相互衔接，本年度会计报表与上年度会计报表之间的相关指标数字应衔接一致
计算准确	企业会计报表的指标、数字，必须按规定进行计算，做到计算准确、无误
内容完整	企业编制的会计报表，其种类和内容必须完整。会计制度规定的报表都应编制齐全，不得漏编；各种报表规定填列的项目，不论是表内项目或补充资料，都应填列齐全，不得漏填；若某一项目无指标数字，应在项目内划“－”符号，以免误解。汇编部门在编制汇总报表时，对所属单位的报表，必须全部汇总，不得漏汇
报送及时	企业会计报表必须在规定的时间内及时上报

另外，企业不得违反规定，随意改变财务会计报告的编制基础、编制依据、编制原则

和方法，不得随意改变《小企业会计准则》所规定的财务会计报告有关数据的会计口径。

第二节　资产负债表

一、资产负债表的概述

（一）资产负债表的概念及内容

资产负债表是反映企业某一特定日期财务状况的会计报表，例如公历每年 12 月 31 日的财务状况。由于资产负债表反映的是某一时点的情况，所以，它又被称为静态报表。

通过资产负债表，可以反映某一日期资产总额及其结构，表明企业拥有或控制的经济资源及其分布情况；可以提供某一日期的负债总额及其结构，表明企业未来需要用多少资产或劳务清偿债务以及清偿时间；可以反映所有者所拥有的权益，表明投资者在企业资产中所占的份额。资产负债表是企业最基本的会计报表，它的主要内容如图 16 – 2 所示。

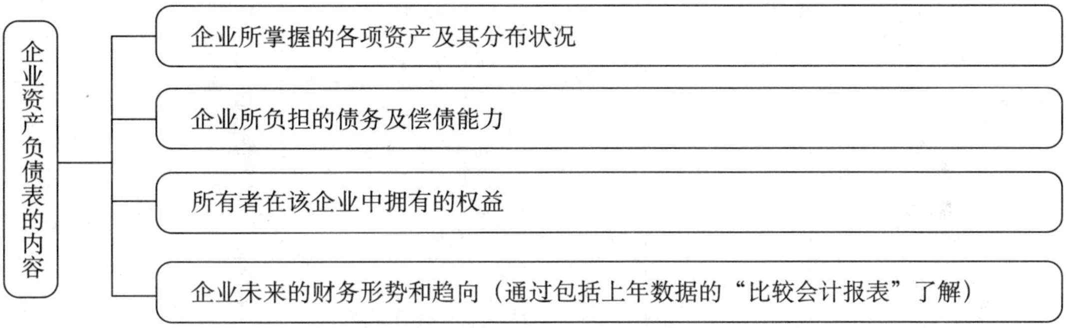

图 16 – 2　企业资产负债表的内容

（二）资产负债表的结构

资产负债表采用账户式结构，报表分为左右两方，左方列示资产各项目，反映全部资产的分布及存在形态；右方列示负债和所有者权益各项目，反映全部负债和所有者权益的内容及构成情况。资产负债表左右双方平衡，资产总计等于负债和所有者权益总计，即“资产 = 负债 + 所有者权益”。此外，为了便于企业财务会计报告使用者通过比较不同时点资产负债表的数据，掌握企业财务状况的变动情况及发展趋势，企业需要提供比较资产负债表。资产负债表有“年初余额”和“期末余额”，两栏应分别填列。

二、资产负债表的编制方法

资产负债表的编制，如表 16－3 所示。

表 16－3　资产负债表

会小企 01 表

编制单位：　　　　　　　　　　年　月　日　　　　　　　　　　单位：元

资产	行次	期末余额	年初余额	负债和所有者权益（或股东权益）	行次	期末余额	年初余额
流动资产：				流动负债：			
货币资金	1			短期借款	31		
短期投资	2			应付票据	32		
应收票据	3			应付账款	33		
应收账款	4			预收账款	34		
预付账款	5			应付职工薪酬	35		
应收股利	6			应交税费	36		
应收利息	7			应付利息	37		
其他应收款	8			应付利润	38		
存货	9			其他应付款	39		
其中：原材料	10			其他流动负债	40		
在产品	11			流动负债合计	41		
库存商品	12			非流动负债：			
周转材料	13			长期借款	42		
其他流动资产	14			长期应付款	43		
流动资产合计	15			递延收益	44		
非流动资产：				其他非流动负债	45		
长期债券投资	16			非流动负债合计	46		
长期股权投资	17			负债合计	47		
固定资产原价	18						
减：累计折旧	19						
固定资产账面价值	20						
在建工程	21						
工程物资	22						
固定资产清理	23						
生产性生物资产	24			所有者权益（或股东权益）：			

（续表）

资产	行次	期末余额	年初余额	负债和所有者权益（或股东权益）	行次	期末余额	年初余额
无形资产	25			实收资本（或股本）	48		
开发支出	26			资本公积	49		
长期待摊费用	27			盈余公积	50		
其他非流动资产	28			未分配利润	51		
非流动资产合计	29			所有者权益（或股东权益）合计	52		
资产总计	30			负债和所有者权益（或股东权益）总计	53		

小微企业（中外合作经营）根据合同规定在合作期间归还投资者的投资，应在“实收资本（或股本）”项目下增加“减：已归还投资”项目单独列示。

（1）本表反映小微企业某一特定日期全部资产、负债和所有者权益的情况。

（2）本表“年初余额”栏内各项数字，应根据上年末资产负债表“期末余额”栏内所列数字填列。

（3）本表“期末余额”各项目的内容和填列方法：

①“货币资金”项目，反映小微企业库存现金、银行存款、其他货币资金的合计数。本项目应根据“库存现金”“银行存款”和“其他货币资金”科目的期末余额合计填列。

②“短期投资”项目，反映小微企业购入的能随时变现并且持有时间不准备超过 1 年的股票、债券和基金投资的余额。本项目应根据“短期投资”科目的期末余额填列。

③“应收票据”项目，反映小微企业收到的未到期收款也未向银行贴现的应收票据（银行承兑汇票和商业承兑汇票）。本项目应根据“应收票据”科目的期末余额填列。

④“应收账款”项目，反映小微企业因销售商品、提供劳务等日常生产经营活动应收取的款项。本项目应根据“应收账款”的期末余额分析填列。如“应收账款”科目期末为贷方余额，应当在“预收账款”项目列示。

⑤“预付账款”项目，反映小微企业按照合同规定预付的款项。包括根据合同规定预付的购货款、租金、工程款等。本项目应根据“预付账款”科目的期末借方余额填列；如“预付账款”科目期末为贷方余额，应当在“应付账款”项目列示。

属于超过 1 年期以上的预付账款的借方余额，应当在“其他非流动资产”项目列示。

⑥“应收股利”项目，反映小微企业应收取的现金股利或利润。本项目应根据“应收股利”科目的期末余额填列。

⑦“应收利息”项目，反映小微企业债券投资应收取的利息。小微企业购入一次还本付息债券应收的利息，不包括在本项目内。本项目应根据“应收利息”科目的期末余额填列。

⑧“其他应收款”项目，反映小微企业除应收票据、应收账款、预付账款、应收股利、

应收利息等以外的其他各种应收及暂付款项。包括各种应收的赔款、应向职工收取的各种垫付款项等。本项目应根据“其他应收款”科目的期末余额填列。

⑨“存货”项目，反映小微企业期末在库、在途和在加工中的各项存货的成本。包括各种原材料、在产品、半成品、产成品、商品、周转材料(包装物、低值易耗品等)、消耗性生物资产等。本项目应根据“材料采购”“在途物资”“原材料”“材料成本差异”“生产成本”“库存商品”“商品进销差价”“委托加工物资”“周转材料”“消耗性生物资产”等科目的期末余额分析填列。

⑩“其他流动资产”项目，反映小微企业除以上流动资产项目外的其他流动资产(含1年内到期的非流动资产)。本项目应根据有关科目的期末余额分析填列。

⑪“长期债券投资”项目，反映小微企业准备长期持有的债券投资的本息。本项目应根据“长期债券投资”科目的期末余额分析填列。

⑫“长期股权投资”项目，反映小微企业准备长期持有的权益性投资的成本。本项目应根据“长期股权投资”科目的期末余额填列。

⑬“固定资产原价”和“累计折旧”项目，反映小微企业固定资产的原价(成本)及累计折旧。这两个项目应根据“固定资产”科目和“累计折旧”科目的期末余额填列。

⑭“固定资产账面价值”项目，反映小微企业固定资产原价扣除累计折旧后的余额。本项目应根据“固定资产”科目的期末余额减去“累计折旧”科目的期末余额后的金额填列。

⑮“在建工程”项目，反映小微企业尚未完工或虽已完工，但尚未办理竣工决算的工程成本。本项目应根据“在建工程”科目的期末余额填列。

⑯“工程物资”项目，反映小微企业为在建工程准备的各种物资的成本。本项目应根据“工程物资”科目的期末余额填列。

⑰“固定资产清理”项目，反映小微企业因出售、报废、毁损、对外投资等原因处置固定资产所转出的固定资产账面价值以及在清理过程中发生的费用等。本项目应根据“固定资产清理”科目的期末借方余额填列；如“固定资产清理”科目期末为贷方余额，以“－”号填列。

⑱“生产性生物资产”项目，反映小微企业生产性生物资产的账面价值。本项目应根据“生产性生物资产”科目的期末余额减去“生产性生物资产累计折旧”科目的期末余额后的金额填列。

⑲“无形资产”项目，反映小微企业无形资产的账面价值。本项目应根据“无形资产”科目的期末余额减去“累计摊销”科目的期末余额后的金额填列。

⑳“开发支出”项目，反映小微企业正在进行的无形资产研究开发项目满足资本化条件的支出。本项目应根据“开发支出”科目的期末余额填列。

㉑“长期待摊费用”项目，反映小微企业尚未摊销完毕的已提足折旧的固定资产的改建支出、经营租入固定资产的改建支出、固定资产的大修理支出和其他长期待摊费用。本项目应根据“长期待摊费用”科目的期末余额分析填列。

㉒“其他非流动资产”项目，反映小微企业除以上非流动资产以外的其他非流动资产。本项目应根据有关科目的期末余额分析填列。

㉓“短期借款”项目，反映小微企业向银行或其他金融机构等借入的期限在1年内的、尚未偿还的各种借款本金。本项目应根据“短期借款”科目的期末余额填列。

㉔“应付票据”项目，反映小微企业因购买材料、商品和接受劳务等日常生产经营活动开出、承兑的商业汇票(银行承兑汇票和商业承兑汇票)尚未到期的票面金额。本项目应根据“应付票据”科目的期末余额填列。

㉕“应付账款”项目，反映小微企业因购买材料、商品和接受劳务等日常生产经营活动尚未支付的款项。本项目应根据“应付账款”科目的期末余额填列。如“应付账款”科目期末为借方余额，应当在“预付账款”项目列示。

㉖“预收账款”项目，反映小微企业根据合同规定预收的款项。包括预收的购货款、工程款等。本项目应根据“预收账款”科目的期末贷方余额填列；如“预收账款”科目期末为借方余额，应当在“应收账款”项目列示。

属于超过1年期以上的预收账款的贷方余额，应当在“其他非流动负债”项目列示。

㉗“应付职工薪酬”项目，反映小微企业应付未付的职工薪酬。本项目应根据“应付职工薪酬”科目的期末余额填列。

㉘“应交税费”项目，反映小微企业期末未交、多交或尚未抵扣的各种税费。本项目应根据“应交税费”科目的期末贷方余额填列；如“应交税费”科目期末为借方余额，以“－”号填列。

㉙“应付利息”项目，反映小微企业尚未支付的利息费用。本项目应根据“应付利息”科目的期末余额填列。

㉚“应付利润”项目，反映小微企业尚未向投资者支付的利润。本项目应根据“应付利润”科目的期末余额填列。

㉛“其他应付款”项目，反映小微企业除应付账款、预收账款、应付职工薪酬、应交税费、应付利息、应付利润等以外的其他各项应付、暂收的款项。包括应付租入固定资产和包装物的租金、存入保证金等。本项目应根据“其他应付款”科目的期末余额填列。

㉜“其他流动负债”项目，反映小微企业除以上流动负债以外的其他流动负债(含1年内到期的非流动负债)。本项目应根据有关科目的期末余额填列。

㉝“长期借款”项目，反映小微企业向银行或其他金融机构借入的期限在1年以上的、尚未偿还的各项借款本金。本项目应根据“长期借款”科目的期末余额分析填列。

㉞“长期应付款”项目，反映小微企业除长期借款以外的其他各种应付未付的长期应付款项。包括应付融资租入固定资产的租赁费、以分期付款方式购入固定资产发生的应付款项等。本项目应根据“长期应付款”科目的期末余额分析填列。

㉟“递延收益”项目，反映小微企业收到的、应在以后期间计入损益的政府补助。本项目应根据“递延收益”科目的期末余额分析填列。

㊱“其他非流动负债”项目，反映小微企业除以上非流动负债项目以外的其他非流动负债。本项目应根据有关科目的期末余额分析填列。

㊲“实收资本(或股本)”项目，反映小微企业收到投资者按照合同协议约定或相关规定投入的、构成小微企业注册资本的部分。本项目应根据“实收资本(或股本)”科目的期

末余额分析填列。

㊳“资本公积”项目，反映小微企业收到投资者投入资本超出其在注册资本中所占份额的部分。本项目应根据“资本公积”科目的期末余额填列。

㊴“盈余公积”项目，反映小微企业（公司制）的法定公积金和任意公积金，小微企业（外商投资）的储备基金和企业发展基金。本项目应根据“盈余公积”科目的期末余额填列。

㊵“未分配利润”项目，反映小微企业尚未分配的历年结存的利润。本项目应根据“本年利润”科目和“利润分配”科目的余额填列。未弥补的亏损，在本项目内以“－”号填列。

（4）本表中各项目之间的勾稽关系为：

行 15 = 行 1 + 行 2 + 行 3 + 行 4 + 行 5 + 行 6 + 行 7 + 行 8 + 行 9 + 行 14；

行 9≥行 10 + 行 11 + 行 12 + 行 13；

行 29 = 行 16 + 行 17 + 行 20 + 行 21 + 行 22 + 行 23 + 行 24 + 行 25 + 行 26 + 行 27 + 行 28；

行 20 = 行 18 − 行 19；

行 30 = 行 15 + 行 29；

行 41 = 行 31 + 行 32 + 行 33 + 行 34 + 行 35 + 行 36 + 行 37 + 行 38 + 行 39 + 行 40；

行 46 = 行 42 + 行 43 + 行 44 + 行 45；

行 47 = 行 41 + 行 46；

行 52 = 行 48 + 行 49 + 行 50 + 行 51；

行 53 = 行 47 + 行 52 = 行 30。

三、资产负债表的编制实例

例 16－1：荣锦酒店 2014 年 12 月 31 日各账户期末余额表如表 16－4 所示，请根据账户余额表中的金额编制该酒店的资产负债表。

表 16－4　账户余额表

2014 年 12 月 31 日　　单位：元

账户名称	借方余额	账户名称	贷方余额
库存现金	1 000	短期借款	50 000
银行存款	210 000	应付票据	50 000
其他货币资金	3 000	应付账款	30 000
短期投资	100 000	其中：应付 A 单位	20 000
应收票据	100 000	应付 B 单位	10 000
应收账款	31 000	应付职工薪酬——工资	5 600

（续表）

账户名称	借方余额	账户名称	贷方余额
在途物资	14 000	应付职工薪酬——福利费	784
原材料	43 000	应交税费	15 000
低值易耗品	40 000	其他应付款	860
库存商品	26 000	应付利润	30 000
长期股权投资	68 000	长期借款	120 000
固定资产	800 000	其中：一年内到期借款	20 000
累计折旧	-260 000	实收资本	600 000
在建工程	21 000	资本公积	150 000
无形资产	80 000	盈余公积	30 000
长期待摊费用	14 000	利润分配	208 756
		其中：未分配利润	208 756
合计	1 291 000	合计	1 291 000

根据上述资料，编制2014年12月31日资产负债表，如表16-5所示。

表16-5　资产负债表

会小企01表

编制单位：荣锦酒店　　　　2014年12月31日　　　　单位：元

资产	行次	期末余额	年初余额	负债和所有者权益（或股东权益）	行次	期末余额	年初余额
流动资产：				流动负债：			
货币资金	1	214 000		短期借款	31	50 000	
短期投资	2	100 000		应付票据	32	50 000	
应收票据	3	100 000		应付账款	33	30 000	
应收账款	4	31 000		预收账款	34	0	
预付账款	5	0		应付职工薪酬	35	6 384	
应收股利	6	0		应交税费	36	15 000	
应收利息	7	0		应付利息	37	0	
其他应收款	8	0		应付利润	38	30 000	
存货	9	123 000		其他应付款	39	860	

（续表）

资产	行次	期末余额	年初余额	负债和所有者权益（或股东权益）	行次	期末余额	年初余额
其中：原材料	10	43 000		其他流动负债	40	20 000	
在产品	11	14 000		流动负债合计	41	202 244	
库存商品	12	26 000		非流动负债：			
周转材料	13	40 000		长期借款	42	100 000	
其他流动资产	14	0		长期应付款	43	0	
流动资产合计	15	568 000		递延收益	44	0	
非流动资产：				其他非流动负债	45	0	
长期债券投资	16	0		非流动负债合计	46	100 000	
长期股权投资	17	68 000		负债合计	47	302 244	
固定资产原价	18	800 000					
减：累计折旧	19	260 000					
固定资产账面价值	20	540 000					
在建工程	21	21 000					
工程物资	22	0					
固定资产清理	23	0					
生产性生物资产	24	0		所有者权益（或股东权益）：			
无形资产	25	80 000		实收资本（或股本）	48	600 000	
开发支出	26	0		资本公积	49	150 000	
长期待摊费用	27	14 000		盈余公积	50	30 000	
其他非流动资产	28	0		未分配利润	51	208 756	
非流动资产合计	29	723 000		所有者权益（或股东权益）合计	52	988 756	
资产总计	30	1 291 000		负债和所有者权益（或股东权益）总计	53	1 291 000	

第三节　利润表

一、利润表的性质、作用及结构

（一）利润表的性质和作用

利润表是反映企业在一定会计期间经营成果的报表。例如，反映 1 月 1 日至 12 月 31 日经营成果的利润表，由于它反映的是某一期间的情况，所以，又称为动态报表。有时，利润表也称为损益表、收益表。

利润表主要提供有关企业经营成果方面的信息，它的作用如图 16－3 所示。

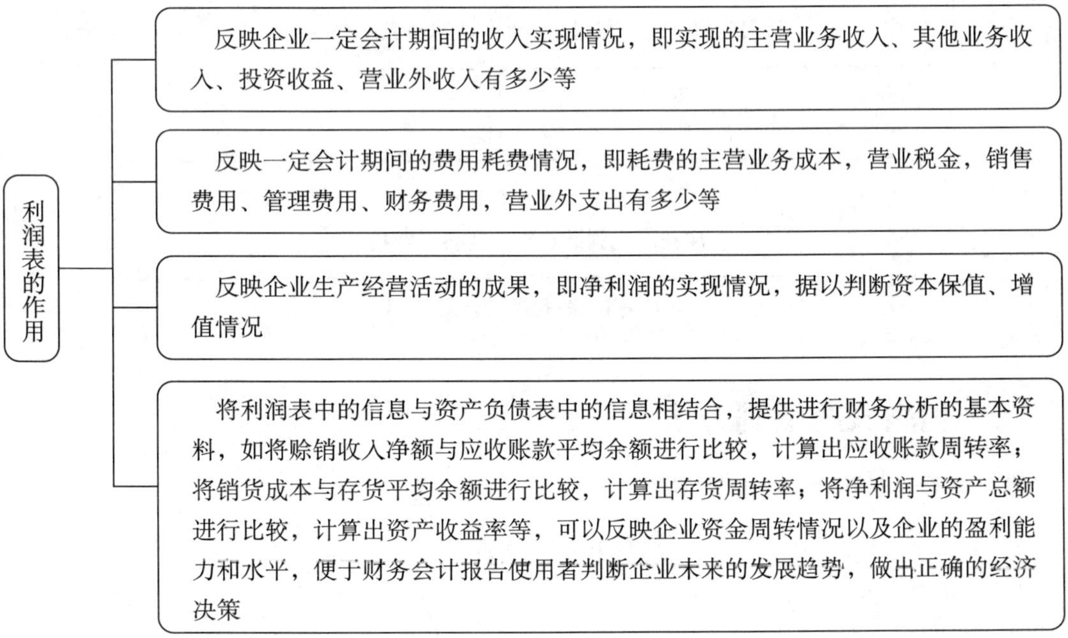

图 16－3　利润表的作用

（二）利润表的结构

利润表按其计算利润的过程不同可分为两种方式，即单步式和多步式。

1. 单步式

单步式是用企业一定时期的收入合计减去相关的成本费用合计，得出利润（或亏损）。其理论依据是收入与费用的配比原则，用公式表示为：

利润＝收入－费用

2. 多步式

多步式是在表中经过多个步骤的不同收入与成本费用相配比计算出企业的利润总额。

这种方式充分反映出收入与费用配比原则，即不同性质的收入应与不同性质的成本费用相配比，分不同层次计算出企业的利润。《小企业会计准则》规定，利润表的标准格式为多步式。

在多步式利润表中，净利润分三个步骤计算，具体如图 16 －4 所示。

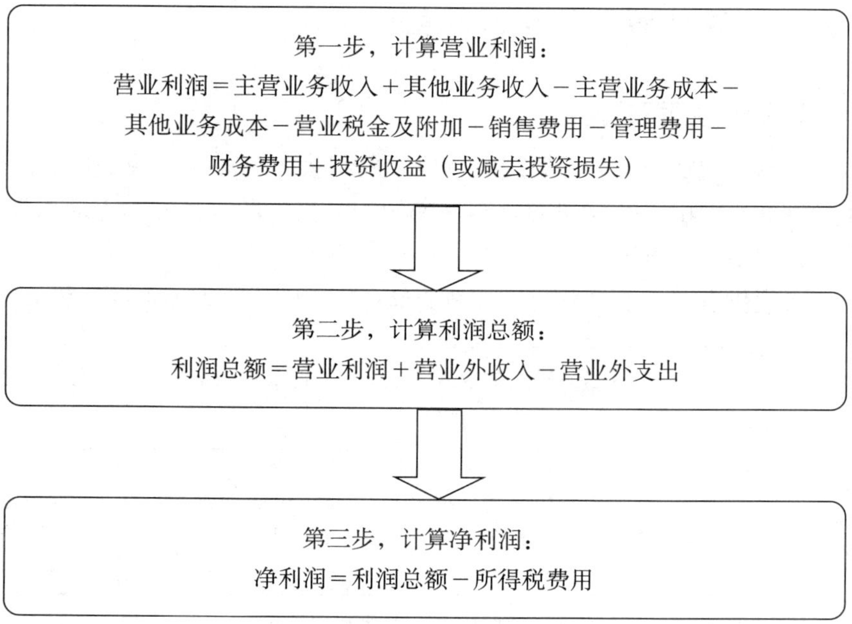

图 16 －4　净利润的计算步骤

二、利润表的编制方法

利润表的编制如表 16 －6 所示。

表 16 －6　利润表

会小企 02 表

编制单位：　　　　　　年　　月　　　　　　单位：元

项目	行次	本年累计金额	本月金额
一、营业收入	1		
减：营业成本	2		
营业税金及附加	3		
其中：消费税	4		
营业税	5		
城市维护建设税	6		
资源税	7		
土地增值税	8		
城镇土地使用税、房产税、车船税、印花税	9		

（续表）

项目	行次	本年累计金额	本月金额
教育费附加、矿产资源补偿费、排污费	10		
销售费用	11		
其中：商品维修费	12		
广告费和业务宣传费	13		
管理费用	14		
其中：开办费	15		
业务招待费	16		
研究费用	17		
财务费用	18		
其中：利息费用（收入以“－”号填列）	19		
加：投资收益（损失以“－”号填列）	20		
二、营业利润（亏损以“－”号填列）	21		
加：营业外收入	22		
其中：政府补助	23		
减：营业外支出	24		
其中：坏账损失	25		
无法收回的长期债券投资损失	26		
无法收回的长期股权投资损失	27		
自然灾害等不可抗力因素造成的损失	28		
税收滞纳金	29		
三、利润总额（亏损总额以“－”号填列）	30		
减：所得税费用	31		
四、净利润（净亏损以“－”号填列）	32		

（1）本表反映小微企业在一定会计期间内利润（亏损）的实现情况。

（2）本表“本年累计金额”栏反映各项目自年初起至报告期末止的累计实际发生额。

本表“本月金额”栏反映各项目的本月实际发生额；在编报年度会计报表时，应将“本月金额”栏改为“上年金额”栏，填列上年全年实际发生额。

（3）本表各项目的内容及其填列方法：

①“营业收入”项目，反映小微企业销售商品和提供劳务所实现的收入总额。本项目应根据“主营业务收入”科目和“其他业务收入”科目的发生额合计填列。

②“营业成本”项目，反映小微企业销售商品的成本和提供劳务的成本。本项目应根据“主营业务成本”科目和“其他业务成本”科目的发生额合计填列。

③“营业税金及附加”项目，反映小微企业开展日常生产活动应负担的消费税、营业税、城市维护建设税、资源税、土地增值税、城镇土地使用税、房产税、车船税、印花税和教育费附加、矿产资源补偿费、排污费等。本项目应根据“营业税金及附加”科目的发生额填列。

④“销售费用”项目，反映小微企业销售商品或提供劳务过程中发生的费用。本项目应根据“销售费用”科目的发生额填列。

⑤“管理费用”项目，反映小微企业为组织和管理生产经营发生的其他费用。本项目应根据“管理费用”科目的发生额填列。

⑥“财务费用”项目，反映小微企业为筹集生产经营所需资金发生的筹资费用。本项目应根据“财务费用”科目的发生额填列。

⑦“投资收益”项目，反映小微企业股权投资取得的现金股利（或利润）、债券投资取得的利息收入和处置股权投资和债券投资取得的处置价款扣除成本或账面余额、相关税费后的净额。本项目应根据“投资收益”科目的发生额填列；如为投资损失，以“－”号填列。

⑧“营业利润”项目，反映小微企业当期开展日常生产经营活动实现的利润。本项目应根据营业收入扣除营业成本、营业税金及附加、销售费用、管理费用和财务费用，加上投资收益后的金额填列；如为亏损，以“－”号填列。

⑨“营业外收入”项目，反映小微企业实现的各项营业外收入金额。包括非流动资产处置净收益、政府补助、捐赠收益、盘盈收益、汇兑收益、出租包装物和商品的租金收入、逾期未退包装物押金收益、确实无法偿付的应付款项、已做坏账损失处理后又收回的应收款项、违约金收益等。本项目应根据“营业外收入”科目的发生额填列。

⑩“营业外支出”项目，反映小微企业发生的各项营业外支出金额。包括存货的盘亏、毁损、报废损失，非流动资产处置净损失，坏账损失，无法收回的长期债券投资损失，无法收回的长期股权投资损失，自然灾害等不可抗力因素造成的损失，税收滞纳金，罚金，罚款，被没收财物的损失，捐赠支出，赞助支出等。本项目应根据“营业外支出”科目的发生额填列。

⑪“利润总额”项目，反映小微企业当期实现的利润总额。本项目应根据营业利润加上营业外收入减去营业外支出后的金额填列；如为亏损总额，以“－”号填列。

⑫“所得税费用”项目，反映小微企业根据企业所得税法确定的应从当期利润总额中扣除的所得税费用。本项目应根据“所得税费用”科目的发生额填列。

⑬“净利润”项目，反映小微企业当期实现的净利润。本项目应根据利润总额扣除所得税费用后的金额填列；如为净亏损，以“－”号填列。

(4)本表中各项目之间的勾稽关系为：

行21＝行1－行2－行3－行11－行14－行18＋行20；

行3≥行4＋行5＋行6＋行7＋行8＋行9＋行10；

行11≥行12＋行13；

行14≥行15＋行16＋行17；

行18≥行19；

行 30 = 行 21 + 行 22 − 行 24；

行 22 ≥ 行 23；

行 24 ≥ 行 25 + 行 26 + 行 27 + 行 28 + 行 29；

行 32 = 行 30 − 行 31。

三、利润表的编制实例

例 16－2：荣锦酒店 2014 年截至 5 月份的有关资料，如表16－7 所示。

表 16－7　利润表

会小企 02 表

编制单位：荣锦酒店　　2014 年 5 月　　单位：元

项目	行次	本年累计金额	本月金额
一、营业收入	1	6 000 000	
减：营业成本	2	2 600 000	
营业税金及附加	3	680 000	
销售费用	11	900 000	
管理费用	14	300 000	
财务费用	18	70 000	
加：投资收益（损失以"－"号填列）	20	650 000	
二、营业利润（亏损以"－"号填列）	21	2 100 000	
加：营业外收入	22	1 890 000	
减：营业外支出	24	1 500 000	
三、利润总额（亏损总额以"－"号填列）	30	2 490 000	
减：所得税费用	31	821 700	
四、净利润（净亏损以"－"号填列）	32	1 668 300	

荣锦酒店 2014 年 6 月份有关账户的发生额，如表 16－8 所示。

表 16－8　荣锦酒店 6 月份有关账户发生额汇总表

账户名称	本期发生额	
	借方	贷方
主营业务收入		1 200 000
其他业务收入		210 000
投资收益		38 000
营业外收入		800 000

（续表）

账户名称	本期发生额	
	借方	贷方
主营业务成本	410 000	
营业税金及附加	180 000	
其他业务成本	190 000	
销售费用	70 000	
管理费用	120 000	
财务费用	5 000	
营业外支出	23 000	
所得税	412 500	

根据以上资料，编制荣锦酒店2014年6月份的利润表，如表16－9所示。

表16－9　利润表

会小企02表

编制单位：荣锦酒店　　　　2014年6月　　　　单位：元

项目	行次	本年累计金额	本月金额
一、营业收入	1	7 410 000	1 410 000
减：营业成本	2	3 200 000	600 000
营业税金及附加	3	860 000	180 000
销售费用	11	970 000	70 000
管理费用	14	420 000	120 000
财务费用	18	75 000	5 000
加：投资收益（损失以“－”号填列）	20	688 000	38 000
二、营业利润（亏损以“－”号填列）	21	2 573 000	473 000
加：营业外收入	22	2 690 000	800 000
减：营业外支出	24	1 523 000	23 000
三、利润总额（亏损总额以“－”号填列）	30	3 740 000	1 250 000
减：所得税费用	31	1 234 200	412 500
四、净利润（净亏损以“－”号填列）	32	2 505 800	837 500

第四节　现金流量表

一、现金流量表的概念和内容

（一）现金流量表

现金流量表是反映企业在一定会计期间现金流入和流出的报表。现金是指企业库存现金以及可以随时用于支付的存款和其他货币资金。现金流量表应当分别按经营活动、投资活动和筹资活动列报现金流量，每类活动又分为各具体项目。现金流量应当分别按照现金流入和现金流出总额列报。

（二）经营活动产生的现金流量

经营活动是指企业在正常业务范围内进行的经济活动，它包括了企业投资活动和筹资活动以外的所有交易和事项，经营活动主要包括销售商品、提供劳务、经营性租赁、购买商品、接受劳务、广告宣传、推销产品、交纳税款等。各类企业由于行业特点不同，对经营活动的认定存在一定差异，在编制现金流量表时，应根据企业的实际情况，对现金流量进行合理的归类。

经营活动产生的现金流量是一项重要的指标，它可以说明企业在不动用外部筹得资金的情况下，通过经营活动产生的现金流量是否足以偿还负债、支付股利和对外投资。

（三）投资活动产生的现金流量

投资活动是指企业固定资产、无形资产的购建和短期投资、长期债券投资、长期股权投资及其处置活动。通过投资活动产生的现金流量，可以了解企业为获得未来收益和现金流量而导致资源转出的程度，以及以前资源转出带来的现金流入等信息。

（四）筹资活动产生的现金流量

筹资活动是指导致企业资本及债务规模和构成发生变化的活动。这里所说的资本，包括实收资本(股本)、资本溢价(股本溢价)。与资本有关的现金流入和流出项目，包括吸收投资、发行股票、分配利润等。这里“债务”是指企业对外举债所借入的款项，如发行债券、向金融企业借入款项以及偿还债务等。

通过筹资活动产生的现金流量，可以分析企业的筹资能力，帮助投资者和债权人预计对企业未来现金流量的要求权，以及获得前期现金流入而付出的代价。

二、现金流量表的结构

根据企业业务活动的性质和现金流量的来源，现金流量表在结构上将企业一定期间产生的现金流量分为三类：经营活动产生的现金流量、投资活动产生的现金流量和筹资活动产生的现金流量。

三、现金流量表的编制方法

现金流量表的编制如表16－10所示。

表16－10　现金流量表

会小企03表

编制单位：　　　　年　月　　　　单位：元

项目	行次	本年累计金额	本月金额
一、经营活动产生的现金流量：			
销售产成品、商品、提供劳务收到的现金	1		
收到其他与经营活动有关的现金	2		
购买原材料、商品、接受劳务支付的现金	3		
支付的职工薪酬	4		
支付的税费	5		
支付其他与经营活动有关的现金	6		
经营活动产生的现金流量净额	7		
二、投资活动产生的现金流量：			
收回短期投资、长期债券投资和长期股权投资收到的现金	8		
取得投资收益收到的现金	9		
处置固定资产、无形资产和其他非流动资产收回的现金净额	10		
短期投资、长期债券投资和长期股权投资支付的现金	11		
购建固定资产、无形资产和其他非流动资产支付的现金	12		
投资活动产生的现金流量净额	13		
三、筹资活动产生的现金流量：			
取得借款收到的现金	14		
吸收投资者投资收到的现金	15		
偿还借款本金支付的现金	16		
偿还借款利息支付的现金	17		
分配利润支付的现金	18		

（续表）

项目	行次	本年累计金额	本月金额
筹资活动产生的现金流量净额	19		
四、现金净增加额	20		
加：期初现金余额	21		
五、期末现金余额	22		

1．本表反映小微企业一定会计期间有关现金流入和流出的信息。

2．本表“本年累计金额”栏反映各项目自年初起至报告期末止的累计实际发生额。

本表“本月金额”栏反映各项目的本月实际发生额；在编报年度会计报表时，应将“本月金额”栏改为“上年金额”栏，填列上年全年实际发生额。

3．本表各项目的内容及填列方法如下。

(1)经营活动产生的现金流量。

①“销售产成品、商品、提供劳务收到的现金”项目，反映小微企业本期销售产成品、商品、提供劳务收到的现金。本项目可以根据“库存现金”“银行存款”和“主营业务收入”等科目的本期发生额分析填列。

②“收到其他与经营活动有关的现金”项目，反映小微企业本期收到的其他与经营活动有关的现金。本项目可以根据“库存现金”和“银行存款”等科目的本期发生额分析填列。

③“购买原材料、商品、接受劳务支付的现金”项目，反映小微企业本期购买原材料、商品、接受劳务支付的现金。本项目可以根据“库存现金”“银行存款”“其他货币资金”“原材料”“库存商品”等科目的本期发生额分析填列。

④“支付的职工薪酬”项目，反映小微企业本期向职工支付的薪酬。本项目可以根据“库存现金”“银行存款”“应付职工薪酬”科目的本期发生额填列。

⑤“支付的税费”项目，反映小微企业本期支付的税费。本项目可以根据“库存现金”“银行存款”“应交税费”等科目的本期发生额填列。

⑥“支付其他与经营活动有关的现金”项目，反映小微企业本期支付的其他与经营活动有关的现金。本项目可以根据“库存现金”“银行存款”等科目的本期发生额分析填列。

(2)投资活动产生的现金流量。

①“收回短期投资、长期债券投资和长期股权投资收到的现金”项目，反映小微企业出售、转让或到期收回短期投资、长期股权投资而收到的现金，以及收回长期债券投资本金而收到的现金，不包括长期债券投资收回的利息。本项目可以根据“库存现金”“银行存款”“短期投资”“长期股权投资”“长期债券投资”等科目的本期发生额分析填列。

②“取得投资收益收到的现金”项目，反映小微企业因权益性投资和债权性投资取得的现金股利或利润和利息收入。本项目可以根据“库存现金”“银行存款”“投资收益”等科目的本期发生额分析填列。

③“处置固定资产、无形资产和其他非流动资产收回的现金净额”项目，反映小微企业

处置固定资产、无形资产和其他非流动资产取得的现金，减去为处置这些资产而支付的有关税费等后的净额。本项目可以根据“库存现金”“银行存款”“固定资产清理”“无形资产”“生产性生物资产”等科目的本期发生额分析填列。

④“短期投资、长期债券投资和长期股权投资支付的现金”项目，反映小微企业进行权益性投资和债券投资支付的现金。包括企业取得短期股票投资、短期债券投资、短期基金投资、长期债券投资、长期股权投资支付的现金。本项目可以根据“库存现金”“银行存款”“短期投资”“长期债券投资”“长期股权投资”等科目的本期发生额分析填列。

⑤“购建固定资产、无形资产和其他非流动资产支付的现金”项目，反映小微企业购建固定资产、无形资产和其他非流动资产支付的现金。包括购买机器设备、无形资产、生产性生物资产支付的现金，建造工程支付的现金等现金支出，不包括为购建固定资产、无形资产和其他非流动资产而发生的借款费用资本化部分和支付给在建工程和无形资产开发项目人员的薪酬。为购建固定资产、无形资产和其他非流动资产而发生借款费用资本化部分，在“偿还借款利息支付的现金”项目反映；支付给在建工程和无形资产开发项目人员的薪酬，在“支付的职工薪酬”项目反映。本项目可以根据“库存现金”“银行存款”“固定资产”“在建工程”“无形资产”“开发支出”“生产性生物资产”“应付职工薪酬”等科目的本期发生额分析填列。

(3)筹资活动产生的现金流量。

①“取得借款收到的现金”项目，反映小微企业举借各种短期、长期借款收到的现金。本项目可以根据“库存现金”“银行存款”“短期借款”“长期借款”等科目的本期发生额分析填列。

②“吸收投资者投资收到的现金”项目，反映小微企业收到的投资者作为资本投入的现金。本项目可以根据“库存现金”“银行存款”“实收资本”“资本公积”等科目的本期发生额分析填列。

③“偿还借款本金支付的现金”项目，反映小微企业以现金偿还各种短期、长期借款的本金。本项目可以根据“库存现金”“银行存款”“短期借款”“长期借款”等科目的本期发生额分析填列。

④“偿还借款利息支付的现金”项目，反映小微企业以现金偿还各种短期、长期借款的利息。本项目可以根据“库存现金”“银行存款”“应付利息”等科目的本期发生额分析填列。

⑤“分配利润支付的现金”项目，反映小微企业向投资者实际支付的利润。本项目可以根据“库存现金”“银行存款”“应付利润”等科目的本期发生额分析填列。

4. 本表中各项目之间的勾稽关系为：

行7 = 行1 + 行2 − 行3 − 行4 − 行5 − 行6；

行13 = 行8 + 行9 + 行10 − 行11 − 行12；

行19 = 行14 + 行15 − 行16 − 行17 − 行18；

行20 = 行7 + 行13 + 行19；

行22 = 行20 + 行21。

四、现金流量表的编制实例

在具体编制现金流量表时，可以采用工作底稿法或T型账户法编制，也可以直接根据有关账户记录分析填列。在此我们主要介绍根据有关账户记录分析填列的方法。

例16－3：荣锦酒店2014年12月31日资产负债表、2014年利润表如表16－11、表16－12所示。

表16－11　资产负债表

会小企01表

编制单位：荣锦酒店　　　　2014年12月31日　　　　单位：元

资产	行次	期末余额	年初余额	负债和所有者权益（或股东权益）	行次	期末余额	年初余额
流动资产：				流动负债：			
货币资金	1	352 000	63 000	短期借款	31	0	100 000
短期投资	2	0	100 000	应付票据	32	0	0
应收票据	3	80 000	100 000	应付账款	33	100 000	500 000
应收账款	4	398 000	597 000	预收账款	34	90 000	100 000
预付账款	5	0	0	应付职工薪酬	35	0	0
应收股利	6	0	0	应交税费	36	41 700	30 000
应收利息	7	0	0	应付利息	37	0	0
其他应收款	8	0	0	应付利润	38	0	0
存货	9	811 000	800 000	其他应付款	39	0	0
其中：原材料	10	200 000	200 000	其他流动负债	40	0	0
在产品	11	200 000	200 000	流动负债合计	41	231 700	730 000
库存商品	12	211 000	200 000	非流动负债：			
周转材料	13	200 000	200 000	长期借款	42	100 000	100 000
其他流动资产	14	0	24 000	长期应付款	43	190 000	180 000
流动资产合计	15	1 641 000	1 684 000	递延收益	44	0	0
非流动资产：				其他非流动负债	45	0	0
长期债券投资	16	0	0	非流动负债合计	46	290 000	280 000
长期股权投资	17	290 700	200 000	负债合计	47	521 700	1 010 000
固定资产原价	18	1 810 000	2 000 000				
减：累计折旧	19	730 000	900 000				

（续表）

资产	行次	期末余额	年初余额	负债和所有者权益（或股东权益）	行次	期末余额	年初余额
固定资产账面价值	20	1 080 000	1 100 000				
在建工程	21	0	200 000				
工程物资	22	0	0				
固定资产清理	23	0	0				
生产性生物资产	24	0	0	所有者权益（或股东权益）：			
无形资产	25	0	0	实收资本（或股本）	48	2 000 000	2 000 000
开发支出	26	0	0	资本公积	49	100 000	0
长期待摊费用	27	55 000	60 000	盈余公积	50	135 250	124 000
其他非流动资产	28	0	0	未分配利润	51	309 750	110 000
非流动资产合计	29	1 425 700	1 560 000	所有者权益（或股东权益）合计	52	2 545 000	2 234 000
资产总计	30	3 066 700	3 244 000	负债和所有者权益（或股东权益）总计	53	3 066 700	3 244 000

表 16－12　利润表

会小企 02 表

编制单位：荣锦酒店　　　　2014 年 12 月份　　　　单位：元

项目	行次	本年累计金额
一、营业收入	1	1 000 000
减：营业成本	2	500 000
营业税金及附加	3	0
销售费用	11	0
管理费用	14	50 000
财务费用	18	20 000
加：投资收益（损失以“－”号填列）	20	10 000
二、营业利润（亏损以“－”号填列）	21	440 000
加：营业外收入	22	0
减：营业外支出	24	40 000
三、利润总额（亏损总额以“－”号填列）	30	400 000
减：所得税费用	31	100 000
四、净利润（净亏损以“－”号填列）	32	300 000

荣锦酒店2014年部分经济业务如下：

(1)营业成本500 000元中，含有生产经营人员工资费用100 000元。

(2)管理费用50 000元中，包括折旧费30 000元，待摊费用摊销5 000元，由于管理不善造成的存货盘亏损失3 000元，用货币资金支付其他费用12 000元。

(3)财务费用20 000元中含有票据贴现息1 000元，计提债券利息10 000元，短期借款利息4 000元(用银行存款支付)，计提长期借款利息5 000元。

(4)投资收益10 000元系转让全部短期投资产生的，转让短期投资实得价款110 000元。

(5)营业外支出40 000元，是出售一台设备产生的，该设备原值为400 000元，已提折旧200 000元，支付清理费用2 000元，出售时实得价款162 000元。

(6)本年用一批存货对外投资，该批存货成本9 000元，评估价值10 000元，计税价等于评估价，增值税税率17%。

(7)本年度用银行存款81 000元购入A公司的存货作为长期股权投资，实际支付的价款中包含已宣告但尚未领取的现金股利1 000元，荣锦酒店于本年度已收到现金股利。

(8)本年度发生在建工程人员工资10 000元，并用现金支付。工程项目已经全部完工并交付使用，固定资产本期增加额系在建工程转入。

(9)本年度用银行存款偿还短期借款100 000元。

(10)应交税费项目年初数和期末数只含有增值税和所得税两项内容，其中，增值税有关账户年初数为20 000元，年末余额为31 700元，本年度增值税销项税额为171 700元(含对外投资确认的增值税销项税额1 700元)，进项税额71 400元。“应交税费——应交所得税”账户年初余额为10 000元，年末余额仍为10 000元。

(11)资本公积中100 000元系本期投资者追加投资。

(12)期初期末存货均为外购商品。除上述业务外，购销业务的往来项目和存货项目均为正常购销业务。假定荣锦酒店的货币资金可以随时支用，不考虑增值税、所得税以外的其他税费。

要求：根据上述资产负债表、利润表及有关资料分析编制现金流量表。

现金流量表各项目金额，分析计算如下：

1. 经营活动产生的现金流量

(1)销售产成品、商品、提供劳务收到的现金＝营业收入＋应交税费(应交增值税——销项税额)＋应收票据(年初－年末)＋应收账款(年初－年末)＋预收账款(年末－年初)－票据贴现利息＝1 000 000＋(171 700－1 700)＋(100 000－80 000)＋(597 000－398 000)＋(90 000－100 000)－1 000＝1 378 000(元)。

(2)购买原材料、商品、接受劳务支付的现金＝营业成本＋应交税费(应交增值税——进项税额)＋应付账款(年初－年末)＋存货(年末－年初)＋非销售减少存货＋盘亏损失－职工薪酬 ＝500 000＋71 400＋(500 000－100 000)＋(811 000－800 000)＋9 000＋3 000－100 000＝894 400(元)。

(3)支付的职工薪酬 =100 000(元)。

(4)支付的税费=本期应交增值税+本期应交所得税=(20 000+171 700-71 400-31 700)+100 000=188 600(元)。

(5)支付其他与经营活动有关的现金 =12 000(元)。

2. 投资活动产生的现金流量

(6)收回短期投资、长期债券投资和长期股权投资收到的现金=110 000(元)。

(7)处置固定资产、无形资产和其他非流动资产收回的现金净额=162 000-2 000=160 000(元)。

(8)取得投资收益收到的现金=1 000(元)。

(9)购建固定资产、无形资产和其他非流动资产支付的现金=10 000(元)。

(10)短期投资、长期债券投资和长期股权投资支付的现金=81 000(元)。

3. 筹资活动产生的现金流量

(11)吸收投资者投资收到的现金=100 000(元)。

(12)偿还借款本金支付的现金=100 000(元)。

(13)偿还借款利息支付的现金=4 000(元)。

根据上述计算结果，编制现金流量表，如表16-13所示。

表16-13　现金流量表

会小企03表

编制单位：荣锦酒店　　2014年12月　　单位：元

项目	行次	本年累计金额	本月金额
一、经营活动产生的现金流量：			
销售产成品、商品、提供劳务收到的现金	1		1 378 000
收到其他与经营活动有关的现金	2		0
经营活动现金流入小计	3		1 378 000
购买原材料、商品、接受劳务支付的现金	4		894 400
支付的职工薪酬	5		100 000
支付的税费	6		188 600
支付其他与经营活动有关的现金	7		12 000
经营活动现金流出小计	8		1 195 000
经营活动产生的现金流量净额	9		183 000
二、投资活动产生的现金流量：			
收回短期投资、长期债券投资和长期股权投资收到的现金	10		110 000
取得投资收益收到的现金	11		1 000
处置固定资产、无形资产和其他非流动资产收回的现金净额	12		160 000
投资活动现金流入小计	13		271 000

（续表）

项目	行次	本年累计金额	本月金额
短期投资、长期债券投资和长期股权投资支付的现金	14		81 000
购建固定资产、无形资产和其他非流动资产支付的现金	15		10 000
投资活动现金流出小计	16		91 000
投资活动产生的现金流量净额	17		180 000
三、筹资活动产生的现金流量：			
取得借款收到的现金	18		0
吸收投资者投资收到的现金	19		100 000
筹资活动现金流入小计	20		100 000
偿还借款本金支付的现金	21		100 000
偿还借款利息支付的现金	22		4 000
分配利润支付的现金	23		0
筹资活动现金流出小计	24		104 000
筹资活动产生的现金流量净额	25		-4 000
四、现金净增加额	26		359 000
加：期初现金余额	27		63 000
五、期末现金余额	28		422 000

第五节　附注

一、附注的作用

附注是指对在资产负债表、利润表和现金流量表等报表中列示项目的文字描述或明细资料，以及对未能在这些报表中列示项目的说明等。附注是财务会计报告的重要组成部分。企业应当按照规定披露附注信息。

二、附注的内容

根据《小企业会计准则》的规定，附注至少应当包括下列内容，如图 16－5 所示。

附注至少应当包括的内容

- 遵循《小企业会计准则》的声明。小企业应当声明编制的会计报表符合小企业会计准则的要求，真实、完整地反映了小企业的财务状况、经营成果和现金流量等有关信息
- 短期投资、应收账款、存货、固定资产项目的说明
- 应付职工薪酬、应交税费项目的说明
- 利润分配的说明
- 用于对外担保的资产名称、账面余额及形成的原因；未决诉讼、未决仲裁以及对外提供担保所涉及的金额
- 发生严重亏损的，应当披露持续经营的计划、未来经营的方案
- 对已在资产负债表和利润表中列示项目与企业所得税法规定存在差异的纳税调整过程
- 其他需要在附注中说明的事项

图 16 –5　附注至少应当包括的内容

三、附注的形式

会计实务中，附注一般采取以下方式，如图 16 –6 所示。

附注一般采取的方式

- 尾注说明，一般适用说明内容较多的项目
- 括弧说明，为会计报表主体提供补充信息
- 脚注说明，是在报表下端进行的说明
- 补充说明，解释一些无法列入会计报表主体中的内容

图 16 –6　附注一般采取的方式

四、附注项目的披露格式

(一)短期投资的披露格式

短期投资的披露格式如表 16－14 所示。

表 16－14　短期投资明细表

项目	期末账面余额	期末市价	期末账面余额与市价的差额
1. 股票			
2. 债券			
3. 基金			
4. 其他			
合计			

(二)应收账款按账龄结构披露的格式

应收账款按账龄结构披露的格式如表 16－15 所示。

表 16－15　应收账款账龄分析表

账龄结构	期末账面余额	年初账面余额
1 年以内(含 1 年)		
1 年至 2 年(含 2 年)		
2 年至 3 年(含 3 年)		
3 年以上		
合计		

(三)存货的披露格式

存货的披露格式如表 16－16 所示。

表 16－16　存货明细表

存货种类	期末账面余额	期末市价	期末账面余额与市价的差额
1. 原材料			
2. 在产品			
3. 库存商品			
4. 周转材料			
5. 消耗性生物资产			
……			
合计			

（四）固定资产的披露格式

固定资产的披露格式如表 16－17 所示。

表 16－17　固定资产明细表

项目	原价	累计折旧	期末账面价值
1. 房屋、建筑物			
2. 机器			
3. 机械			
4. 运输工具			
5. 设备			
6. 器具			
7. 工具			
……			
合计			

（五）应付职工薪酬的披露格式

应付职工薪酬的披露格式如表 16－18 所示。

表 16－18　应付职工薪酬明细表

会小企 01 表附表 1

编制单位：　　　　____年____月　　　　单位：元

项目	期末账面余额	年初账面余额
1. 职工工资		
2. 奖金、津贴和补贴		
3. 职工福利费		
4. 社会保险费		
5. 住房公积金		
6. 工会经费		
7. 职工教育经费		
8. 非货币性福利		
9. 辞退福利		
10. 其他		
合计		

（六）应交税费的披露格式

应交税费的披露格式如表 16－19 所示。

表 16－19　应交税费明细表

会小企 01 表附表 2

编制单位：　　　　　　　　　　　　____年____月　　　　　　　　　　　　单位：元

项目	期末账面余额	年初账面余额
1. 增值税		
2. 消费税		
3. 营业税		
4. 城市维护建设税		
5. 企业所得税		
6. 资源税		
7. 土地增值税		
8. 城镇土地使用税		
9. 房产税		
10. 车船税		
11. 教育费附加		
12. 矿产资源补偿费		
13. 排污费		
14. 代扣代缴的个人所得税		
……		
合计		

（七）利润分配的说明

利润分配的说明如表 16－20 所示。

表 16－20　利润分配表

会小企 01 表附表 3

编制单位：　　　　　　　　　　　　____年度　　　　　　　　　　　　单位：元

项目	行次	本年金额	上年金额
一、净利润	1		
加：年初未分配利润	2		
其他转入	3		
二、可供分配的利润	4		
减：提取法定盈余公积	5		
提取任意盈余公积	6		

（续表）

项目	行次	本年金额	上年金额
提取职工奖励及福利基金*	7		
提取储备基金*	8		
提取企业发展基金*	9		
利润归还投资**	10		
三、可供投资者分配的利润	11		
减：应付利润	12		
四、未分配利润	13		

*提取职工奖励及福利基金、提取储备基金、提取企业发展基金这3个项目仅适用于小企业（外商投资）按照相关法律规定提取的3项基金。

**利润归还投资这个项目仅适用于小企业（中外合作经营）根据合同规定在合作期间归还投资者的投资。

五、会计政策、会计估计变更和会计差错更正

会计政策是指企业在会计确认、计量和报告中所采用的原则、基础和会计处理方法。会计估计变更是指由于资产和负债的当前状况及预期经济利益和义务发生了变化，从而对资产或负债的账面价值或者资产的定期消耗金额进行调整。前期差错包括：计算错误、应用会计政策错误、应用会计估计错误等。

《小企业会计准则》规定："小企业对会计政策变更、会计估计变更和会计差错更正应当采用未来适用法进行会计处理。未来适用法是指将变更后的会计政策和会计估计应用于变更日及以后发生的交易或者事项，或者在会计差错发生或发现的当期更正差错的方法。"

第六节　会计报表涉及的主要税务问题

1. 账表不符的问题

例6－4：税务人员审计某酒店，在分别审核了相关账簿、凭证、报表后，并未发现异常。税务人员又对账账、账证、账实进行了核对，发现该酒店在会计报表上反映的其他业务收入和其他业务支出与账簿上反映的实际数字有很大出入。报表上其他业务收入和其他业务支出反映的数字是2万元和5万元，而账簿上的发生额却是5万元和2万元。此外，税务人员还发现货币资金项目存在账表、账实不符的问题。面对种种疑问，该酒店负责人不得不承认在报表上反映虚假收入和支出的事实。

分析：从这个案例可以看出，该酒店账表不符，造成利润不实。

根据《会计基础工作规范》第四十二条规定："会计凭证、会计账簿、会计报表和其他会计资料的内容和要求必须符合国家统一会计制度的规定，不得伪造、变造会计凭证和会计账簿，不得设置账外账，不得报送虚假会计报表。"

因此，该酒店应重新编制会计报表，并就真实的报表进行纳税申报，缴纳各种税款。

2. 虚列支出的问题

例6-5：税务人员在调阅某酒店会计报表时发现，该酒店利润表项目下的"主营业务成本"和"管理费用"有异常变动。经核实具体账务发现，"主营业务成本"变动主要是食材、燃料等原材料的结转，而"管理费用"主要是水费、电费的增加。但是，令税务人员感到疑惑的是，当期原材料消耗和水电费的增幅大大高于收入的增幅。一般情况下，在原材料、水电费等的市场价格没有发生变动时，原材料的消耗和水电费等的发生额与酒店的经营规模呈正相关关系。在税务人员的追问下，该酒店最终承认了隐瞒收入的事实。如果酒店的水电费、运费发生额大幅增加而收入没有相应增加甚至反而减少，说明企业隐瞒收入的可能性很大。

分析：以上案例中，该酒店在年底虚列支出的行为非常常见，这明显属于偷逃税款的行为。

根据《中华人民共和国税收征收管理法》第六十三条规定："纳税人伪造、变造、隐匿、擅自销毁账簿、记账凭证，或者在账簿上多列支出或者不列、少列收入，或者经税务机关通知申报而拒不申报或者进行虚假的纳税申报，不缴或者少缴应纳税款的，是偷税。对纳税人偷税的，由税务机关追缴其不缴或少缴的税款、滞纳金，并处不缴或者少缴的税款50%以上5倍以下的罚款；构成犯罪的，依法追究刑事责任。"

因此，税务机关应责令该酒店调整相关账务，补交欠缴的所得税，并给予必要的罚款。

第七节 会计报表涉及的主要审计问题

1. 虚假购买固定资产偷逃税款问题

例6-6：税务人员审计某酒店会计报表时，发现该酒店资产负债表中固定资产原值年底比年初增加了60万元，应付账款科目金额比年初增加了40万元。该酒店一年的利润只有2万元，货币资金也只有50万元，怎么可能购置这么大资金量的固定资产。税务人员进行了延伸检查，发现该酒店购买的固定资产是一个门脸房，出售方是一家房地产企业，但是除了购买合同外，该酒店不能提供门脸房的产权证明。税务人员调查了该门脸房周边的情况，发现其市价不过20万元。税务人员又调阅了房地产企业的账务，发现其根本没有将门脸房做销售收入。税务人员最终认定，该酒店存在虚假购买固定资产的问题，其主要目的是通过计提大量折旧抵减利润。

分析：从这个案例可以看出，在报表审计中，对于资产负债表和损益表(或利润表)科目年初及年末的资金变化较大的要给予足够重视，尤其是货币资金、往来款项、主营业务收入、其他业务收入、主营业务成本、期间费用等科目，而对于其他科目的异常也必须提高警惕，有足够的敏感性。因为这些科目的异常，往往与隐藏收入、虚列支出等有密切联系。

2. 往来款项隐瞒收入问题

例6-7：税务人员在审计某酒店2014年会计报表时发现，该酒店资产负债表项目下的“其他应收款”科目年初与年末金额没有发生过变化都是20万元。税务人员有意识地查阅了该酒店的历年报表，发现该笔资金已挂账两年多。税务人员立即对涉及这笔资金的账册进行了检查，记账凭证后所附的原始凭证是一张借据，借款人为李某，该酒店一口咬定是货款，李某是其业务员。但经核实，李某是另一家B企业的老板。在政策攻势下，李某承认是他向该酒店借的款，并拿出两家企业签订的借款合同。合同约定每年利息为1万元，李某都已按约定以现金给付。此时，该酒店不得不承认其将利息收入进行账务经营的事实。

分析：在这个案例中，该酒店在“其他应收款”中登记核算企业借款，却将利息收入放在账外，正是报表上的数字使其露出了马脚。

因此，作为反映资金走向的往来款项应给予必要的关注。正常情况下，企业之间拆借资金是有利息的，如企业拆借给其他单位的资金长期在“其他应收款”科目挂账且没有利息收入，说明企业有可能利用利息收入进行账外经营。